编号：2019-1-073

U0367491

船舶设计原理

The Principle of Ship Designing

谢云平　陈悦　张瑞瑞　刘可峰　编著

上海交通大学出版社
SHANGHAI JIAO TONG UNIVERSITY PRESS

内容提要

本书以船舶总体设计为目标,以船舶主要要素及其确定为主线,在重点围绕主流运输船型——散货船和集装箱船的基础上,相应融入了新型热门船型——豪华邮轮以及船舶主流设计软件应用的相关内容。本书为立体化教材,扫描书中对应章节的二维码,可获相关微课视频及拓展知识点等内容。全书共分8章,内容包括船舶总体设计概述、船舶浮性与载重线、船舶容量与吨位、船舶技术与经济性能、船舶主要要素确定、型线设计、总布置设计和船舶总体设计方案优选与设计系统应用。

本书可作为高等院校船舶与海洋工程专业的教材,也可供从事船舶与海洋工程的技术人员设计参考。

图书在版编目(CIP)数据

船舶设计原理/谢云平等编著. —上海:上海交通大学出版社,2021.12(2024.12 重印)
　ISBN 978 - 7 - 313 - 25860 - 1

　Ⅰ.①船… Ⅱ.①谢… Ⅲ.①船舶设计 Ⅳ.
①U662

中国版本图书馆 CIP 数据核字(2021)第 276088 号

船舶设计原理
CHUANBO SHEJI YUANLI

编　　著:谢云平　陈　悦　张瑞瑞　刘可峰
出版发行:上海交通大学出版社
邮政编码:200030
印　　制:上海万卷印刷股份有限公司
开　　本:787mm×1092mm　1/16
字　　数:338千字
版　　次:2021 年 12 月第 1 版
书　　号:ISBN 978 - 7 - 313 - 25860 - 1
定　　价:59.00 元

地　　址:上海市番禺路 951 号
电　　话:021 - 64071208
经　　销:全国新华书店
印　　张:14
印　　次:2024 年 12 月第 2 次印刷

前 言

本教材是在 2015 版《船舶设计原理》(国防工业出版社)的基础上,结合本科培养方案、工程认证教育和新工科相关要求,利用国家级线上一流课程"船舶设计原理"的建设成果,采用互联网信息化技术,同时结合编著人员的船舶设计科研成果编制而成,用作船舶与海洋工程专业的新形态教材。

教材在内容上注重船舶设计基础知识提炼的同时,还围绕船舶总体设计,就船舶重量和容量、船舶性能、船舶主要要素确定、型线和总布置设计等内容进行编排,且在主要章节中增设了相关案例和设计要点,特别是穿插了干舷、吨位、初稳性等方面的法规的相关内容和要求,使船海专业本科生在所学专业知识的综合应用训练和船舶总体设计能力的培养方面能得到较大的帮助。

教材适合线下与线上相结合的教学方式,即以学生为中心,以问题为导向,立足课堂,同时利用信息技术,提供更广阔的学习空间和更丰富知识源泉。同时教材尽可能使书本知识与行业需求做到有机统一,使培养出来的船舶与海洋工程专业本科生能较好地适应相关用人单位的需求。

本教材第1章、第2章和第3章由陈悦编写;第4章和第5章由张瑞瑞编写;第6章和第7章由谢云平编写;第8章由刘可峰和董新硕编写。谢云平承担定稿工作。

本教材为"十三五"江苏省重点教材。在编写过程中,得到了江苏省高等教育学会、江苏科技大学相关领导和老师的大力支持及帮助,在此表示衷心感谢。对参与该教材审定的上海交通大学夏利娟教授、中船708所景宝金研究员、武汉理工大学王丽铮教授、哈尔滨工业大学桂洪斌教授、江苏科技大学姚震球教授表示特别感谢。本教材的出版得到了国家一流专业建设点、江苏高校品牌专业二期建设工程——江苏高校"青蓝工程"的资助。

由于编者水平所限,同时相关船型资料缺乏,因此本教材还存有一些不足和不妥之处,恳请使用本教材的老师、学生和读者多提宝贵意见。

编者

2021 年 07 月

目　录

第1章 船舶总体设计概述

船舶是一种水上活动建筑物,具有技术复杂、投资大和使用期较长等特点,且与国民经济和国防建设等许多方面有着密切的联系。因此,船舶设计是一门综合的、复杂的科学技术。从港口、航道、船舶这三者组成的运输系统角度来看,船舶是该系统中的重要组成部分。各部分间相互联系、相互制约,如船舶主尺度与码头前沿水深、泊位长度、航道断面尺度和曲率半径间互相影响。在设计过程中,船舶设计者必须持认真、谨慎的态度,以系统工程思想处理好港口、航道、船舶三者之间的关系,不但要使单船的技术经济性能较佳,而且要使整个运输系统的经济效益也较高。

我国海岸线长,江河流域面积广,资源丰富,具有发展水上运输的天然优越条件。随着"海洋强国"战略的实施,经济水平和科技能力的不断提升,我国的航运事业和造船事业得到了突飞猛进的发展。与此同时,人工智能、虚拟现实、大数据等技术的飞速发展更推动了船舶智能化发展的进程。这就对设计人员提出了更高、更新的要求。

船舶种类繁多。就民用船舶而言,有运输类船舶、工程类船舶和特种用途类船舶等。其中,运输类船舶有散货船、集装箱船、滚装船、运木船、油船、化学品船、液化气体船等。每种船舶的设计都有其各自的特点。

⚓ 1.1 船舶构成与设计分类

船舶设计特点
（微课）

1.1.1 船舶构成

任何一艘船舶大都是由以下各部分组成:

船体结构——构架船体的几何形状及其密性空间,应能支持全船重量;满足装载和安装各种设备所需的容积和地位;保证船体必要的强度、刚度,以及能避免发生有害的振动。

舾装设备——包括锚泊和系泊、舵设备、起货设备、消防与救生、生活设施等。

动力装置——包括主机、轴系、各伺服保障系统、相关设备与设施等。

电气设备——包括电站及其配、变电设施、通信及导航设备、照明系统、自动化控制系统等。

特种设备——海洋科考设备、钻探设备、特殊货物装卸设备等。

1.1.2 设计分类

船舶的构成涉及不同的专业领域,因而其设计也需要分专业进行。通常,船舶设计可分为船体设计、轮机设计、电气设计三大专业(不包括各种通用配套产品的设计),其中船体设计又分为总体设计、结构设计和舾装设计三大部分,如图1-1所示。

各专业的设计工作相互间关系密切(见图1-2),总体设计是核心,与其他各部分的设计都有着密切的联系,也是开展其他设计的基础。总体设计的工作主要包括主尺度和船型参数的确定、总布置设计、型线设计、各项性能的计算和保证等。

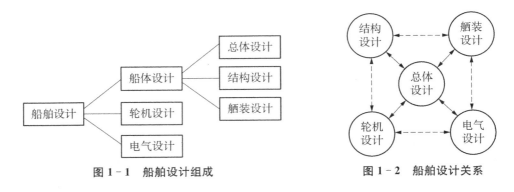

图1-1　船舶设计组成　　　　　　　图1-2　船舶设计关系

1.1.3　船舶设计特点

由上可知,一艘船是由船体、轮机和电气三大部分所组成,各部分的设计既独立又相互联系。所以,船舶设计具有如下特点:

(1) 必须贯彻系统工程的思想,考虑问题要全面,决策时要统筹兼顾;在总体设计中一定要分清主次矛盾,协调好各专业,使之达到最佳配合。

(2) 船舶设计是对一个多参数、多目标、多约束的问题进行求解和优化。其过程由粗到细、逐步近似、反复迭代。例如,最初粗估的船舶主尺度一般是不能符合各项要求的,只有通过不断的校验和修正,才能得到满意、可靠的结果。

⚓ 1.2　船舶总体设计依据和要求

1.2.1　设计依据

设计船舶与其他设计工作一样,首先,要执行行业主管部门(国际海事组织 IMO、中华人民共和国海事局 CSMA)和技术研究部门(中国船级社 CCS)的公约、法规和规范;其次,要认真贯彻国家对船舶行业的相关技术政策,包括船型标准化、船舶绿色化等;最后,船舶使用单位经过技术经济论证所得到的船舶设计任务书是设计者必须要重点考虑的。

1. 相关公约、法规、规范

有关船舶设计方面的国际公约和国内的法规、规范,大多是基于保证船舶使用安全和航行安全而制定的。它们是人们对船舶使用的历史经验和不断发展的科学技术水平的总结,是带有法令性(技术法令)的文件,是设计、建造、检验船舶的重要依据。设计人员必须熟悉并很好地理解公约和规范的精神实质,在设计中合理灵活应用。在遇到规范和公约无法解决的问题时,应会同公约和规范颁布部门,结合具体情况加以解决。

新技术的发展、能源与环保意识的加强、新型船型的出现等,都会引起公约和规范的不断改进和完善。因此,国际和国内从事船舶设计公约和规范监督执行和研究的部门,要每隔一段时间,根据发展变化的情况,对公约和规范的内容加以重新修订。

以下列举部分常用的规范和公约名称:

1)国际航行船舶部分

(1) CMSA《国际航行海船法定检验技术规则》(2020);

(2)《IMO 国际海上人命安全公约》(SOLAS 公约)2009 综合文本及修正案;

(3)《IMO 国际防止船舶造成污染公约》(MARPOL 公约)2011 综合文本及修正案。

2)国内航行船舶部分

(1) CCS《国内航行海船建造规范》(2021);

(2) CCS《钢质内河船舶建造规范》(2016);

(3) CCS《内河高速船入级与建造规范》(2016);

(4) CCS《内河绿色船舶规范》(2020);

(5) CMSA《国内航行海船法定检验技术规则》(2020);

(6) CMSA《内河船舶法定检验技术规则》(2019);

(7) CMSA《沿海小型船舶法定检验技术规则》(2016);

(8) CMSA《内河小型船舶法定检验技术规则》(2016)。

上述公约、规则、规范等会不定期进行修订发布,设计之前需确认所适用的规范版本或最新要求。

2. 设计任务书

一艘重要船舶的问世一般要经历船型论证、设计和建造三大阶段。经过船型论证产生设计船的设计任务书,并作为设计的出发点,再经过逐步深入的分阶段的设计工作,提供大量的设计文件,作为建造设计船的依据。

船型技术经济论证

对于民用船舶,设计任务书主要包括对设计船的使用要求、主要技术性能和主要装备以及主尺度附加的约束条件等。一般包括以下几方面:

1)用途方面

船舶设计阶段划分

(1)航区。航区是指设计船航行的区域。海船航区是根据航线离岸距离和风浪情况划分的。航区不同,对船舶的安全性和设备配置要求也不同。我国法规《航区划分规则》(2021)将国内航行海船的航区划分为远海航区、近海航区、沿海航区和遮蔽航区。

① 远海航区,系指国内航行超出近海航区的海域。

② 近海航区,系指中国渤海、黄海及东海距岸不超过 200 n mile 的海域;台湾海峡;南海之台湾岛东海岸距岸不超过 50 n mile 的海域;南海其他海域距岸不超过 120 n mile 的海域。

③ 沿海航区,系指台湾岛东海岸、台湾海峡东西海岸、海南岛东海岸及南海岸距岸不超过 10 n mile 的海域和除上述海域外距岸不超过 20 n mile 的海域;距有避风条件且有施救能力的沿海岛屿不超过 20 n mile 的海域。但对距海岸超过 20 n mile 的上述岛屿,主管当局将按实际情况适当缩小该岛屿周围海域的距岸范围。

④ 遮蔽航区,系指在沿海航区内,由海岸与岛屿、岛屿与岛屿围成的遮蔽条件较好、波

浪较小的海域。在该海域内岛屿之间、岛屿与海岸之间的横跨距离应不超过 10 n mile。

内河航行船舶的航区根据不同水系或湖泊的风浪情况划分为 A 级、B 级和 C 级航区，其中某些水域，依据水流湍急情况，又划分为急流航段，即 J 级航段。

（2）航线。规定设计船的具体航线，分定航线和不定航线。对于不固定航线的船舶通常只给出航区；定线航行的船舶需要给出停靠的港口。

（3）载货性质、数量。货物运输常常给出所载运的货类及数量，如载重量（单位：t）或载货量（单位：t）（集装箱船则给出标准箱的箱数和平均箱重）；货物的理化性质通常是指干货的积载因数（单位：m^3/t）、液货的密度（单位：t/m^3）；某些特殊的要求，如多用途船能适应于装载一定数量的甲板货，能载运规定尺寸的特大货件，能适应集装箱甚至散装货物的载运等。

客船通常给出各等级旅客的人数、舱室标准及公共处所的设施配备等，如邮轮常给出休闲、娱乐等必要的配套设施。

其他类型船舶的使用要求，依具体情况而定。

2）布置方面

提出设计船舱室划分、上层建筑的形式及甲板层数等应满足的需求。

3）船级和船籍方面

世界著名船级社

船级是指设计船准备入哪个船级社，要求取得什么船级标志，确定设计应满足的规范，即提出设计船符合的规范和船级要求。国际航线船舶还应符合有关的国际规则或公约。

船籍是指在哪国（含地区）登记注册的船舶，确定设计船应遵守的船籍国政府颁布的法定检验规则。例如，悬挂中国国旗的海船，无论入哪个船级社，都应遵守中国政府主管当局颁布的《船舶与海上设施法定检验规则》。

4）船主尺度设计限制

根据尺度及型线提出对船主尺度设计的限制，如航道水深对吃水设计的限制，码头泊位对船长设计的限制，建造厂的船台对船宽的限制；内河船舶还受到桥梁、船闸等水上建筑物尺寸的限制。

5）动力装置

给出主机的类型、型号（功率）、台数对轴系的要求；规定发电机组的型号及台数（对油船还包括货油泵组）、锅炉的型号及数量、机舱中主要辅机的配备要求等。

6）船舶性能

（1）航速。对民用运输船，一般为提出要求达到的试航速度，但对于拖船常提出拖带航速下的拖力要求及自由航速的要求。试航速度是指满载时主机在持续功率情况下，设计船于静、深水中所测得的速度。服务航速是指船平时营运所使用的航速（是个平均值），这时主机常储备一定的功率。

（2）其他性能。对设计船的抗风性、抗沉性、耐波性、操纵性等方面做出的规定。

7）续航力和自持力

设计船时往往给出一次性加注油水及补给品后连续航行的距离和自给时间要求，可分别用续航力和自持力来表示。续航力是指在主机额定功率情况下，船上所带的燃料（含燃油、液化天然气等）储备量可供连续航行的距离。自持力（又称自给力）是指船上所带淡水和食品可供使用的天数。若运输船舶未给出自持力具体要求时,淡水和食品的储备数量可根据续航力和航速要求来估算。

8) 栖装设备方面

对设计船的起货设备(油船的货油装卸设备)的能力和型号,以及消防设备、救生设备、舵设备、锚泊设备、减摇装置、航行设备等方面提出相关要求。

9) 船员配备及生活设施

给出设计船各类人员的编制、居住舱室及其他舱室的配备和标准等。

以上所述为民用船舶设计技术任务书的大体内容。依据设计船的类型以及编制任务书时进行论证工作的深入程度,设计技术任务书的具体条目有一定的差别。

船东的使用要求是船舶设计的主要依据之一。除非它与法规、规范相抵触,或在设计上不合理,或因生产条件的限制不能制造,否则应予以满足。如果发生任何不能满足任务书要求的情况,应及时与船东协商,并达成一致的有效修改意见。

1.2.2　设计要求

对于新设计船,设计要求大致可以概括为适用、经济,安全、可靠,先进、环保。

1. 适用、经济

所谓适用就是指设计船能够较好地满足任务书中的使用要求。这一目标应该是在设计中处理一切技术经济问题的核心。对于民用运输船舶而言,主要从保证运输能力和提高运输质量方面考虑,如装载能力、航速、装卸效率等;对于专用的作业船舶,应具备完成特定的施工或作业的能力,并能保证作业安全和作业质量。此外,船舶的航海性能、操作、船员的生活设施等也是影响适用性的重要因素。

所谓经济是指船舶有较合理的投入,且完成规定任务时要有尽可能少的消耗和多的盈利。提高船舶的经济性是设计工作的重要目标。设计中的技术措施是否恰当,决策是否正确,对船舶的经济性都会产生很大的影响。设计工作中必须把经济性放在十分重要的地位来考虑。有时,一项好的技术措施可能会节约可观的营运费用。

但是,设计中经常遇到的是技术性能和经济性相互矛盾的情况,这就需要进行技术与经济的综合评估或论证,使之得到合理的统一。显然,适用性是经济性的重要前提,不适用就谈不上经济。反之,在达到适用的前提下,若不注重船舶的经济性,也是不可取的。

事实上,综观现代运输船舶的发展、新船型的出现和新技术的采用,无一不是受经济因素的刺激。经济是技术发展的基础和动力,技术是实现经济目的的手段和工具,两者相互渗透,相互推动。因此,在设计中加强经济观念是十分重要的。举例来说,对某一航线的货运船舶进行船型论证时,即使采用常规船型,也可以建立不同的船型方案,如载货量大些但航速低些的方案,载货量小些但航速高些的方案,两种船型方案能完成相同的年货运量。但显然,两种船型方案在投资和运输成本上会有所不同。选取哪一种方案有利,就要从技术及经济角度加以全面衡量。

针对某一具体设计技术任务书的要求,设计中必然也会涉及经济性问题。例如,对于载货量一定的货船,其设计方案可采用主要尺度小些但较丰满的船型方案,也可采用主要尺度大些但较纤瘦的船型方案。显然,前者的造价要低些,与造价有关的营运开支也会少些;但后者可能在航速上更有利(假定用相同主机),如何取舍,须从总的经济效果考虑,并结合技术性能做综合分析才能决定。在研究采用某项新的技术装备的合理性时,也常从技术上的先进性和经济上的有利性两个方面加以综合考虑。

2. 安全、可靠

船舶的安全是关系到国家和人民生命财产安全的重大问题。因而安全性是船舶的一个基本质量指标。为保证船舶的安全,政府主管机关制定了船舶设计和建造的法规,国际组织,例如国际海事组织(International Maritime Organization,IMO)通过政府间的协定,制定了各种国际公约和规则。此外,船舶还要满足基于安全的船级社制定的入级与建造规范。总之,船舶设计中必须严格遵守法规和规范,这是保证船舶安全的最基本要求。例如,设计人员应根据相关规范和公约,对船舶的构造、载重线、稳性、分舱、消防、救生、航行、信号、通信等方面给予足够的重视和落实。

在船舶设计和建造的实践中,船东为了控制或降低造价,往往希望减少或免除某些安全方面的设备。设计者在设计中,既要考虑造价的因素,又要保证船舶的安全性,至少应满足法规和规范的最低要求。因此设计人员对法规和规范必须认真研究,熟悉并掌握各项规定,对这些规定的基本精神也要加深理解。

此外,船舶设计中的可靠性问题也必须加以重视。船舶使用周期长,船上重要设备和设施的可靠性对安全性和经济性影响很大。某些设施或设备虽然能满足有关规定,但其可靠性可能存有很大差别。例如,对船上的重大设备(如主机)、重要装置(如舵设备等),在选型和设计时应给予充分考虑。

3. 先进、环保

先进是指性能优良,技术和装备先进。在船舶设计中,结合船型特点,采用先进技术和装备可以改善性能,提高船舶的质量和经济效益。例如,采用优秀的船体型线和有效的节能装置可以提高船舶的快速性,达到节能降耗的效果;先进的控制设备可以提高船舶的自动化程度。当然,先进设备的采用有一个性能价格比的问题,选用时要综合考虑。

能效设计指数

船舶的节能和环保已经越来越受到世界各国的重视。近年来,IMO 提出了设计船能效设计指数(energy efficiency design index,EEDI),要求建造的所有总吨位 400 及以上国际航行船舶须满足新的能效标准,即根据船舶在设计最大载货状态下以一定航速航行所需推进动力以及相关辅助功率消耗的燃油计算出的二氧化碳排放量。对 EEDI 起决定作用的主要参数有航速、船舶装载量或总吨位和为达到该航速而需要的安装功率等。

此外,在船舶设计时还必须考虑绿色设计(green design)的概念。绿色设计的原则是被公认为"3R"的原则,即 reduce,reuse,recycle。设计目标是减少物质和能源的消耗,既减少有害物质的排放,又要使产品及零部件能够方便地分类回收并再生循环或者重新利用。利用绿色设计的基本思想,设计出资源省、能耗低、无污染、效益高的绿色船型,这就是绿色船舶设计。为此,就要求设计者在船舶设计工作中综合、全面地统筹和平衡整个船舶系统中的各种矛盾和因素,降低能耗,减少排放。

总之,船舶的经济适用、安全可靠与先进环保三大方面既统一又矛盾。船舶设计要结合具体情况认真分析,妥善处理。同时,设计工作者还要不断学习和创新,学习各种新的技术和科研成果,扩大知识面,提高自身的艺术修养,推陈出新,才能设计出一艘优秀的船。

⚓ 1.3 船舶总体设计内容和方法

船舶设计工作
方法(微课)

1.3.1 设计内容

船舶设计是一门综合性的科学技术,包括船体、轮机、电气等专业设计。船体设计又分总体设计、结构设计和舾装设计。总体设计解决船舶设计中的一些最基本的问题,也是结构设计、舾装设计(如锚泊系统设计、舵设计等)和各专业设计(轮机设计、电气设计等)的基础与依据。总体设计成功与否,对船的质量具有根本性的影响。

船舶总体设计的核心问题为船舶主要要素及船型参数的确定,其涉及重量、容量、航行性能、经济性等方面的知识。主要要素和船型参数又是进行型线设计、总布置设计的前提,而型线及总布置设计又会进一步完善主要要素和船型参数,三者是相互联系和相互制约的完整统一体。

此外,船舶设计是一个完整的创造性过程,除要掌握船舶设计原理的基本知识外,还需要许多专业技术相融合,需要丰富的工程实践经验,需要个人或团体相互配合,最终才能获得一个较为完善的船舶产品。

1.3.2 设计方法

设计工作与科学研究不同。科学研究是发现事物性质,而设计是一种技术实践活动,目的是解决所面临的问题。设计工作的过程如同一般事物的发展一样,总是不断地从肯定走向否定再到肯定,具有螺旋式上升的特点。

下面从一般意义上来讲述船舶设计的工作方法。

1. 综合分析、合理解决

自然界一切事物无不存在着内在矛盾。船舶是一个复杂的系统,船舶本身的内在矛盾更加错综复杂。在讨论船舶设计的一般方法时,首先应对船舶本身所具有的各种技术经济矛盾有所认识。例如,载重量的多与少、航速的快与慢、稳性的好与坏、造价和营运成本的高与低等。在不同的矛盾之间又存在着矛盾,例如,在排水量不变的情况下,提高载重量与提高航速之间的矛盾,提高初稳性与改善横摇缓和性之间的矛盾,航向稳定性和操纵回转性之间的矛盾;在水密分舱时,使用合理性与抗沉性之间的矛盾,增加船舶吃水与航道和港口水深限制之间的矛盾,降低造价与要求高航速之间的矛盾,采用先进技术与可靠性、经济性之间的矛盾等。由此看来,船舶设计是一个解决多项矛盾的复杂过程。正是由于这些内在矛盾的存在及其互相依存又互相转化的辩证统一关系,才推动了一条船的设计工作由浅入深地一步步进行下去。所以,船舶设计工作实际上是一个揭露矛盾、分析矛盾、解决矛盾的过程。

要想在错综复杂的多种矛盾中找到解决问题的合理途径,就必须首先找出其中起决定作用的主要矛盾。抓住了它,就抓住了设计的关键,也为解决其他矛盾奠定了思想保证。

2. 调查研究、搜集资料

人的正确认识来源于社会实践,而调查研究是实践工作极为重要的基础性环节。设计资料数据的准确性,是保证分析判断正确性的必要条件和前提,所以船舶设计者从接受设计任务时起,首先要进行调查研究工作,要深入实际,弄清和领会用船部门的意图和要求,广泛征求航道、港务、船厂等有关部门的意见和看法;搜集货源、航线、港口、船舶建造和现有营运船舶的资料,以及同类型船舶的发展动向和趋势、技术政策方面的规定等。

调查研究包括以下主要内容:

(1) 用船部门的意图和要求。船东从决定建造一艘设计船到制定出设计技术任务书,通常有一个很长的过程。这个过程反映了客观情况的不断变化和人们认识的不断深入与更新。设计者从接到设计任务书起,应该先详细地了解用船部门对设计船的任务、使用的具体要求、设计的原则以及各种客观因素对设计船的限制等情况,即对任务书中各项要求的背景情况和资料进行进一步调查,弄清这些要求的来龙去脉,这样才能使设计真正做到有据可依、有源可寻。

(2) 相关方面的情况。与设计船相关方面情况有关的调查内容很多,在调查研究时,应针对设计船的特点来进行。比如,航道港口、建造维修、船型资料、新技术及成果等等,这些都与设计船主要要素等重大问题的确定密切相关。此外,市场信息对设计者也是非常重要的,如原材料和燃料价格的变化、法规和规范修改通报等都直接影响船型方案的选取。

通过调查获得实际资料,经过仔细的研究分析和去粗取精、去伪存真的加工处理,形成一个较能符合客观实际的设计方案,使设计一开始就建立在比较可靠的基础上。随着设计工作的进展和深入,应继续做深入的调查研究,并不断完善设计方案。

设计工作所需的技术资料是保证设计工作顺利开展的必要条件,也是保证设计质量的重要因素。搜集资料的内容包括参考母型船的资料、与设计船有关的新技术成果、船用设备的样本及供应情况等等。通常母型船的资料包括主要要素、载重量、舱容、航速、主机参数、重量重心、总布置图、型线图、船模及实船试验资料等等。对于船舶总体设计来说,母型船的重量重心资料尤为重要,在可能的情况下,重量重心资料越详细越好。此外,同类船的各种统计资料也具有较大的参考价值。

3. 逐步近似、不断深化

由于船舶的内在矛盾错综复杂,设计工作不可能一次性完成,而是遵循一个逐步近似、不断深化的设计过程,最后得到可行的结果。例如,在设计之初,船体钢料重量是通过考虑少数主要要素进行初估,待基本结构设计完成后可进行较详细计算,待所有结构图都设绘完毕后就可以进行精确计算。

由此看来,逐步近似过程的每一次循环都不是简单的重复,而是螺旋式上升的过程。当然,螺旋上升的每次重复过程中并非需要对每个步骤都要开展深入的工作,而是根据具体情况有些侧重。这样,进行若干次近似后总能获得满意的结果。

4. 借鉴继承、合理创新

任何新型优秀船舶的出现都是既往船舶发展的结果。科学的继承在船舶设计中有重大意义。在设计过程中,以分析、判断的态度应用以往的经验不仅是十分重要的,而且是不可缺少的,这是船舶设计工作的又一个方法。

现代船舶是在人们造船和用船经验的不断积累、科学技术的不断进步下发展起来的。创造性地吸收和利用前人的宝贵经验,可以缩小搜索范围,使设计获得较为可靠与先进的结果。船舶设计中应用同类船的统计资料(统计公式和图表等)是借鉴与继承的重要方面。

在船舶设计时,设计者常采用一种行之有效的方法——母型设计法,即在现有船舶中选取一条与设计船技术性能相近的优秀船舶作为母型船,将其各项要素按设计船的要求用适当的方法加以改造变换,即得到设计船的主要要素。从而使设计船有较可靠的基础,减少设计时的盲目性和逐步近似次数。

在母型设计法中,母型的概念是广泛的。一方面,与设计船在主要技术性能方面相近的优秀实船,是最直接的母型,因为该船资料可以使设计者比较容易地把握设计船的主要性能和改进的方向;另一方面,经过模型试验研究的优良船模资料也是母型。

设计中选用的母型船不必仅限于一条,可以根据所需在设计的不同局部选用不同的母型,以便更好地满足设计船的要求。例如,在快速性方面选择甲船为母型,重量估算方面可参考乙船,而布置方面又可吸取丙船的经验等。总之选用母型的标准一是相近,二是优良。

用母型设计法设计时要突出一个改变,即在参考母型的过程中要有所改进和创新。母型设计方法不是一种简单的拼拼凑凑,而是设计者根据设计船的特点和要求,在熟练掌握船舶设计原理和方法的基础上的创造性工作。每一艘设计船都有其特殊性,设计中要用好同类船的统计资料和回归公式,但不能不加分析地生搬硬套,没有创新和改进也不可能产生优良的设计船。因此,设计者必须结合设计船的要求和特点,考虑新技术、新设备、新工艺、新材料等在设计船上的应用,做到在设计中有所创新、有所改进。

事实上,在强调母型设计法的有效性和可靠性时,并不排斥所谓全新概念的设计方法。特别是在根本找不到合适的母型船资料的情况下,这时往往要采取边研究、边试验、边设计的方法,即所谓的全新概念的"全新设计法"。通常的做法是,首先对设计船的特点加以研究,形成一个初步方案后,开展相对深入的方案设计工作,然后对设计结果进行必要的试验,以验证设计的正确性并寻找改进的方向和方法。在此基础上再进行下一个循环的设计、试验和研究工作。这正说明了新船型的设计开发都需要一个相对漫长的过程。

复习思考题

1. 船舶设计分类和船舶设计特点是什么?
2. 船舶总体设计与其他专业或部分设计之间有何联系?
3. 设计技术任务书通常是如何制订的?运输船舶的设计技术任务书一般包括哪些基本内容?
4. 何谓试航速度,它与服务航速有什么不同?
5. 船的续航力和自持力是什么?
6. 船舶总体设计有哪些基本要求?
7. 船舶总体设计工作的方法是什么?何谓母型设计法和全新设计法?在母型设计法使用时应注意哪些方面?

第2章　船舶浮性与载重线

浮性是船舶在一定的装载情况下漂浮在水面（或浸没水中）并保持平衡位置的能力，是船舶的基本性能之一，通常由排水量和浮态来体现。船舶的排水量即为船舶排开水的重量*，它与组成船舶的各项重量之和相等。船舶的重量通常可分为空船重量和载重量两大部分。空船重量是船舶的一项重要指标，它决定了船舶的造价，而载重量则反映了船舶的装载能力。船舶的浮态与重心位置关系密切。因此，船舶设计过程中必须尽量准确地计算并控制船舶的重量与重心位置，这是保证船舶各项性能的基本条件。

在船舶设计的各个阶段，重量计算和重心位置的估算都是必不可少的工作。本章主要介绍在船舶设计初期，如何对船的重量和重心进行分析，寻求它们与船的主要要素之间的联系规律，以便能较准确地进行估算，同时也介绍一些具体的估算方法。

⚓ 2.1　船舶浮性概述

2.1.1　排水量与载况

船舶的排水量是指船舶在一定状态下的总重量，通常以吨（t）为单位。不同水域水的密度是有差异的，海水的密度约为 $1\,025\,\mathrm{kg/m^3}$，而淡水的密度则约为 $1\,000\,\mathrm{kg/m^3}$。当船舶从海域驶入内河或由内河出海时，船舶的吃水就会有所变化，而船舶的总重量不变，其排开水的重量同样保持不变，即船舶的排水量不因所处水域水密度的变化而有所不同。

船舶在营运及航行过程中，货物、油水等重量常会发生变化。随着载重量的变化，船的排水量和重心位置也会相应发生变化，因而船的各项技术性能有所差异。为了掌握在营运过程中的船舶性能，需要在各种装载情况中选取若干个典型载况。掌握了这些典型载况，也就能掌握船在使用过程中各种载况下的性能。

运输船通常最基本的典型排水量有以下几种。

（1）满载排水量，包括空船重量和载重量。船舶装载至预定的设计吃水，这种载况下的排水量称为满载排水量。它是船舶设计时决定主要要素的出发点，因此也叫做设计排水量。

---

* 工程上所指的重量是指该物体的质量或受到的重力。若单位为吨（t），是指质量，若单位为吨力（tf）或牛（N），则是指重力。

（2）空载排水量，大约为空船重量。此时动力装置管系中有可供主机动车的油和水，但不包括航行所需的燃料、滑油和淡水储备以及其他载重量。

（3）压载排水量。一般货船在无货空放航行时，为保证船舶在空放航行时的适航性能，通常都必须加载一定数量的压载水。因此，压载排水量为空船重量、压载水重量和除货以外的载重量。

在核算船舶稳性时，中华人民共和国海事局（CMSA）发布的《国际航行海船法定检验技术规则（2020）》中对各类船舶的典型载况均有规定。以一般干货船为例，通常取 4 种典型载况：满载出港——设计排水量状态，此时燃油、淡水均为 100%设计储备量；满载到港——这时船上的燃油、淡水等消耗品重量规定为设计状态储备量的 10%；空载出港——船上不装载货物，燃油、淡水储备量为 100%设计储备量；空载到港——船上不装载货物，燃油、淡水储备量为设计储备量的 10%。

除此之外，针对不同的船舶，其载况也因各自特点有所区别。例如，客船还需增加核算满客无货出港、满客无货到港、中途压载等载况。

2.1.2　平衡条件与浮性方程

船舶在任一装载情况下漂浮于水面一定位置时，作用在船上的力主要有两个：一个是船舶本身的重力；另一个是静水压力所形成的浮力。

一方面，作用在船上的重力由船舶本身各部分的重量所组成，如船体结构、舾装设备、机电设备、货物、人员及行李等的重量。这些重量形成一个垂直向下的合力。此合力就是船舶的重力 W，其作用点 G 称为船舶的重心，如图 2-1 所示。

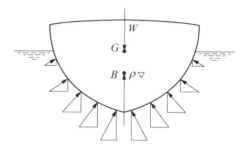

图 2-1　重力和浮力示意图

另一方面，当船舶漂浮于水面一定位置时，船体浸水表面的每一点都受到水的静压力，这些静压力都是垂直于船体表面的，其大小与浸水深度成正比。从图 2-1 中可以看出，船舶水下部分静水压力的水平分力相互抵消，垂直分力则形成一个垂直向上的合力，此合力就是支持船舶漂浮于一定位置的浮力。合力的作用点 B 称为船舶的浮心，也就是船舶排水体积的形心。

需要说明的是：就船体梁上某一段而言，其重力和浮力通常是不等的，且作用线也不一定在同一垂线上。

根据阿基米德原理，物体在水中受到的浮力等于该物体所排开的水的重量。因此船舶所受到的浮力在数值上就等于船舶所排开的水的重量（通常称为排水量）。综上所述，根据浮性原理，船舶平衡于静水中的条件是：①重力与浮力的大小相等而方向相反；②重心 G 和浮心 B 在同一铅垂线上，如图 2-2 所示。

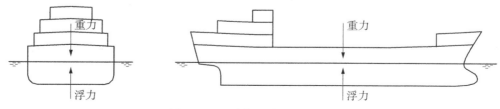

图 2-2　重力与浮力平衡示意图

船在某一装载情况下的总重量为 $\sum W_i$（单位为吨,用 t 表示）,由平衡条件可得浮性方程

$$\Delta = \sum W_i = \rho k \nabla = \rho k LBTC_b \qquad (2-1)$$

式中,Δ 为该装载情况下的总排水量;∇ 为该装载情况下的型排水体积,单位为 m^3；ρ 为水的质量密度,其中,海水为 $1.025\,t/m^3$；淡水为 $1.0\,t/m^3$；k 为附体的体积系数。因为 ∇ 为型排水体积,它不包括外板厚度及附体(如舵、螺旋桨、轴支架、舭龙骨等)在内,k 值是考虑这些因素后的系数,通常为 $1.002\sim1.010$,大船取小值,小船取大值,一般可取 1.006；L、B、T、C_b 分别为船长、船宽、吃水及方形系数。

2.1.3 重量、重心估算的重要性及特点

船舶倾斜试验

　　为使设计船舶准确地漂浮在预定的吃水线上,就必须比较准确地估算船舶的重量与重心。重量计算的误差如果过大,船将不能漂浮于预定的吃水线上,影响船舶的使用性能。特别是沿海船和内河船,航道对船舶吃水有限制时,如重力大于浮力,实际吃水将超过设计吃水,船舶就有可能不能在预定航区中航行,或需减载航行,这势必影响船舶的使用性能和经济性。同时,由于实际吃水超过设计吃水,干舷和储备浮力减少,甲板易上浪,抗沉性和结构强度也可能不满足要求;反之,如重力小于浮力,则船的实际吃水必然要小于设计吃水,这样的设计既不经济又会对航行性能造成损害。例如螺旋桨可能会露出水面而影响推进效率,若在海上航行还可能因吃水变小而使耐波性变差。重心计算误差则会引起船的纵倾或横倾,造成不应有的初稳性高度减少或增加,从而改变船舶预定的稳性和横摇性能。所以,重量、重心计算如不准确,船舶就满足不了原定设计要求,各项技术性能以及经济性能变差,甚至会使船舶无法投入使用。

　　船舶重量、重心计算贯穿于整个设计,且是一个逐步近似的过程。所谓贯穿始终,就是在设计的各个阶段都必须进行重量、重心的计算。所谓逐步近似,是指重量计算不可能一次完成,即不可能在设计初始阶段估算到准确无误的程度。随着设计阶段的不断深入,重量计算由粗到精,即由最初阶段参考母型船或统计资料的粗略估算,到可按设计船的详细设计图纸分项精确计算。一条船的设计,通常由重量、重心估算开始,直到建成后通过倾斜试验,重量、重心计算工作才算结束。

　　在不同设计阶段,重量、重心计算的方法是不一样的。在设计初期即主要尺度及排水量确定阶段,设计船的重量、重心只能依据母型船或统计资料进行估算。在详细设计阶段可以按图纸进行分项的计算。

　　随着三维辅助计算机设计技术的不断发展,目前船舶设计阶段对重量、重心的实时统计分析工作已越来越便捷、准确。

⚓ 2.2 空船重量构成及其估算

　　船在某一装载情况下的总重量(即此时的排水量 Δ)由各部分重量组成。通常在设计中将排水量分为空船重量和载重量,即

$$\Delta = LW + DW \qquad (2-2)$$

式中，LW* 为空船重量，通常将其分为钢料重量 W_H、舾装重量 W_F 和机电设备重量 W_M 三大部分，即 $LW = W_H + W_F + W_M$；DW 为载重量，包括货物、旅客、船员、行李、油水（燃油、滑油、淡水等）、食品、备品、供应品以及压载水等的重量。

LW 决定船的造价，DW 反映了船的装载能力，因此船的重量与其经济性直接相关。

2.2.1　空船重量构成与估算

空船重量 LW 占整个排水量 Δ 的较大部分，并且影响因素很多，很难准确估算，特别是在设计初期。若船舶建成后，空船重量与原先所估算的相差甚远，则对船舶性能会产生较大的影响。尤其是在超重较多的情况下，引起的后果就更为严重。因而 LW 估算准确与否，将直接影响船舶的技术性能和经济性能。对某些非货运船舶而言，LW 的估算是设计能否成功的关键因素之一。对此，必须给予高度重视，估算 LW 时，要仔细认真，反复斟酌，切不可随意。

船舶的排水量 Δ 由空船重量 LW 与载重量 DW 组成。不同类型的船舶空船重量占排水量之比差别较大。表 2-1 给出了各类船舶的空船重量占满载排水量的大致比例。

表 2-1　各类船舶空船重量与满载排水量之比

船舶类型	比例系数	船舶类型	比例系数
中小型货船	0.30～0.43	中小型客船	0.50～0.70
大型货船	0.27～0.36	大型客船	0.45～0.60
中小型油船	0.35～0.50	拖船	0.85～0.95
大型油船	0.20～0.35、	渔船	0.60～0.70
集装箱船	0.30～0.34	内河工作艇	0.80～0.92

1. 空船重量的构成

为了便于计算和寻求有关空船重量的规律性，通常按照一定的原则将组成空船的诸重量进行分类。一般民船的空船重量 LW 可分为船体钢料重量 W_H、舾装重量 W_F 和机电设备重量 W_M 三大部分，各部分重量的组成主要包括表 2-2 所列的项目。

表 2-2　船舶空船重量分类表

项目分类	构　　成
船体钢料部分	首尾柱及轴包架、外板、底部及舷侧构架、甲板结构 舱壁及围壁、支柱、船体钢料杂项、底座 上层建筑钢料、焊接重量
舾装部分	船体木作、船舶属具（金属）、船舶设备及装置 舾装木作、生活设备及工作用具 敷料、油漆
机电设备部分	主辅机械设备、轴系 船舶电气、动力管系、船舶管系、冷藏及通风 机炉舱杂项、机炉舱特种设备、机炉及管系内液体

---

* 用缩略词表示变量是行业习惯，除本页的 LW、DW 外，还有 RT、GT、NT 等。

表 2－3 为各类民船的船体钢料重量及舾装重量分别在空船重量中所占的比例范围,可作为估算时的参考。

表 2－3 船体钢料重量及舾装重量与空船重量之比

船舶类型	W_{H}/LW	W_{F}/LW
中小型货船	0.51～0.59	0.25～0.32
大型货船	0.61～0.68	0.17～0.23
中小型油船	0.54～0.63	0.23～0.35
大型油船	0.68～0.78	0.08～0.15
客船	0.47～0.56	0.26～0.37
渔船	0.39～0.46	0.39～0.44
拖船	0.38～0.52	0.23～0.28
内河货船	0.41～0.52	0.26～0.33
内河工作艇	0.43～0.56	0.18～0.26
内河拖船	0.30～0.36	0.22～0.27

2. 空船重量的估算

空船重量估算
（微课）

对于运输货船,其空船重量占整个排水量的 30％ 以上,而对有些船舶(如客船、拖船、渔船)这一占比则达 70％～95％。由此可见,空船重量的准确计算对保证设计质量具有非常重要的意义。

空船重量的估算在船舶设计的不同阶段,是采用不同的方法进行的。在设计的初始阶段,由于仅有初步拟定的主尺度和粗略构思的总体方案,因此空船重量的估算只能采用很粗略的方法。例如参考母型船重量资料用某种比例的方法换算,或选择适用的经验公式、统计公式估算。当设计工作进行到一定深度以后,可以采用比较详细的方法估算。较详细的估算方法通常采用分类计算方法,而分类的详尽程度视设计的深度而定。例如:将船体钢料部分再分为船底结构、船侧结构、甲板结构、舱壁结构、首楼结构、尾楼结构、甲板室结构等,分别采用适当的方法进行重量估算;舾装和机电部分重量的估算可将已确定的设备重量单独计算,余项分类估算。这个阶段的重量估算工作在相当程度上仍然依赖于母型船的重量资料。

空船重量的估算结果在设计的初期阶段就要求尽可能地准确和可靠。做到这一点虽然十分困难,但却是十分必要的。因为到设计工作后期,当经详细计算后所得的重量与估算的结果相差较大,而不能符合设计精度要求时,必须对设计做重大修改。把握空船重量估算结果的准确性,除了采用合适的方法以外,最重要的是要具备可靠和详细的母型船重量资料。因此,母型船的重量资料是十分宝贵和重要的,必须注意搜集和整理。

在设计初期,空船重量的估算常采用载重量系数法、百分数法和分项估算法。

1) 载重量系数法

载重量与排水量之比称为载重量系数

$$\eta_{DW} = \frac{DW}{\Delta} = 1 - \frac{LW}{\Delta} \qquad (2-3)$$

各类船舶载重量系数可参考表 2－1,且对同类船而言,船大,则 η_{DW} 要大些,这说明空船重量 LW 在排水量 Δ 中所占的比例要小一些。

当设计船的载重量 DW 给定时，估算空船重量

$$LW = DW(1 - \eta_{DW}) / \eta_{DW} \qquad (2-4)$$

式中，η_{DW} 为载重量系数，可参考同类型船舶的统计值选取，最好取自相近的母型船，也可用以下统计公式计算出载重量系数 η_{DW}。

（1）适用于 DW = 0.5 ~ 6.0 万吨级散货船。

$$\eta_{DW} = 0.734 + 0.028\,39DW - 0.002\,21DW^2 \qquad (2-5)$$

（2）适用于 DW = 1 ~ 10 万吨级油船。

$$\eta_{DW} = 0.766\,6 + 0.013\,4DW - 0.000\,8DW^2 + 0.000\,13DW^2 \qquad (2-6)$$

式中，η_{DW} 表示船舶的载重量 DW 占排水量 Δ 的比例，它反映了运输船舶装载能力的大小，表示排水量 Δ 的利用率。对同样排水量 Δ 的船舶来说，η_{DW} 大者，表示其载重量大；反之，当载重量 DW 和其他要求相同时，η_{DW} 大者，说明排水量 Δ 小些也能满足要求，故造价较低。因此，η_{DW} 的大小是衡量运输船舶设计好坏的标志之一。当一条船设计完成后，常常将其实际的 η_{DW} 值与相近船做比较，以判别其设计质量。

2）百分数法

当设计船的排水量 Δ 给定时，空船重量 LW 可用下式估算：

$$LW = C\Delta \qquad (2-7)$$

式中，C 为系数，可参照母型船选取（或按表 2-1 选择）。

3）分项估算法

根据船舶的构成，空船重量通常可按船体钢料重量、舾装重量和机电设备重量 3 项分别来计算，且其估算精度较载重量系数法和百分数法有所提高。为此，下节就该估算方法专门给予阐述。

2.2.2　载重量构成与估算

船舶的排水量 $\Delta = LW + DW$。前面已经介绍了空船重量 LW 的估算方法，接下来介绍载重量 DW 的估算。通常，载重量 DW 包括货物、人员及行李、食品、淡水、燃油、润滑油、炉水以及备品和供应品的重量，满载设计状态应包含压载水的重量。下面就各部分重量的计算给予阐述。

1. 人员及行李、食品、淡水的重量

1）人员及行李

人员重量即指旅客和船员的重量。在船舶设计时，人员重量通常按人均 75 kg 计算，所携带的行李则应根据不同人员的具体情况考虑。一般情况下，每人携带行李的重量如下：

载重量估算
（微课）

（1）船员行李，按每人 35~55 kg 计算；

（2）旅（乘）客行李，按每人 10~20 kg 计算。

2）食品及淡水

分别根据人数、自持力及有关定量标准计算，总储备量 W_T 为

$$W_T = W_P \times n_P \times d_P \qquad (2-8)$$

式中，W_P 为人员定量$[kg/(d \cdot 人)]$；n_P 为人数；自持力

$$d_P = \frac{R}{24V_S} \qquad (2-9)$$

式中，R 为续航力，n mile 或 km；V_S 为服务航速，kn 或 km/h。

如果任务书中规定了自持力，则按任务书要求确定。

关于人员定量 W_P 的计算标准：

(1) 食品定量通常按每人每天 2.5～4.5 kg 计算。

(2) 淡水（包括饮用水和生活用水）的定量标准与航程、航线的气候条件等因素有关。通常海船取每人每天定量为 100～200 kg（热带和亚热带航行船舶取大值）。对于远程航行船如本身备有制淡装置，其淡水储存量也可相应减少。

2. 燃油、润滑油及炉水的重量

1) 燃油

船上所携带的燃油储备量 W_{FO} 主要根据设计技术任务书规定的续航力要求来决定，以保证船舶从离港至下次重新补给期间的需要。此外，燃油储备量还与主机功率、航速、主机耗油率等有关，即

$$W_{FO} = t(g_1 P_1 + g_2 P_2 + g_3) \cdot k \cdot 10^{-3} \qquad (2-10)$$

式中，t 为航行时间，h，$t = R/V_S$，其中 R 为续航力（n mile），V_S 为服务航速（kn）；g_1 为主机耗油率，$kg/(kW \cdot h)$；P_1 为主机额定功率，kW；g_2 为辅机（主要指发电机组原动机）耗油率，$kg/(kW \cdot h)$；P_2 为航行时使用的辅机总功率，kW；g_3 为其他燃油设备（如燃油锅炉）单位时间耗油量，kg/h；k 为考虑风浪影响的系数，一般可取 1.1～1.2。

对于一般运输货船，粗估时 W_{FO} 可按下式近似估算

$$W_{FO} = g_0 P_1 t \cdot k \cdot 10^{-3} \qquad (2-11)$$

式中，g_0 为包括一切燃油装置的耗油率，$kg/(kW \cdot h)$，可近似取为主机耗油率的 1.15～1.20 倍。

应该注意的是，对于辅机功率较大的船舶（如冷藏船的制冷、客船的照明及空调等），则估算主机和辅机的油耗时应单独计算储备量。

2) 润滑油

船上所带润滑油（简称滑油）的储备量应满足以下两方面的需要：

(1) 补充主辅机工作时滑油的漏失及燃损，该部分正比于主机功率及续航时间；

(2) 航行中对循环系统中的滑油进行更换，其更换量正比于主机功率。

因而主机滑油储备量可用下式计算：

$$W_{LO} = (kg_L P_1 t + g_{L1} P_1) \cdot 10^{-3} \qquad (2-12)$$

式中，W_{LO} 为主机滑油储备量，t；k 为储备系数，与燃油计算中的 k 值相同或稍大；g_L 为滑油消耗率，$kg/(kW \cdot h)$；t 为主机工作时间（可取为续航时间的 1.2 倍），h；g_{L1} 为单位主机功率所需的滑油更换量，kg/kW。

其中，g_L 和 g_{L1} 应按设计船的主机说明书选取。

辅机的滑油量可取为主机的 15%。

设计初始阶段粗估滑油总储备量时，通常取为燃油储备量的某一个百分数，即

$$W_{LO} = \varepsilon W_{FO} \qquad (2-13)$$

式中，ε 为比例系数，通常对于柴油机动力船取 2%～5%，主机功率大、航程远的船取小值。

3) 炉水

炉水是指锅炉用水。民用船舶的机电设备重量中已计入锅炉及其动力系统内的正常循环水量，因而这里要估算的炉水储备量是指用于补充机器运转中的蒸汽漏失所需的炉水量。因现代船舶主机一般都为内燃机，船上的锅炉都为辅锅炉。对于一般干货船，所产蒸汽仅用于燃油等的加热以及生活，液货船（如原油船）因考虑液货舱的加热及保温等，所需蒸汽量大一些。炉水的储备量与蒸汽漏失量成正比，即

$$W_{BW} = \varepsilon G t \qquad (2-14)$$

式中，ε 为蒸汽漏失率，辅锅炉为 5%～6%；G 为锅炉额定蒸发量，即每小时蒸汽产量，据锅炉参数定，t/h；t 为锅炉工作时间（可取为续航时间的 1.2 倍），h。

对于远航程及大功率船来说，一般都设有制淡装置，所制淡水一般可以补足炉水漏失量，故只需少量炉水储备以供应急时补充之用。对于中小型船舶，因炉水所需重量较少，在淡水储备量中考虑适当裕度后，可不计炉水重量。

3. 备品及供应品

备品是指设备与装置备用的零部件，如船上备用的锚、设备零部件、灯具、油漆等。供应品是指零星物品，如生活用品、炊具餐具、信号旗、办公用品、医疗耗材等。备品和供应品的重量一般都较小，通常取为 (0.5%～1.0%)LW，或结合用船单位的要求，参考母型船取为某一定量。

⚓ 2.3　空船重量分项估算

2.3.1　船体钢料重量 W_H 的估算

船体钢料包括除舾装用料以外组成船体的各种构件，如船壳板、甲板、舱壁、纵横骨架、首尾柱、上层建筑（甲板室）等。由表 2-3 可以看出，船体钢料重量在空船重量中占比较大，因此准确估算船体钢料重量，对决定设计船排水量有重要影响。

船体钢料重量的估算方法较多。下面就设计初期常用的估算方法做重点介绍。

1. 粗估法

1) 百分数法

此法假定船体钢料重量 W_H 与满载排水量 Δ 成正比，即

$$W_H = C_{H1} \Delta = C_{H1} \rho k L B T C_b \qquad (2-15)$$

式中，C_{H1} 为钢料重量占 Δ 的百分数，称为钢料重量系数，可根据母型船或按同型船的统计

值选取,即 $C_{H1} = W_{H0}/\Delta_0$(其中 W_{H0}、Δ_0 为母型船的钢料重量和排水量)。

本方法较为简便,缺点是把 L、B、T、C_b 各要素对钢料重量的影响看成是同等的,并且估算公式也忽略了其他许多因素的影响,比如布置特征等。因此,在使用时,需要有相近的母型船才可能达到一定的精确度。该公式通常只适用于货船、油船等这类载重量占排水量的比例较大,并且特点相对比较稳定的运输船的空船重量的粗略估算。

需要说明的是,C_{H1} 通常随 Δ 的增大而减小,即船的 Δ 大,其钢料重量占 Δ 的比例相对要小一些。其原因是主要尺度加大后导致船体空间的增加量比主要尺度加大引起的钢料重量的增加量要大,所以,若设计船的 Δ 比母型船的要大,则可选择比母型船稍小的 C_{H1}。

2)平方模数法

平方模数法是假定 W_H 正比于主船体结构部件的总面积,主要着眼于结构材料的数量。其总面积一般仅用 L、B、D 来表示。考虑到甲板层数、内底及纵舱壁的影响,用平方模数法估算 W_H 的一般表达式为

$$W_H = C_{H2}L(aB + bD) \tag{2-16}$$

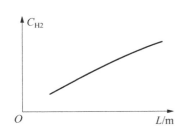

图 2 - 3 平方模数法系数随船身长度的变化趋势

式中,C_{H2} 为系数,可按母型船选取,即 $C_{H2} = \dfrac{W_{H0}}{L_0(aB_0 + bD_0)}$,其中下标"0"表示母型船。需要注意的是,系数 C_{H2} 的变化趋势随船长增加而增大(见图 2 - 3)。因此如果设计船的长度 L 比母型船大,则取母型船的 C_{H2} 值估算时结果可能偏小。

此外,式(2-16)中的 a 和 b 需根据船型特征决定。如双底、单连续甲板的船,建议 a 取值为 3;船侧为双壳体时建议 b 取值为 4。如果系数 a、b 都取值为 2,则有

$$W_H = 2C_{H2}L(B + D) \tag{2-17}$$

式中,$B+D$ 为可近似看成是单甲板从龙骨到甲板中心线的半周长,所以 $L(B+D)$ 实际上是一种表征船壳表面积及甲板表面积的面积特征数。

平方模数公式认为船体钢料重量与面积成正比,把船看成空心薄壁结构,适用于设计船与母型船船长相近,且船体结构特征相似的情况。

3)立方模数法

如果设计船和母型船在几何上是相似的,并且假定结构材料尺寸的改变也符合主尺度改变的线性比例关系,则相似船的船体钢料重量也应与主尺度的立方成比例,即船体钢料重量与船体所围容积的比值也不变。立方模数法就是假定 W_H 与船的内部总体积成正比,并用 LBD 表示内部总容积的特征数,即

$$W_H = C_{H3}LBD \tag{2-18}$$

式中,C_{H3} 为关于立方模数的船体钢料重量系数,其值的大小因船舶吨位、船舶类型、尺度比等的不同而有差异,可取自相近母型船;LBD 为立方模数。

若设计船的舷弧高度及上层建筑的体积与母型船相差较大,为了计及不同上层建筑和舷弧对 W_H 的影响,式(2-18)中型深 D 也可以用相当型深 D_1 来表示,以提高计算的精确性。D_1 的表达式为

$$D_1 = D + S_m + \frac{\sum l_i h_i}{L} \tag{2-19}$$

式中，S_m 为平均舷弧高，m；l_i、h_i 为各层建筑（含船楼和甲板室）的长度与高度，m。

平均舷弧高可用式（2-20）来计算：

$$S_m = \frac{A}{L} \tag{2-20}$$

式中，A 为船舷弧升高部分的侧投影面积，表示为如图 2-4 所示的阴影部分面积。

若采用抛物线形舷弧，则

$$S_m = \frac{S_F + S_A}{6} \tag{2-21}$$

式中，S_F、S_A 分别为船的首、尾舷弧高。

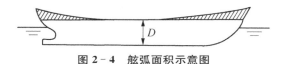

图 2-4　舷弧面积示意图

这样，式（2-18）便可写为

$$W_H = C_{H3} L B D_1 \tag{2-22}$$

由于该方法计算方便，因此在初估船体重量时获得广泛应用。但该公式仅反映了 L、B、D 对重量的影响，而并未反映尺度比的影响。用此式计算时，实际上把船看成一个实心体，其缺点是把 L、B、D 对 W_H 的影响程度看成是同等的。

为了提高估算的精确性，可将式（2-22）改写为

$$W_H = C_{H3} L B D_1 \left(\frac{L}{D}\right)^{1/2} \left(1 + \frac{1}{2} C_{bD}\right) \tag{2-23}$$

式中，$\left(\dfrac{L}{D}\right)^{1/2}$ 为从总纵强度出发，考虑 L、D 对钢料重量的不同影响程度的修正；$1 + \dfrac{1}{2} C_{bD}$ 为考虑船体肥瘦的影响，其中，C_{bD} 为计算到型深处的方形系数，可近似按下式计算：

$$C_{bD} = C_b + (1 - C_b)\frac{D - T}{3T} \tag{2-24}$$

如果设计船与母型船的甲板层数不同，估算时也要对 W_H 值进行修正，通常每增加一层纵通甲板，W_H 值增加 5%～6%。

在估算时，C_{H3} 应尽可能参考相近的母型船（即船舶类型、船级、甲板层数及船体材料相同，主要尺度、船型系数及尺度比、建筑和结构形式相近）选取，并尽量采用多艘母型船分析比较后加以确定。

4）平方-立方模数法

此法亦称混合模数法，其形式为

$$W_H = C_{H4}[LBD + L(B + D)] \tag{2-25}$$

对于吃水受限制的船舶(如内河船),由于型深 D 相对较小,而型宽 B 相对较大,用这种方法估算 W_H 可得到较好的结果。考虑相当型深 D_1 和船体丰满度的影响,其形式为

$$W_H = C_{H4}[LBD_1 + L(B + D_1)](1 + 0.5C_{bD}) \tag{2-26}$$

5)指数法

作为立方模数法的进一步拓展,可以用主尺度的指数形式构成 W_H 的估算公式,即

$$W_H = C_{H5}L^\alpha B^\beta D^\gamma T^\sigma C_b^\tau \tag{2-27}$$

如忽略 T 和 C_b 的影响,则 W_H 为

$$W_H = C_{H5}L^\alpha B^\beta D^\gamma \tag{2-28}$$

式中,α、β、γ、σ 和 τ 为各项指数,可从表 2-4 中进行选择。

表 2-4 船体钢料重量指数形式的回归系数

船 型	指 数				
	α	β	γ	σ	τ
小型货船	1.250	0.750	0.750	0	0.500
散货船	1.878	0.695	-0.189	0.158	0.197
油船($2\times10^4 \sim 7\times10^4$ t)	1.830	0.750	—	0	0.393
集装箱船	1.759	0.712	0.430	0	0
常规客船	1.450	0.945	0.660	0	0

C_{H5} 为系数,取自母型船,即选定函数关系和指数以后,用母型船的 W_{H0} 求取 C_{H5}。

指数方法考虑了船舶主要要素对钢料重量的影响程度,其适用性就是要选定合适的指数值。该方法特别适用于分析计算主要要素的变化对钢料重量的影响。

2. 统计分析法

对于一些常规船型,其结构型式相差不大,布置特点比较相近,例如常规的散货船、油船、集装箱船等,且有大量的实船重量资料。对与设计船同一类型(包括吨位相近)的母型船重量资料进行统计分析,其结果可用于设计船重量的估算。常用的方法是回归分析法,即选择某种适用的表达船舶主尺度(或尺度比)与船体钢料重量关系的基本函数公式,以母型船重量资料作为样本,用数学回归方法求取公式中的有关系数,从而得到重量估算的回归公式。这种方法如选用的回归公式形式合理,母型船资料可靠,则估算结果也比较好。由于母型船的样本资料可以覆盖主尺度的一定范围,回归公式在此范围内都可适用,因此这种回归公式特别适用于设计船主尺度论证中对不同尺度方案的重量估算。

船体钢料重量的回归分析已有人做了大量的工作,也发表了不少回归公式。在选用这些公式时要注意回归公式的适用范围,有相近母型资料时,可用其数据来验证其估算的误差程度,以保证设计船采用这种公式估算结果的可靠性。

下面根据有关资料,给出若干个关于船体钢料重量 W_H 的统计回归公式。公式中的 L 未加特别注明时,通常是指垂线间长 L_{PP},W_H 估算结果的单位为 t。

（1）散货船 W_H 的统计公式

$$W_H = 3.90 K L^2 B (C_b + 0.7) \times 10^{-4} + 1\,200 \tag{2-29}$$

式中，K 为系数，$K = 10.75 - \left(\dfrac{300 - L}{100}\right)^{3/2}$。

需要说明的是，上式适用于 $DW = 10\,000 \sim 50\,000\,t$ 的常规型散货船。

（2）油船 W_H 统计公式

$$W_H = K L^{1.724} B^{0.386} (T/D)^{0.028\,2} C_b^{0.003\,2} \tag{2-30}$$

式中，K 为系数，取值如下：

仅有双层底时，$K = 0.261 \sim 0.273$；

有双底双壳时，$K = 0.276 \sim 0.345$。

式（2-30）对于 $DW > 100\,000\,t$ 的油船，K 值应取较大值，但采用高强度钢时应修正。K 值也可用母型船资料换算而得。

$$W_H = 0.010\,4 [(B + D)]^{1.498\,9} (l/L)^{0.022\,2} (b/B)^{0.135\,26} \tag{2-31}$$

式中，l 为船中区域最大舱长的横向水密舱壁间距，适用于 $l/L = 0.07 \sim 0.20$；b 为中舱宽度，适用于 $b/B = 0.48 \sim 0.80$。

式（2-31）适用于 $DW = 30\,000 \sim 100\,000\,t$，$L/B = 5.50 \sim 7.20$，$L/D = 10.50 \sim 14.0$，$B/T = 2.30 \sim 3.50$，$D/T = 1.30 \sim 1.65$ 的油船。

（3）集装箱船 W_H。

$$W_H = 111 \left(\frac{LBD}{1\,000}\right)^{0.9} \left(0.675 + \frac{C_b}{2}\right) \left[0.939 + 0.005\,85 \left(\frac{L}{D} - 0.83\right)^{1.8}\right] \tag{2-32}$$

式（2-32）较适用于 $LW = 7\,000 \sim 20\,000\,t$ 的集装箱船，$LW < 7\,000\,t$ 时估算结果可能偏大，而 $LW > 20\,000\,t$ 时估算结果可能偏小。

应注意的是，应用那些适用范围较大的统计公式估算 W_H，仍然是属于粗略的估算方法，其估算结果的误差在 10% 以内已属正常。因此在实船设计中，设计者最好自己搜集相近的实船资料，应用自己所得的回归公式来估算，其结果往往比较可靠。

3. 较精确的估算方法

随着设计工作的深入，在具备了一定的图纸等相关设计资料后，可以采用一些比较精确的估算方法对船体钢料重量进行进一步计算，从而提高估算结果的准确性。其方法包括修差法（又称加减法）、每米船长重量法和分项细目换算法。这些方法仍依赖母型船资料。

1）修差法

修差法是根据设计船与母型船主要尺度的差别进行修正得出设计船的 W_H 值，即

$$W_H = W_{H0} + \delta W_H \tag{2-33}$$

式中，δW_H 为设计船船体钢料重量的增量。

假定母型船的 W_{H0} 与主要尺度的关系式为

$$W_H = C_H L^{1.45} B^{0.945} D^{0.66} \tag{2-34}$$

若设计船与母型船的主要尺度差值为 δL、δB、δD,则由于设计船与母型船的主要尺度改变而引起的 W_H 增量 δW_H 为

$$\delta W_H = \frac{\partial W_H}{\partial L}\partial L + \frac{\partial W_H}{\partial B}\delta B + \frac{\partial W_H}{\partial D}\delta D \tag{2-35}$$

由此可得到

$$\delta W_H = 1.45\left(\frac{W_{H0}}{L_0}\right)\delta L + 0.945\left(\frac{W_{H0}}{B_0}\right)\delta B + 0.66\left(\frac{W_{H0}}{D_0}\right)\delta D \tag{2-36}$$

若设计船与母型船的 C_b 也不相同,其差值为 δC_b,且按 C_b 值每增减 0.01 时,其经主尺度修正后的 W_H 将增减 0.3%,则

$$W_H = (W_{H0} + \delta W_H)(1 + 0.3\delta C_b) \tag{2-37}$$

应用上述方法估算 W_H 时,若能找到合适的母型船,其结果是相当精确的。如果设计船与母型船在上层建筑大小、甲板层数、舱壁数量、首尾舷弧等其他方面存在差别,则应参考相关资料进行局部修正。由于设计船与母型船比较时,L、B、D 和 C_b 等可能有增有减,致使各部分增量也会有增有减,所以本方法又叫做"加减法"。

2) 每米船长重量法

当设计船和母型船都具备典型横剖面结构图、型线图和总布置图以后,可以借助母型船资料比较两船每米船长的重量从而得到设计船的船体钢料重量 W_H。

本方法假定全船性的结构,即主船体构件的总重量正比于船中部每米长度重量 w 和船长 L_{pp},并以 $C_b^{1/3}$ 考虑船体丰满度的影响。估算时,先考虑全船性结构钢料重量,再局部进行修正并计入其他结构重量,最后将各部分重量相加,即可得到设计船总的船体钢料重量。

该方法因为已考虑到设计船的具体结构特点和构件尺寸,其结果相对比较精确。

3) 分项细目换算法

若设计者有相近母型船船体钢料详细的分项重量资料,按设计船的总布置草图,利用分项换算法就可以将船体构件分成若干组,如外板、内底板、船底结构、船侧结构、甲板、舱壁等,再逐项进行换算,就可以得到较准确的设计船船体钢料重量。

换算模数可根据结构特点及其与各种因素的相应关系建立,一般从几何关系及强度关系两方面去分析。表 2-5 列出了各项的关系式,设计者可用此关系式分别乘上一个来自母型船的系数进行分项换算。该系数由关系式从母型船重量数据中得到。

表 2-5　船体钢料重量分项换算关系式

项　目	关系式	项　目	关系式
外板	$L^2(B+2D)$	平台甲板及其构架	$L^{1/2}B$
内底板	L^2B	主横舱壁	BD
底部构架(L_d 为底部长度)	$L_d(B+2D)$	主纵舱壁	LD
上甲板及其构架	L^2B	舭龙骨	L
中间甲板及其构架	LB	船体铸锻件	$(LB_d)^{1/3}$

4. 精确的计算法

当设计进行到某一阶段时,就可以根据该阶段的图纸和技术文件进行逐项计算。详细设计结束后,可按相关图纸计算每个部件、零件,包括肘板等的重量。该方法计算工作量相当大,且必须特别仔细地进行,以免遗漏。如用相关软件建立了结构模型,则其钢料估算就非常方便。

5. 估算船体钢料重量算例

下面通过一个算例来对以上船体钢料重量的初步估算方法和应用作一讨论。

新设计一艘载重量为 35 000 t 的散货船(双底双舷结构),初步选择的主尺度为

$$L_{PP} = 178.0 \text{ m}; \; B = 30.0 \text{ m}; \; D = 15.0 \text{ m}; \; T = 10.0 \text{ m}; \; C_b = 0.815。$$

估算船体钢料重量选用的母型船是一艘载重量为 39 800 t 的散货船(双壳体结构)。该船的主尺度和船体钢料重量 W_{H0} 为(下标"0"表示母型船):

$$L_{PP0} = 185.0 \text{ m}; \; B_0 = 32.0 \text{ m}; \; D_0 = 15.2 \text{ m}; \; T_0 = 10.0 \text{ m}; \; C_{b0} = 0.825; \; W_{H0} = 8\,295 \text{ t}。$$

下面分别用不同的方法来估算设计船的船体钢料重量 W_H,并做分析。

1)平方模数法

应用式(2-16)估算

$$W_H = C_{H2}L(aB + bD)$$

此时 a 和 b 分别取值为 3 和 4,且式中 C_{H2} 用母型船资料求取:

$$C_{H2} = \frac{W_{H0}}{L_0(3B_0 + 4D_0)} = \frac{8\,295}{185.0 \times (3 \times 32.0 + 4 \times 15.2)} = 0.286$$

则设计船的船体钢料重量为

$$W_H = 0.286 \times 178.0 \times (3 \times 30.0 + 4 \times 15.0) = 7\,636.2 \text{(t)}$$

2)立方模数法

应用式(2-18)估算 W_H

$$W_H = C_{H3}LBD$$

式中,C_{H3} 用母型船资料求取:

$$C_{H3} = \frac{W_{H0}}{L_0 B_0 D_0} = \frac{8\,295}{185.0 \times 32.0 \times 15.2} = 9.218 \times 10^{-2}$$

则设计船的船体钢料重量为

$$W_H = 9.218 \times 10^{-2} \times 178.0 \times 30.0 \times 15.0$$
$$= 7\,384 \text{(t)}$$

3)指数法估算

应用式(2-27)估算 W_H,其中取常数项重量 $W_C = 0$。各尺度的指数值取表 2-4 中散货船的值。

$$W_{\mathrm{H}}=C_{\mathrm{H5}}L^{1.878}B^{0.695}D^{-0.189}T^{0.158}C_{\mathrm{b}}^{0.197}$$

式中，C_{H5} 用母型船资料求取：

$$C_{\mathrm{H5}}=8\,295/(185.0^{1.878}\times32^{0.695}\times15.2^{-0.189}\times10.0^{0.158}\times0.825^{0.197})=4.975\,3\times10^{-2}$$

设计船的船体钢料重量

$$W_{\mathrm{H}}=4.975\,3\times10^{-2}\times178.0^{1.878}\times30.0^{0.695}\times15.0^{-0.189}\times10.0^{0.158}\times0.815^{0.197}$$
$$=7\,378(\mathrm{t})$$

4）统计公式

应用式（2-29）的统计公式估算 W_{H}：

$$W_{\mathrm{H}}=3.90KL^{2}B(C_{\mathrm{b}}+0.7)\times10^{-4}+1\,200$$

式中，$K=10.75-\left(\dfrac{300-L}{100}\right)^{3/2}=10.75-\left(\dfrac{300-178}{100}\right)^{3/2}=9.402$

则，$W_{\mathrm{H}}=3.90\times9.402\times178.0^{2}\times30.0\times(0.815+0.7)\times10^{-4}+1\,200$
$$=6\,480(\mathrm{t})$$

根据以上不同方法的估算结果可知：平方模数法和立方模数法的估算结果相比较，平方模数法的结果要大 252.2 t，而立方模数法与指数法估算结果很相近，W_{H} 为 7 380 t 左右。但是，用统计公式估算的结果仅为 6 480 t，与立方模数法和指数法估算结果相比要小 900 t。那么式（2-29）的统计公式是否适用本船情况呢？为此，用所选用的母型船数据代入该统计公式试算一下母型船的船体钢料重量：

$$W_{\mathrm{H}}=3.90\times K\times185.0^{2}\times32.0\times(0.825+0.7)\times10^{-4}+1\,200$$

式中，$K=10.75-\left(\dfrac{300-185}{100}\right)^{3/2}=9.517$

则 $W_{\mathrm{H}}=3.90\times9.517\times185.0^{2}\times32.0\times(0.825+0.7)\times10^{-4}+1\,200$
$$=7\,399(\mathrm{t})$$

而母型船实际的 W_{H} 为 8 295 t，用统计公式计算结果也少了 896 t。可见，式（2-29）的统计公式不适用母型船。对此做进一步的分析。

母型船的尺度比 $L/B=5.781$，$B/D=2.105$，$B/T=3.20$，该船的长宽比较小，宽度吃水比较大，是属于短而宽的浅吃水船。而且其船侧结构为双壳体，与单壳体船相比船体钢料重量也会大一些。而式（2-29）的统计公式，其统计对象较多是早期的散货船，长宽比一般比以上两船要大一些（散货船 L/B 为 6.5 左右的较多），且多为单舷侧结构。由统计公式的表达式可知：该式的 W_{H} 与 $L^{2}B$ 的关系重要，对于 L/B 较小的船，估算结果可能是偏小的。

设计船的尺度比（$L/B=5.993$，$B/D=2.0$，$B/T=3.0$）比较接近母型船，并且与母型船结构形式相似（均为双壳体结构）。根据以上分析，设计船的船体钢料重量为 7 380 t 左右还是比较可信的。

该例的估算与分析也说明，使用统计公式时一定要注意其是否适用。

2.3.2　舾装重量 W_{F} 的估算

舾装包括甲板设备（也称为外舾装）和舱室内装（也称为内舾装），其重量主要包括木作舾装、舱面设施、舱室家具、生活用具、油漆、水泥及瓷砖等。该部分重量也占空船重量的一定比例,其详细的分项如表 2-2 所示。

通常,对于大型货运船舶,舾装重量占空船重量 LW 的比例相对较小,而对渔船、拖船、客船等非货物船舶,其占空船重量 LW 的比例较大。所以,舾装重量因船舶类型、用途、主要尺度及设备标准的不同,其占空船重量比例的差别也颇大。舾装部分重量的特点是:名目繁多且各自独立,规律性差,影响因素多。特别是有些舾装件的型号、规格、技术参数变化和更新很快,更增加了重量估算工作的难度。由于舾装重量初估时往往不准确,因此舾装重量所占比例较大的船,对其估算要引起重视,否则影响很大。

W_F 的粗略估算方法也有类似于 W_H 估算方法中的百分数法、平方模数法和立方模数法等,设计初期可用这些方法加以估算。

1. 百分数法

利用 W_F 与 LW 或设计排水量 Δ 之比来粗略估算,比例可参照表 2-3。

$$W_\mathrm{F}=C_\mathrm{F}\Delta \tag{2-38}$$

式中,C_F 为舾装重量系数,按母型船选取。该值随船舶类型及吨位大小的不同变化很大,选择时一定要选自与设计船差异较小的母型船,否则误差可能很大。

此法只适用于货物运输船的粗略估算,因为该类船的建筑特征比较稳定。

2. 平方模数法

$$W_\mathrm{F}=C_\mathrm{F}\Delta^{2/3} \tag{2-39}$$

$$W_\mathrm{F}=C_\mathrm{F}LB \tag{2-40}$$

$$W_\mathrm{F}=C_\mathrm{F}L(B+D) \tag{2-41}$$

以上各式中,系数 C_F 均取自母型船。

3. 立方模数法

$$W_\mathrm{F}=C_\mathrm{F}LBD \tag{2-42}$$

客船、渔船、拖船等可采用此式进行估算,但对其他运输船舶不如用平方模数法可靠,因为立方模数法有些夸大了尺度的影响。

对于货船,由于舾装重量中舱面设备所占比例较多,该部分重量与船的甲板面积或者说线性尺度的平方值的相关性较密切。因此一般来说用平方模数法估算较合理些。若所考虑的船舶其 W_F 与容积关系较密切,式(2-42)也可用下式替代:

$$W_\mathrm{F}=C_\mathrm{F}(LBD)^{2/3} \tag{2-43}$$

统计分析表明,W_F 按 LB 或 $(LBD)^{2/3}$ 比按立方数 LBD 进行统计得到的离散性要小。

对于客船等舱室设备占 W_F 比例较大的船,W_F 可近似地认为与船的总容积相关。

4. 统计法

舾装重量的粗略估算除了上述利用母型船资料换算,也可利用一些统计资料。例如:

$$W_\mathrm{F}=KLB \tag{2-44}$$

式中,K 为每平方米舾装重量($\mathrm{t/m^2}$),统计结果见图 2-5。应注意,按船长统计的 K 值离散性还是较大的,图2-5的结果仅供参考。

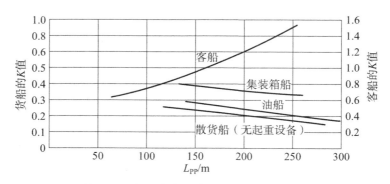

图 2-5 每平方米舾装重量的粗略统计结果

W_F 的统计估算公式在有关的文献中也可找到不少,由于舾装重量的离散性较大,因此统计公式的估算结果很可能有较大误差。下面根据文献资料,给出 3 个 W_F 的统计公式。

(1) 油船公式。

$$W_F = C_F L_{pp}(B+D) \tag{2-45}$$

式中,$C_F = 0.3428DW^{-1.495} + 0.0886$ (适用 3 ~ 10 万吨级);$C_F = (9.626 + 1.06DW - 0.0238DW^3) \times 10^{-2}$ (适用 2 ~ 7 万吨级)。

其中,DW 为载重量,单位为万吨。

(2) 集装箱船公式。

$$W_F = 33\left(\frac{CN}{1\,000}\right) - 0.0084\left(\frac{CN}{2}\right)^2 - 106 \tag{2-46}$$

式中,CN 为立方数,是船舶的长、宽、深三者的乘积。

(3) 大型散货船公式。

$$W_F = L^{0.8}B^{0.6}D^{0.3}C_b^{0.1} \tag{2-47}$$

5. 分项换算法

类似于估算船体钢料重量那样,当设计船已有总布置图,并对舾装项目有所考虑之后,就可以按照母型船对应的重量项目,对其数量及技术条件与设计船进行比较,加以换算。

分项换算的方法很多,下面仅介绍几种换算关系。

(1) 船体木作(木甲板、木铺板、木围壁及隔壁、货舱木护条)。其重量与 $L(B+D)$ 成比例,或根据总布置图按单位面积重量分别计算。

(2) 舱盖。其重量与舱盖的面积成比例,可根据结构形式、舱口宽度和舱盖设计负荷相近的舱盖资料,确定每平方米的舱盖重量。

(3) 起货设备。各起货设备的重量可根据它的形式、负荷及数量参考实船或产品目录加以计算。

(4) 锚泊及系泊设备。其重量按舾装数相近的实船取值。

(5) 救生设备。其重量按救生设备的装载人数参考相近的实船选取。无合适母型船时,可按救生设备的型号及数量用标准资料或产品目录分别算出它们的重量。

（6）舵设备。其重量与 LTV^2 成比例,V 为航速。

（7）舱室内舾装木作（天花板、内衬板）。其重量与所计算的天花板、内衬板的面积成比例,可根据总布置图确定。按隔热和隔音材料、装饰板材料均相近的母型船资料换算。

（8）油漆。其重量与 $(LBD_1)^{2/3}$ 成比例。

分项估算的详细程度根据设计的深度而定。这种估算方法较为精确,对排水量控制要求高的船舶常采用此法。

在实际设计中,除运用对应船型的统计公式计算外,往往采用比较法确定空船重量,即逐项比较设计船与相近母型船在重量上的差异,然后在母型船重量的基础上将这些差异重量计入,就得到设计船的重量。这种方法特别适用于木作舾装的估算。

2.3.3　机电设备重量 W_M 的估算

机电设备包括主机、辅机、轴系、管系、电气设备等。在设计中,其重量 W_M 可分为以下几部分。

（1）已知重量。如主机、锅炉、发电机组等,绝大多数情况下,这些都是预先选定的,即从产品目录上可以查得它们的重量。在民用船舶中,通常这些重量占机电设备重量 W_M 的大部分。

（2）可计算的重量。如轴系的重量,根据主机功率、轴的转速,计算出扭矩并确定轴径后,根据主机位置就可以算出其重量。

（3）其他重量。如机舱中的管系、其他辅机、泵等的重量,可以根据排水量大小、用途及主机功率相近的母型船的数据,将主机等可算部分的重量减去,余下来的就是其他部分的重量。

对于同类型的船舶,机电设备重量主要取决于主机功率,因此,设计初期各种近似估算机电设备重量的方法,大多数以主机功率和类型为基础。

机电设备重量 W_M 的估算方法也可分为粗略的估算方法和较详细的估算方法。较详细的估算方法与舾装重量的估算方法一样,采用分项估算。对于设计已确定的各项设备重量,按产品样本资料逐项计算。计算中应注意有些设备的重量有干重和湿重之别,通常应取湿重的重量。对于一些杂项重量可采用与母型船重量资料对比分析的方法确定。当有相近的母型船（主辅机同类、型号相近）时,用逐项比较法可得到设计船的 W_M 的较为可靠的结果;当缺乏合适的母型船资料时,可用估算方法进行。

下面简要介绍几种粗略估算机电设备重量 W_M 的方法。

1. 粗估法

$$W_M = C_M P_B \qquad (2-48)$$

式中,P_B 为装船主机总功率,kW;C_M 为机电设备重量系数,可按主机类型、功率及转速相近且机舱地位相当、船舶尺度大小相差不多的同类型船确定。

2. 逐项比较法

选择主辅机相近的母型船的 W_M 资料,进行逐项比较分析,相同的照用,不同的进行修正,没有的项目除去。这是最常用的方法,也是比较可靠的方法。

3. 较详细估算法

根据设计已确定的各项设备和系统重量进行汇总。

2.3.4 固定压载与排水量裕度

除 W_H、W_F、W_M 外,在设计过程中还要考虑一定的排水量裕度,甚至在有些船上还需要加固定压载,它们往往都算在空船重量中。

1. 固定压载

固定压载是永久加在船上的载荷,一般采用生铁块、水泥块等物,也有用压载水作为固定压载的,通常在船下水前后放至船底部。固定压载与船舶空放航行时用压载水压载是两种不同的压载,后者是针对不同装载情况用于调整重量和重心的措施,以解决船舶空载航行时的适航性,压载水的重量属于载重量的一部分;而固定压载则无论装载情况有无变化,这部分重量是不变的,它属于空船重量的一部分。

船舶加固定压载的主要原因如下:

(1) 某些船稳性不足,加固定压载以降低重心高度;

(2) 某些特殊船舶满载时吃水或排水量偏小,用固定压载以加大吃水和排水量;

(3) 有的船因布置的特殊要求导致浮态不理想,用固定压载来调整纵倾或横倾。

在设计中加固定压载,有时是不可避免的,有时则是由设计考虑不周或失误所造成的。

通常,固定压载只是在某些特定的船舶上加载,例如拖船、渔船、渡船、海洋调查船、客船等。这些船舶的载重量要求不高,但稳性要求很高,或者船舶在使用中本身需要一定的排水量。为保证其稳性和良好的浮态,通常这类船上会加一定数量的固定压载,其数值大小要根据使用要求,通过具体计算而定。

然而,对于一般运输货船,设计时采用加固定压载的方法则是不经济的,也是不合理的;对于高速船,由于排水量对速度的影响巨大,固定压载应慎重。

2. 排水量裕度

排水量裕度也称为排水量储备。设计中,在估算空船重量时,通常要考虑加一定的排水量裕度,其原因大致有以下 3 个方面。

(1) 设计重量估算存在误差。从前面 W_H、W_F、W_M 的估算知道,其方法是近似的,如若资料不充分或经验不足,误差是难免的,而且在多数情况下分项计算重量往往有遗漏,故需加一定的裕度。

(2) 未预计重量的增加。如在船舶设计后期或建造过程中,船东提出增加某些新设备是常有的事,另外,船舶改装也可能增加设备。因此计算重量时要视具体情况有意识地加一定的裕度。

(3) 建造中时常会采用代用品(包括材料及设备等)。在建造过程中,由于材料和设备规格的短缺,采用代用品而导致了空船重量的增加。

因此,在船舶设计初期需要考虑一定的排水量裕度。排水量裕度加多少合适,要视设计者的经验、水平和掌握的母型船资料的多少及准确程度而定。一般情况下,排水量裕度有下列两种取法。

(1) 空船重量 LW 的一定比例。通常取空船重量 LW 的 4%~6%(大船取小的数值)。

(2) 分项储备。即分别在船体钢料、舾装、机电设备各部分重量上加裕度。具体而言,

对船体钢料重量 W_H 取 $3\%\sim5\%$，对舾装重量 W_F 和机电设备重量 W_M 各取 $8\%\sim10\%$。

对于客船，由于舾装重量所占比例较大，且各种零星设备和材料特别多，因此要取较大的排水量裕度。对于缺少设计和建造经验的新船型，裕度同样应取较大的值。

⚓ 2.4　船舶重心估算

船舶重心 G 的坐标如图 2-6 所示，坐标原点规定为中纵剖面基线上船长（通常指 L_{PP}）中点 O 处。重心的纵向坐标用 X_G 表示；重心的横向坐标用 Y_G 表示，通常船的左右舷重量分布是对称的，故一般 $Y_G = 0$（这一点总布置时应注意）；重心的垂向坐标 Z_G（即重心在基线以上的高度），也有用 KG 表示的。因此，船舶的重心估算，主要是指船重心的纵向坐标 X_G 和垂向坐标 Z_G 的估算。X_G 的估算关系到船的浮态，即影响船的首尾吃水；Z_G 的估算则影响船的稳性，涉及船舶的安全性，特别是对于稳性富余不多的船舶，重心估算过低会带来严重的后果。

图 2-6　船舶重心位置示意图

重心估算
（微课）

2.4.1　空船重心估算

1. 空船重心高度 Z_{GE}

1) 粗估法

通常假定 Z_{GE} 比例于型深，即

$$Z_{GE} = \xi D \tag{2-49}$$

$$Z_{GE} = \xi_1 D_1 \tag{2-50}$$

式中，ξ、ξ_1 分别为系数，通常按母型船选取，如果设计船与母型船有明显差别时，要对此修正；D、D_1 为型深或相当型深。

粗估法比较粗略，通常只用于确定船舶主要要素时初稳性高度的估算。

2) 分项估算法

在设计初期，估算空船的重心高度 Z_{GE} 的方法是在估算出 W_H、W_F 和 W_M 后，分别估算出它们的重心高度 Z_{GH}、Z_{GF} 和 Z_{GM}，然而通过下式求取

$$Z_{GE} = \frac{W_H \cdot Z_{GH} + W_F \cdot Z_{GF} + W_M \cdot Z_{GM}}{W_H + W_F + W_M} \tag{2-51}$$

如果重量估算的分项较细，则在求出各分项的重量 W_i 和重心 Z_{Gi} 以后，按下式求

取 Z_{GE}：

$$Z_{GE} = \frac{\sum W_i \cdot Z_{Gi}}{\sum W_i} \qquad (2-52)$$

下面分别简要介绍分项重心高度 Z_{GH}、Z_{GF} 和 Z_{GM} 的估算方法。

（1）船体钢料重心高度 Z_{GH}。

粗估 Z_{GH} 的方法通常是参考母型船且比例于型深来估算，即：

$$Z_{GH} = C_E D \qquad (2-53)$$

或

$$Z_{GH} = C_{E1} D_1 \qquad (2-54)$$

式中，D 为型深，m；D_1 为相当型深，计入舷弧、上层建筑和甲板室的修正；C_E 和 C_{E1} 为系数，按母型船选取。

由于不同的船上层建筑及甲板室的大小和高度可能相差较多，其重量和重心高度的相似性可能与主船体不一致，因此较细致的考虑是将两者分别估算。

主船体钢料的重心高度 Z_{GH1} 可按下式估算：

$$Z_{DH1} = C_{EH} D_2 \qquad (2-55)$$

式中，D_2 为计入舷弧和舱口围板影响的相当型深，粗略地也可直接用型深 D 替代；C_{EH} 为系数，可用母型船数据计算而得。在缺乏母型船资料时，也可用以下统计公式估算：

$$C_{EH} = 0.48 + 0.0015(0.85 - C_{bD})\left(\frac{L}{D}\right)^2 + 0.008\left|\frac{L}{B} - 6.5\right| \qquad (2-56)$$

式中，C_{bD} 为计至型深的方形系数。如有球首，C_{EH} 可减小 0.004。

上层建筑和各层甲板室的重心高度可按其具体位置单独估算，其中首楼的重心高度可取其层高的 0.80～0.85（外飘大者取大值），尾楼和甲板室可取各层高的 0.70～0.82（内部钢围壁较多时取小值）。

（2）舾装重心高度 Z_{GF}。

一般货船的舾装重心高度 Z_{GF} 可按下式粗略估算：

干货船 $\qquad Z_{GF} = (1.00 \sim 1.05)D_3 \qquad (2-57)$

油船 $\qquad Z_{GF} = (1.02 \sim 1.08)D_3 \qquad (2-58)$

式中，D_3 为计入上层建筑影响的相当型深，即型深 D 加上层建筑容积除以主甲板面积。

舾装重心高度的详细估算有一定的难度，因舾装重量所包括的项目十分琐碎。一般认为船体木作及敷料的重心可根据总布置图取其面积的形心处。各种设备（舵、锚、系泊、救生、起货设备等）重心可根据具体布置的位置来确定。如有母型船详细的分项重量重心资料，可用母型船资料来换算。

（3）机电设备重心高度 Z_{GM}。

粗略估算时，一般运输船舶机电设备重心高度的平均值约在 0.55D 处。用母型船资料换算时，也可按比例于型深 D 的关系来换算。

机电设备的重心高度用分组重量估算时，可将其中大件设备的重心高度分项估算，剩余的杂项设备再用母型船资料换算。其中主机和柴油发电机组的重心高度，对于直列式柴油机,可取其轴线上主机高度的 $35\%\sim45\%$;对 V 型柴油机该比例数取为 $30\%\sim35\%$。

3)图纸计算法

在详细设计结束后,空船重心高度可根据图纸逐一计算,这样所得的结果准确,但较烦琐。

2. 空船重心纵向位置 X_{GE}

1)粗估法

空船重量的重心纵向位置,在设计初始阶段可近似用比例于船长 L 的方法,用母型船资料换算,即

$$X_{GE}=C_L L \tag{2-59}$$

式中,C_L 为比例系数,取自母型船。

2)分项估算法

在有了总布置方案以后,当具备了母型船的各部分重量及重心资料时,可类似于 Z_G 那样,对 X_{GE} 进行分项估算。例如机电设备的重心位置以相对机舱位置的某基准点(如机舱前壁),用机舱长度的比例关系按母型船资料估算,然后再换算到距船中的距离。舾装的重心位置估算可分项进行。其中的大项设备(如锚泊设备、起重设备、舱盖设备等)按具体布置确定其重心位置。其余杂项(如内舾装)合并后以相对于上层建筑和甲板室的纵向位置来确定。

3)详细计算法

当图纸具备时,可进行详细计算。

2.4.2　载重量重心估算

1. 载重量的重心高度 Z_{GD}

在设计的初始阶段,载重量的重心高度 Z_{GD} 的估算可直接在设计船初步方案的基础上,参照母型船的相关资料来分项考虑。此时,货物的重心高度可用相对于双层底(或内底)以上的高度值来换算,以便消除不同双层底高度的影响;双层底内油水重心以双层底高度来换算;人员、行李、食品等重量的重心可按相对于上甲板的高度来换算,其余杂项的重心高度仍可按型深来换算。

当有了总布置图以后,载重量 DW 的重心高度 Z_{GD} 可以根据各个项目重量的具体位置进行估算。

1)货物的重心高度 Z_{Gc}

初估时:
$$Z_{Gc}=\xi_c(D-h_D)+h_D \tag{2-60}$$

或
$$Z_{Gc}=\xi_c D \tag{2-61}$$

式中,ξ_c 取自母型船,或干货船取 $0.62\sim0.65$、液货船取 0.53 左右;h_D 为双层底高度。

较精确估算时,各货舱货物重心高度为相应舱容积的形心(由总布置图和型线图计算出)高度。

2)其他项目重心高度

燃油、润滑油、淡水等液体的重心高度取在各自舱柜容积的形心处;双层底内的油水重

心高度取双层底高度的 3/5 左右;人员及行李重心高度取距所在甲板 1 m。

2. 载重量重心纵向位置 X_{GD}

载重量 DW 各部分的重心纵向位置 X_{GD},可根据总布置图上各部分载重量所处的位置并考虑船型特征进行估算,汇总后可求得载重量的重心纵向位置。

估算 X_{GD} 的目的在于使船舶在各种工况下有适宜的浮态,尤其是设计航行于浅水航道和吃水受到限制的内河船时更应引起注意。

2.4.3 重心高度的裕度

在船舶设计中,与留排水量裕度一样,对于重心高度的估算结果一般也要考虑一定的裕度。这是因为重心估算的误差、建造过程中重心位置的改变以及提高船舶的安全性。

通常,设计船重心高度裕度可采用两种方法。一是将空船的重心高度位置取在 $1.2Z_{GE}$ 处;或者是直接增加一个 δZ_G,其值一般为 $0.05 \sim 0.15$ m。对于客船、集装箱船等稳性要求较高或稳性富余很少的船舶,以及设计和建造经验较少的新型船舶,从保证船的安全性角度出发,其重心高度裕度建议适当再加大些。

⚓ 2.5 设计考虑要点

影响空船重量
因素(微课)

2.5.1 影响空船重量的因素

1. 影响钢料重量的因素

影响船体钢料重量的因素很多,归纳起来主要包括以下几方面。

1) 布置特征

船舶的布置特征包括甲板层数、舱壁数、上层建筑大小等。在设计初期,可分别考虑如下几点:

(1) 甲板层数,取决于使用要求和布置特点;

(2) 舱壁数量,除了规范和法规中关于舱壁最小数目的规定外,实际的舱壁数目还要考虑使用要求、分舱及破舱稳性、结构强度等;

(3) 上层建筑,包括它们的长度、宽度、高度、层数等,主要根据所需布置地位和驾驶室高度而定。对船体钢料重量的影响,小船比大船要大些,且不同种类的船舶(如客船与货船)有很大的差别;

(4) 布置决定的结构型式,如货舱区采用单壳体结构还是双壳体结构,双层底的范围及高度等。

2) 使用要求

设计船不同的使用要求对钢料重量也有较大的影响。

(1) 使用年限。要求使用年限长,则就要考虑较多的钢板耐腐蚀余量。对于小型船舶来说,对钢料重量的影响相对较大;

(2) 航行区域及船级。如航行于冰区的船舶,船体某些部位结构应加强。不同船级社的规范对结构强度的要求也不尽相同;

（3）结构局部加强的附加量。船舶的特殊使用要求、设备安装区域等常常要求船体结构作局部加强，同样对钢料重量有一定的影响。如散货船在使用抓斗卸货而内底板无覆盖层时，内底板需加厚。

3）其他因素

（1）结构材料。船体结构材料可采用普通钢、高强度钢等，结构材料不同，钢料重量会有不同程度的影响。

（2）船体的特殊形状。如球首、球尾的采用，单桨船还是双桨船，双桨船中是常规双桨尾还是双尾、双尾鳍等，这些形状特征对钢料重量也有一定影响。

（3）建造加工因素。建造中为了减小焊接后的变形矫正工作量、保证特殊形状加工成型等，往往用料规格会适当加厚。这种情况在小型船舶上尤为突出，此时钢板的厚度等就不再由强度要求所决定了。

2. 影响舾装重量的因素

为了估算舾装重量，通常将舾装重量分成以下 4 个主要影响的方面。

（1）与船的排水量和主尺度有关的重量。船舶设备和船舶系统如锚泊设备、系泊设备、舵设备、消防设备、救生设备、油漆等的重量都与排水量和主尺度有关。

（2）与生活设施的标准、船员或旅客人数有关的重量。这部分重量包括舱室木作（内衬板、天花板、地板敷料等）、家具、卫生设施等。对舱室较多的船舶如客船，这些项目重量占比较大。

（3）与船的使用特点有关的重量。如货船的起货设备和舱口盖、拖船的拖曳设备、救助船的救助设备、渔船的作业及加工设备等。这些项目的重量常占相应类型船的舾装重量的相当比例，它们与船的大小和功能要求有关。

（4）特殊要求的重量。如减摇装置、侧推装置等按船东要求和技术性能要求而配置的特殊装置的重量。

由于影响舾装重量的因素较多，因此在设计初期针对以上几方面要特别注意，在选择相关设备和设施时要把好分项重量关，以免舾装重量失控。

3. 影响机电设备重量的因素

（1）主辅机的类型和技术特征：功率大小、转速高低、伺服系统的简繁等。

（2）船型和所载货物的类型：如客船和冷藏船将增加发电装置和制冷装置，油船需设加热及蒸汽洗舱用的锅炉系统等。

（3）机舱位置和推进操纵方式等。

2.5.2　主要要素对空船重量和重心影响的考虑

1. 主要要素对空船重量影响

主要要素（L、B、D、T 和 C_b）对空船重量的影响主要体现在对钢料重量和舾装重量的影响，尤其是对钢料重量的影响。主尺度对船体钢料重量的影响程度可以从构件数量（即几何关系）和强度条件两个方面来分析。

（1）船长 L。船长对船体钢料重量的影响最大。从构件数量和几何尺寸看，船上大部分构件都与 L 有关；从强度条件看，L 越长，船在水中所受的总纵弯矩越大，要求船体构件规格也大。因此，船长的大小不仅直接影响到构件的数量，同时构件的尺寸、规格都将发生变化。图 2-7 反映了一般货船船长变化时，单位长度船体钢料重量的变化趋势。

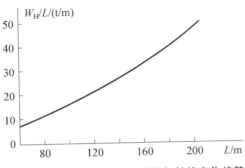

图 2-7　单位船长钢料重量随船长的变化趋势

（2）船宽 B。B 对纵向构件数量虽有影响，但对横向构件的强度影响较大。从构件数量看，B 主要与船底、甲板、舱壁等构件有关。因此，船宽 B 的大小与船体钢料重量有较大关系，但其综合影响程度小于船长。

（3）型深 D。D 对舷侧和舱壁等结构构件有影响。一般来说，D 的增加会引起构件数量的增加。但从总纵强度来看，D 大，船体梁的剖面模数 W_d 也大，对强度有利。对于大船，由于总纵强度要求高，增加 D 后对 W_d 的贡献相当程度

上抵消了构件数量的增加，其总的钢料重量增加甚微或不增加；而对于小船，由于其对总纵强度要求不高，增加 D 一般会造成钢料重量的增加。

（4）吃水 T。吃水的变化不影响构件的数量，但对局部强度（如船底构件和船侧构件等）有一定的影响。

（5）方形系数 C_b。方形系数反映的是船体的丰满程度，因此方形系数对船体构件的数量和尺寸都影响甚微，但根据规范，对船体梁的剖面模数要求有影响。

为了进一步说明船舶主尺度及系数对船体钢料重量的影响，通常船体钢料重量可用以下指数形式来表示，即

$$W_H \propto L^\alpha B^\beta D^\gamma T^\sigma C_b^\tau \tag{2-62}$$

式中，α、β、γ、σ、τ 称为主尺度对船体钢料重量的影响指数，且大体有 $\alpha > \beta > \gamma$、σ、τ，其中 $\alpha > 1$（一般在 1.1～1.9 之间），其他指数均小于1。表 2-4 统计分析了不同类型船舶的船体钢料重量与各主尺度的指数值，进一步表明了对船体钢料重量 W_H 影响最大的是船长 L，其次是船宽 B，而吃水 T 和方形系数 C_b 对其影响较小，型深 D 的影响程度要根据具体情况来分析。

主要要素对舾装重量的影响主要体现在所配备的设备上，如锚泊设备与舾装数［与排水量（$LBTC_b$）、干舷（$D-T$）有关］大小、操纵设备与舵面积（与 L 和 T 有关）大小、舱盖设备（与 L、B 有关）等有直接关联。

2. 主要要素对空船重心的影响

主要要素对空船重心的影响可以分解为对钢料重心、舾装重心和机电设备重心的影响，主要反映在重心的高度和纵向坐标两方面。

船体钢料主要包含外板、甲板（平台）、舱壁及其相关骨架。事实上外板的重心高度比例于 $D_1^2/(B+2D_1)$；内底板及内底骨架的重心高度比例于双层底高度 h_D；各甲板和平台的重心高度比例于型深和平台高度；主横舱壁、纵舱壁的重心高度比例于舱深或 $D-h_D$。很显然，钢料重心高度与型深关系最为密切。

舾装设备中的锚泊、舱盖、消防和救生等的垂向布置位置均与主甲板有直接关系，因而其重心高度也可以认为是比例于型深或相当型深的。

机电设备中的主机辅机、轴系等的垂向布置位置与机舱双层底高度或花钢板高度有关，所以其重心高度也与型深或舱深有关。

此外，钢料重心和机电设备重心的纵向坐标分别与上层建筑的位置和机舱位置有关，所

以空船重心纵向坐标可以认为与船长关系最大。

综上所述,对于空船重心高度,型深影响较大;对于空船重心纵向坐标,船长的影响较为突出。

⚓ 2.6　载重线

船舶载重线
(微课)

2.6.1　载重线及其标志

船舶载重线对船舶最大装载吃水线位置和船体开口封闭条件做了具体的规定。船舶最大装载吃水决定了干舷的大小。船舶的营运实践表明,装载过重、干舷不足,常常是发生海难事故的一个重要原因。国际上早在 1930 年就制定了"国际载重线公约",作为核算船舶最小干舷,限制船舶营运中装载吃水的规则。现行的国际载重线公约是 1966 年签订的(简称"ICLL 66")。国际海事组织 1988 年的议定书对 1966 年国际载重线公约进行了修订,该议定书并于 2000 年生效。对于国内航行海船,另有相应的核算最小干舷的规则,其计算方法相对国际公约的规则作了一些简化。

船舶具有足够的干舷,一方面可以保证有一定的储备浮力,另一方面可以减少甲板上浪。如果干舷太小,航行中甲板容易上浪,而甲板上浪造成的后果是船的重量增加,重心升高,初稳性高度下降,同时可能冲坏甲板上的设备及封闭设施,也影响船员作业和人身安全。

船舶最小干舷主要从甲板淹湿性和储备浮力这两个基本点来考虑,与此相关的主要因素有以下几个方面。

1. 影响甲板淹湿性的因素

影响甲板淹湿性的因素很多,除了干舷大小以外,船在波浪中的纵摇和升沉运动的幅度,舷弧的大小和船首的高度、船体型线(特别是前体型线)、上层建筑的地位和大小等都是重要的影响因素。在其他条件相同时,就船舶在波浪中的运动幅度而言,显然与航区的风浪情况有密切关系。因此,载重线公约将世界海区按风浪条件划分成若干个"季节区",主要有北大西洋冬季区、冬季区、夏季区、热带区、夏季淡水区和热带淡水区。世界海区中各季节区的划分可查阅国际航行海船法规中"商船用地带、区域和季节期海图"。我国沿海属于夏季区和热带区。

船舶载重线是按季节区来勘划的。船在不同"季节区"内航行,要求的最小干舷不同。因此,船舶通常将可能到达的季节区的载重线都勘划在载重线标志上。

2. 影响储备浮力大小的因素

船舶要求的储备浮力首先与船的大小有关。船身长,相应的储备浮力应多些,干舷要求也大些。

除了干舷以外,封闭的上层建筑、舷弧以及船体的丰满度(C_b)对储备浮力都有一定的影响。封闭上层建筑和舷弧都形成了一定的储备浮力。方形系数 C_b 的大小影响到储备浮力与排水量的比例。当 C_b 较小时,船体水下部分较瘦,储备浮力(即水上部分)所占比例大;相反,C_b 大者,储备浮力所占比例小。因此 C_b 大的船最小干舷要求大一些。

此外,对于在甲板上装运木材的船舶,由于甲板货本身具有浮力且可阻挡甲板上浪,因此这类船舶的干舷要求也可适当降低些。

3. 水灌进主船体内部的可能程度

水灌进主船体内部的可能程度会影响储备浮力的有效性。如果这种可能性很小,所需的储备浮力也可减少。法规在确定船舶的最小干舷时,将船舶分为 A 型船舶和 B 型船舶两大类,其定义如下。

A 型船舶是专为载运散装液体货物而设计的一种船舶。这种船舶的露天甲板具有高度的完整性;货舱仅设有小的出入口,并以钢质或等效材料的水密填料盖来封闭;载货空间具有较低的渗透率。

B 型船舶为达不到上述 A 型船舶各项条件的所有船舶。

很显然,水灌进 A 型船舶主船体的可能性较小,因此 A 型船舶要求的最小干舷比 B 型船舶的要小一些。

4. 船舶的破舱稳性

对于破舱稳性好的船舶,即使船体局部破损,水灌进主船体内部,其安全性仍有保障,体现在残存干舷足够(主甲板未浸入水中)。载重线公约对船长超过 150 m 的 A 型船舶提出了破舱稳性的要求。同时还规定船长大于 100 m 的 B 型船舶如果破舱稳性满足有关的规定,则最小干舷也可以减小,直至可降到与 A 型船舶一样的干舷大小。

为了保证船舶具有一定的干舷,且便于识别与监督,载重线公约规定所有船舶均应按规定的式样在船的两舷永久性地勘划载重线和甲板线标志。船舶各种装载情况下的吃水均不得超过航区所对应的季节区的载重线。对于国内航行海船,相关法规也有专门的规定,其载重线标志和甲板线如图 2-8 所示。

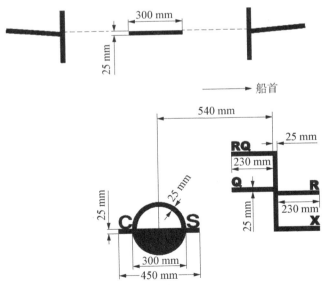

图 2-8　国内航行海船载重线和甲板线标志

载重线标志系由一圆环和一水平线相交组成,其圆环的中心在船中处,水平线上边缘通过圆环中心。图 2-8 中的圆环中心位于船长 L 的中点,各载重线段的上边缘为对应的载重水线,与圆环相交的一段水平线的上缘通过圆心,两侧的字母 CS 为中国船级社的组织标志。

圆心距甲板线上缘的垂直距离等于所核定的夏季干舷。

载重线系船舶按其航区和季节而定的载重吃水线,分别以水平线段表示,勘划在圆环前方。各载重线均以线段上边缘为准。

标 X 的线段表示夏季载重线,其上边缘通过圆环中心。

标 R 的线段表示热带载重线。

标 Q 的线段表示夏季淡水载重线。

标 RQ 的线段表示热带淡水载重线。

甲板线为长 300 mm,宽 25 mm 的一条水平线,该线勘划于船中的左右舷,其上边缘一般应经过干舷甲板的上表面向外延伸,与船壳板外表面相交。有关载重线勘划中的详细规定可参见法规有关条款。

2.6.2　最小干舷及最小船首高度计算

在进行设计船干舷计算前,首先要按载重线公约或法规的定义,来确定干舷甲板、相关计算参数、航行区域等,然后计算夏季最小干舷,再对其进行修正得出其他季节区域干舷。

干舷计算

为了便于理解,下面以国内航行海船法规中有关载重线条款来说明最小干舷的计算流程和内容。

1. 夏季最小干舷($F_{\min}$)计算

夏季最小干舷 $F_{\min}$ 按下式计算:

$$F_{\min} = F_0 + f_1 + f_2 + f_3 + f_4 \qquad (2-63)$$

式中,F_0 为基本干舷,mm;f_1 为方形系数对干舷的修正值,mm;f_2 为干舷甲板凹槽对干舷的修正值,mm;f_3 为有效的上层建筑和凸形甲板对干舷的修正值,mm;f_4 为非标准舷弧对干舷的修正值,mm。

对于 $L \leqslant 50$ m 的 B 型船舶,由式(2-63)确定的夏季最小干舷 $F_{\min}$,还应不小于下式计算值:

$$F = 190 + 3.5L + 0.035L^2 \qquad (2-64)$$

式中,L 为船长,m。

1) 基本干舷 F_0

基本干舷

$$F_0 = KD_1 \qquad (2-65)$$

式中,K 为系数,按表 2-6、表 2-7 选取;D_1 为计算型深,其值为型深 D 加上主甲板厚度 t,m。

基本干舷实际上是"标准船"的夏季最小干舷。该"标准船"具有以下特征:光甲板(干舷甲板上无上层建筑和凸形甲板);方形系数 $C_b = 0.68$;$L/D_1 = 15$;首尾具有标准舷弧。通常实际船舶与标准船不一样。因此式(2-63)中 $f_1 \sim f_4$ 是对"标准船"夏季最小干舷的修正。

表 2-6　A 型船舶 K 值表

船长/m	K	船长/m	K	船长/m	K	船长/m	K
20	100.2	75	134.3	130	180.9	185	195.4
25	101.9	80	138.4	135	184.7	190	194.9
30	104.2	85	142.5	140	187.9	195	194.3
35	106.8	90	146.8	145	190.4	200	193.5
40	109.7	95	151.1	150	192.2	205	192.5
45	112.7	100	155.5	155	193.6	210	191.4
50	116.0	105	160.0	160	194.6	215	190.3
55	119.4	110	164.4	165	195.3	220	188.9
60	122.8	115	168.6	170	195.6	225	187.5
65	126.6	120	172.7	175	195.7	230	186.0
70	130.2	125	176.8	180	195.6		

表 2-7　B 型船舶 K 值表

船长/m	K	船长/m	K	船长/m	K	船长/m	K
20	113.7	75	148.7	130	212.7	185	237.4
25	114.8	80	154.1	135	216.9	190	238.0
30	116.3	85	59.9	140	220.6	195	238.2
35	118.3	90	165.3	145	223.9	200	238.3
40	120.9	95	171.4	150	226.8	205	238.2
45	123.9	100	177.5	155	229.2	210	238.0
50	126.9	105	183.9	160	231.2	215	237.4
55	130.4	110	190.4	165	233.0	220	237.0
60	134.3	115	196.8	170	234.4	225	236.4
65	138.3	120	202.5	175	235.7		
70	143.2	125	207.8	180	236.6		

2）方形系数对干舷的修正值 f_1

方形系数对干舷的修正值

$$f_1 = 0.6F_0(C_b - 0.68) \tag{2-66}$$

式中，F_0 为基本干舷，mm；由式（2-65）算得；C_b 为方形系数，实取不小于 0.68。

3）干舷甲板凹槽修正值 f_2

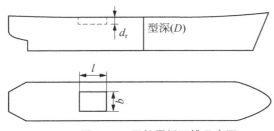

图 2-9　干舷甲板凹槽示意图

（1）如干舷甲板上有一凹槽，且其不延伸到船两侧，则未考虑该凹槽所算得的干舷应修正相应的浮力损失。该修正值应等于凹槽的体积除以 85% 最小型深处船舶的水线面面积所得之值（见图 2-9）。

（2）修正值应加到所有其他修正完成后所得的干舷值上去，但船首高度修正除外。

（3）如上述修正了浮力损失后的干舷大

于根据量至凹槽底部的型深所确定的最小几何干舷,则可以使用后者。

干舷增加的修正值为 $l \times b \times d_r$ 除以 $0.85D$ 处的水线面面积。

4）有效上层建筑和凸形甲板对干舷的修正值 f_3

有效的上层建筑和凸形甲板对干舷的修正值

$$f_3 = -C(80 + 4L) \tag{2-67}$$

式中,L 为船长;当 $L > 120 \, \text{m}$ 时,仍按 $120 \, \text{m}$ 计算。

$$C = \left(1 + \frac{E}{L}\right)\frac{E}{L} \tag{2-68}$$

式中,E 为上层建筑和凸形甲板的总有效长度,m。对首楼有效长度小于 $0.07L$ 的 B 型船舶,C 应减去按下式算得的数值:

$$\frac{0.07L - e}{0.7L}$$

式中,e 为首楼有效长度,m。

需要说明的是,有效上层建筑是指其层高不小于标准高度的封闭上层建筑。如船长小于等于 $75 \, \text{m}$,其标准高度不小于 $1.8 \, \text{m}$;如船长大于等于 $125 \, \text{m}$,则其标准高度为 $2.3 \, \text{m}$;如船长大于 $75 \, \text{m}$ 且小于 $125 \, \text{m}$,则其标准高度可采用插值法来衡量。同样,有效凸形甲板的规定也可参见法规内容。

5）非标准舷弧面积对干舷的修正值 f_4

非标准舷弧面积对干舷的修正值

$$f_4 = 500\left(\frac{A-a}{L}\right)\left(1.5 - \frac{l}{L}\right) \tag{2-69}$$

式中,l 为封闭上层建筑总长度,m;A 为标准舷弧面积,m^2,如表 2-8 所示;a 为实际首、尾舷弧面积之和,m^2。

表 2-8　标准舷弧面积 A

L/m	20	30	40	50	60	70	80	90	100	110
A/m^2	4.2	7.5	11.7	16.7	22.5	29.2	36.7	45.0	54.2	64.2
L/m	120	130	140	150	160	170	180	190	$\geqslant 200$	
A/m^2	75.0	86.7	99.2	112.6	126.7	141.7	157.6	174.2	191.8	

法规中的有关说明如下。

（1）如实际尾舷弧面积大于 $\frac{1}{3}A$,实际首舷弧面积小于 $\frac{2}{3}A$ 时,则只计 $\frac{1}{3}A$ 减去实际首舷弧面积所得的差数。

（2）如实际首舷弧面积大于 $\frac{2}{3}A$,当实际尾舷弧面积不小于 $\frac{1}{4}A$ 时,$\frac{2}{3}A$ 减去实际首舷弧面积所得的差数应计取；当实际尾舷弧面积小于 $\frac{1}{6}A$ 时，则实际首舷弧面积取为 $\frac{2}{3}A$；当实际尾舷弧面积为 $\frac{1}{4}A \sim \frac{1}{6}A$ 时，则 $\frac{2}{3}A$ 减去实际首舷弧面积所得的差数按线性内插法求得；同时对 $\frac{1}{3}A$ 减去实际尾舷弧面积所得的差数均应计取。

（3）舷弧不足，则增加干舷：当实际舷弧面积小于标准舷弧面积时，则按上式计算所得增加干舷。

（4）舷弧多余，则减少干舷：当实际舷弧面积大于标准舷弧面积，且船舶的封闭上层建筑处于船中前后各 0.1L 时，则干舷可按上式计算所得减少；当船中无封闭上层建筑时，则干舷不应减少；当上层建筑处于船中前后各不及 0.1L 时，则干舷的减少值按上式计算所得按线性内插法确定。多余舷弧的最大减少值为船长每 100 m 减少 125 mm。

2. 季节区干舷计算

1）热带干舷

热带干舷是从夏季干舷中减去夏季吃水的 $\frac{1}{48}$。

2）淡水干舷

（1）船舶在相对密度为 1.000 的淡水中时，各季节干舷应从各季节相应的海水干舷减去 $\frac{\Delta}{40T}$（cm），其中 Δ 为夏季载重水线时的海水排水量，t；T 为夏季载重水线处在海水中每 1 cm 的浸水吨数，t/cm。

（2）如在夏季水线时的排水量不能确定，减少数应为夏季吃水的 $\frac{1}{48}$，此夏季吃水自龙骨上缘量至载重线标志的圆圈中心。

3. 最小船首高度

船首高度为首垂线处，自相应于核定夏季干舷和设计纵倾的水线，量到船侧露天甲板上边缘的垂直距离，此高度（单位为 mm）应不小于

$$54L\left(1-\frac{L}{500}\right)\frac{1.36}{C_b+0.68} \qquad (2-70)$$

式中，L 为船长，m；C_b 为方形系数，取不小于 0.68。

对航行于近海航区、沿海航区和遮蔽航区的船舶，其最小船首高度可在式（2-70）的基础上分别减小 10%、20% 和 35%。

如所要求的船首高度是用舷弧来达到的，则该舷弧应自首垂线量起至少延伸到船长的 15% 处。如它是用设置上层建筑来达到的，则该上层建筑应自首柱延伸至首垂线以后至少 0.07L 处，并应为规范中所规定的封闭上层建筑。

如结构与营运情况比较特殊的船舶不能满足以上要求时，经相关部门同意，其最小船首高度可另行考虑。

复习思考题

1. 货船通常有哪几种基本载况？它们的重量分别包括哪几部分？

2. 为什么说空船重量的准确估算十分重要？空船重量估算结果偏轻或者偏重分别会产生什么样的后果？

3. 运输船空船重量由哪几部分组成？

4. 载重量由哪些重量构成？

5. 载重量系数 η_{DW} 的定义是什么？同类型货船，通常大船的 η_{DW} 大还是小船的 η_{DW} 大？相同载重量的货船为什么低速肥大型船的 η_{DW} 要比中高速货船的 η_{DW} 大？

6. 什么情况下船舶需要设置固定压载？一般运输货船设计中是否应该考虑设固定压载？为什么？

7. 已知某船设计吃水时的排水量为 $7\,000\,t$，空船重量为 $2\,203\,t$，主机常用连续功率为 $3\,321\,kW$，主机耗油率为 $169\,g/(kW\cdot h)$。服务航速为 $14.7\,kn$，续航力为 $7\,000\,n\,mile$，船员人数为 20 人。并已知本船出港时装载淡水 $100\,t$，食品 $3\,t$，备品和供应品为 $7\,t$。取辅机和锅炉的耗油量为主机耗油量的 12%，滑油储备取为燃油储备的 3%。试求本船的载重量和载货量以及满载出港和到港时的排水量。

8. 设计初期如何估算船舶的重心？

9. 如果设计中船舶的重心高度 Z_G 和重心距中 X_G 估算不准确，对船舶的哪些性能会产生什么样的影响？

10. 为什么要留排水量和重心高度储备？

11. 船体钢料重量与哪些因素有关？排水量相同的甲乙两船，船宽与吃水基本相同，甲船的船长大、方形系数小，乙船相反，问哪艘船的钢料重，为什么？

12. 影响钢料、舾装和机电设备重量的因素有哪些？

13. 试说明船舶主要要素是如何分别影响船体钢料的？

14. 什么叫干舷？什么叫最小干舷？为什么船舶必须具有足够的干舷？

15. 什么叫 A 型船舶？什么叫 B 型船舶？

16. 船舶最小干舷的大小取决于哪些因素？干舷计算中对方形系数和 L/D 等的修正，其实质是什么？

17. 设计船的最小干舷是在相同船长的"标准船"的最小干舷基础上进行修正而得。请问标准船是一艘具有哪些特征的船？设计船的最小干舷应在"标准船"的最小干舷基础上作哪些修正？

第3章　船舶容量与吨位

设计任何一艘船舶,在确定主尺度时,除要满足重力与浮力平衡外,还有一个要考虑的重点就是船舶的布置地位,即必须保证船舶具有足够的内部容积和甲板面积。对于货船,船上要装载货物、压载水、淡水和燃油等外,还要布置柴油机等动力装置,需要有足够的内部容积;客船要布置大量的旅客和船员的起居处所及服务处所,需要足够的甲板面积;集装箱船、滚装船等需要有适宜于装载单元货物的货舱和甲板面积。此外,露天甲板上各种舾装设备的布置要有甲板面积。有的船还需要一定的作业地位,如渔船应预留起放网、分鱼、装箱、落舱等的地位。船舶容量就是船舶舱室容积和甲板面积的总称。

容量是设计船舶的一项重要技术数据。容量不足,则满足不了使用要求;反之,容量太大,则会造成浪费。因此,在设计初始阶段,根据设计船的主要尺度和船型系数,或利用设计船的总布置草图、型线草图来估算其所能提供的容积和甲板面积是必要的。

为了便于针对性地考虑船舶的布置地位,通常依据所装货物的不同将运输船舶进行分类。

船舶动力装置　　船用柴油机

⚓ 3.1　船舶容量概述

3.1.1　船舶类型

集装箱船

运输船舶中,载重量占排水量比例较大的船称为载重型船舶,例如散货船、油船等。这类船舶对载重量和舱容的要求是确定船舶主尺度时应考虑的主要因素。载重型船舶的货舱大小是由载货所需的容积要求所确定的。

船舶的主尺度主要是由所需的布置地位决定的,所以载重量不作为主要的考虑因素,这类船则称为布置地位型船,例如客船、科考船、海上卫星测控船、救助医疗船、汽车专用运输船、航空母舰等都是典型的布置地位型船。这类船舶的特点是需要大量的甲板面积和发达的上层建筑,用于布置各种用途的舱室和设备,而载重量却较小。设计这类船舶时,通常首先考虑所需要的布置地位,即确定主尺度时先从满足布置地位入手。

有些类型的船舶在设计中既要重点考虑所需的布置地位,又要有一定的载重量要求,例如集装箱船、滚装船等。这类船舶可称之为载重布置型船。例如集装箱船的运载能力既要追求载箱数,又要追求平均箱重指标。设计这类船舶时,为了充分利用舱容和甲板面积,货舱和载货甲板的尺度必须能适应单元货的特定尺寸,以便能装载尽可能多的单元货。

货舱容量方程
（微课）

3.1.2　容量方程

在船舶的设计初期就需要进行舱容校核工作。舱容校核就是对设计船所能提供的各部分舱容进行估算，然后与所需的舱容做比较，并根据计算结果进行相关调整，以便检验所考虑的主尺度是否符合舱容的要求。在该阶段，由于型线尚未设计，设计船所能提供的舱容只能用近似公式或参照母型船资料进行估算。随着设计工作的深入，舱容校核工作也需进一步给予核算，其目的就是要满足容量方程平衡的要求。

1. 全船容量方程

如果已知所需的货舱容积 V_C、油水舱容积 V_{OW}、压载水舱容积 V_B、机舱容积 V_M 以及其他舱容积 V_A，则可以用全船容量方程来校核，即

$$V_H = V_C + V_{OW} + V_B + V_M + V_A \tag{3-1}$$

式中，V_H 为设计船所能提供的总容积，单位为 m^3。

式（3-1）的等式要求也可以理解为略大于。如 V_H 大得过多，则要调整船的主要要素。当然，调整时也要保证重量与浮力之间新的平衡。由于式（3-1）中机舱所需容积实际上主要是由机舱布置面积大小所决定，首尾舱通常依据规范要求的长度来考虑，所以设计初期较少采用全船容量方程的办法来校核舱容。

2. 货舱容积的容量方程

针对货运船舶，设计初期首要关注的是货舱容积是否满足装载要求，即校核载货所需容积 V_C 和船主体能提供的货舱容积 V_{TC} 是否相当，也就是所谓的货舱容量方程：

$$V_C = V_{TC} \tag{3-2}$$

现以一艘典型的尾机型货船主船体舱室设置情况为例（见图 3-1），此时，容量方程可写为

$$V_C = K_C [L_{PP} - (L_A + L_F + L_{MA} + L_{CF} + L_M)] B (D - h_D) \tag{3-3}$$

式中，L_M、L_F、L_A、L_{CF}、L_{MA} 分别为机舱长度，首、尾尖舱长度和首、尾深舱长度，单位均为 m；h_D 为双层底高度，单位为 m；K_C 为考虑舷弧、梁拱以及型线首尾收缩等影响的系数，可用母型船资料换算，也可用经验公式估算，但应考虑其适用性（其值应不大于 1）。对于散货船，$K_C = 0.135 + 1.08 C_b$，其中 C_b 为方形系数。

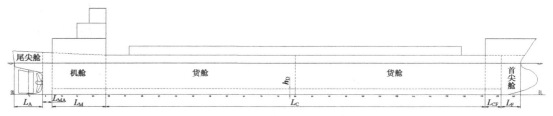

图 3-1　主船体舱室划分示意图

货舱舱容校核的要求是设计船所能提供的货舱容积 V_{TC} 应等于或略大于所需的货舱容积 V_C。

⚓ 3.2 载重型船容量

设计载重型船舶时，首先要根据同类型船的布置特点进行方案构思，并在其基础上初估出相关主要要素，进而考虑其排水量和容量问题。载重型船的容量校核工作一方面是按任务书要求估算所需的容积；另一方面是估算出设计船所能提供的相关容积。再依据容量计算结果结合排水量情况，看看是否要调整布置格局甚至是主要要素。

3.2.1 所需容量计算

对于载重型船舶，主船体主要含货舱、机舱、首尾尖舱等，如图 3 - 2 所示。下面介绍货舱所需容积估算的方法。

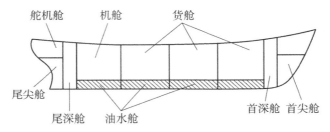

图 3 - 2　货船主船体的各类舱室

1. 货舱所需的型容积 V_C

货舱所需的型容积 V_C 与要求的载货量、货物的种类和包装方式以及装载形式等有关。V_C 的计算公式为

$$V_C = W_C \times \mu_C / k_C \tag{3-4}$$

式中，V_C 为货舱所需的型容积，单位为 m^3；W_C 为载货量，单位为 t；μ_C 为货物的积载因数，单位为 m^3/t，对于液体，常用质量密度 ρ 表示其特征，这时 $\mu_C = 1/\rho$；k_C 为容积折扣系数。

1）积载因数（μ_C）

积载因数 μ_C 的定义是单位重量的货物所占的容积，其数值大小与包装方式、颗粒直径等有关。常见干货的积载因数如表 3 - 1 所示，其他货物的积载因数可从有关的设计手册中查得。液货（如原油、成品油等）的积载因数等于密度的倒数。

表 3 - 1　部分货物的积载因数 μ_C

货物种类	型　式	$\mu_C/(m^3 \cdot t^{-1})$	备　注
铁矿石	散	0.33～0.42	
石灰石	散	0.84	

(续表)

货物种类	型　式	$\mu_C/(\mathrm{m}^3 \cdot \mathrm{t}^{-1})$	备　注
水泥	散	0.67～0.78	
	袋	0.89～1.06	
砂	散	0.56～0.64	
煤	散	1.17～1.34	随产地及含水量而异
	线材	0.28～0.39	
小麦	散	1.22～1.34	
大豆	散	1.17～1.45	

2）容积折扣系数 k_C

容积折扣系数 k_C 是指船舱内能用于装货的容积与型容积之比。型容积 V_C 是指按型线图计算所得的容积。事实上，船舱内一般设有结构构件，如船侧的肋骨和纵桁、甲板的横梁和纵桁、液舱内的管系等，都会占用一部分容积。型容积中扣除这部分容积后的净容积与型容积之比称为结构折扣系数。各种舱室的结构折扣系数如表 3－2 所示。结构折扣系数的取值与船的大小也有关。小船的结构系数应比大船取小一些。容积折扣系数除了考虑结构折扣系数以外，还有以下考虑。

表 3－2　容积的结构折扣系数

舱室类型	液　　舱				货　　舱			
	首尖舱	尾尖舱	深舱	双层底	端部舱	中部舱	甲板间	冷藏舱
结构折扣系数	0.975～0.985	0.96～0.97	0.985～0.99	0.97～0.98	0.98～0.99	0.99～0.995	0.985～0.99	0.7～0.8

（1）对于装载燃油、滑油、成品油等的油舱，由于油料受热会膨胀，需留一定量的膨胀容积。因此这类舱最大装载容积为净容积的 97%～98%。

（2）就散货船的货舱而言，用于装载散货的容积即为净容积。而用于装载包装货物的包装容积，高度只能由内底顶面（如有木铺板时，则由木铺板顶面）算到甲板横梁的下缘，两侧和前后由肋骨或舱壁扶强材内缘（有木护条时，则由木护条内缘）算起。此外，强框架、纵桁、舱口端梁和舱口纵桁等强构件也要影响一定的包装容积。简化计算时，包装容积通常取净容积的 90%～93%。

（3）亏舱是指货舱某些部位因堆装不到而产生装货时无法利用的空间，因而亏损了舱容。亏舱量与货舱开口大小、货物形状和包装方式以及散货的休止角等有关。例如，开口以外的货舱顶部容积较难利用，开口越小，亏损容积越多。

容积折扣系数 k_C 就是通过考虑上述各种因素并根据不同舱室的具体用途来确定的。

2. 油水舱所需容积 V_{OW}

船上油水舱包括燃油舱、淡水舱、滑油舱（滑油循环舱、滑油储存舱等）、污油水舱等。这些舱所需容积可按储存量来计算：

$$V_{OW} = \sum V_i$$

$$V_i = \frac{W_i}{\rho_i \cdot k_{Ci}} \tag{3-5}$$

式中，W_i 为油、水等储存量，t；ρ_i 为油、水的密度，t/m^3，一般重油（燃料油）取 $0.89\sim0.90$；轻油（柴油）取 $0.84\sim0.86$，淡水取 1.0；k_{Ci} 为容积折扣系数，对于水舱可取结构折扣系数（见表 3-2），对于油舱应再考虑膨胀系数取 $0.97\sim0.98$，重油舱内因需设置加热管系，故还要占用 3% 左右的容积。

3. 压载水舱容积 V_B

已知要求的压载航行平均吃水 T_B 后，可按式（3-6）估算压载排水量 Δ_B。扣除空船重量以及油水、人员等重量后就可得到压载水的量 W_B，进而可确定所需的压载水舱容积 V_B。

$$T_B/T = (\Delta_B/\Delta)^{C_b/C_w} \tag{3-6}$$

在设计的初始阶段，应用式（3-6）时，方形系数 C_b、水线面系数 C_w 可参考母型船设计吃水时的数值。有时为方便起见，设计船压载水舱容积 V_B 可用下式粗估：

$$V_B \approx W_B = k_B \times DW \tag{3-7}$$

式中，k_B 为系数，对于单向运输的散货船约为 $0.32\sim0.50$，B/T 较大的船取大值；集装箱船为 $0.3\sim0.35$ 左右；大型油船（10×10^4 t 以上）约为 $0.35\sim0.40$，中小型油船约为 $0.42\sim0.47$。有相近的母型船时，可参考母型船选取。

4. 机舱容积 V_M

机舱所需的容积实际上是由机电设备布置地位所需的机舱长度 L_M 和机舱所在的位置所决定的。机舱位置在船中部、中尾部或尾部的分别称为中机型、中尾机型和尾机型。已知机舱所需长度 L_M 和位置时可按下式估算机舱容积

$$V_M = K_M L_M B(D - h_{DM}) \tag{3-8}$$

式中，K_M 为机舱段体积丰满度系数，丰满船机舱在中部的可近似取 1.0，中尾机和尾机型可参照母型船资料选取；h_{DM} 为机舱双层底高度，一般中等大小的船为 $1.2\sim1.5$ m，小型船舶为 $0.9\sim1.2$ m，也可参照母型船双层底高度来选取；L_M 为机舱长度。

机舱长度 L_M 对货舱舱容的利用率关系重大。为提高舱容利用率，设计中机舱总是取尽可能短的长度。在机舱高度允许的情况下，一般都设有机舱平台，大船通常还设有多层平台，以便充分利用空间布置机电设备，缩短机舱长度。在设计的初始阶段，如主机为低速柴油机装置，机舱长度可按主机长度 l_M 粗略估算：

$$L_M = l_M + C \tag{3-9}$$

式中，C 可参考与设计船机舱位置、主机类型、功率和台数以及主尺度相近的母型船选取。如缺乏资料，初估时对于中尾机型可取 $4\sim6$ m，尾机型可取 $10\sim12$ m，中机型可取 $4\sim5$ m。

对于主机功率在 $5\,000$ kW 以上的低速柴油机单桨船，机舱长度也可用以下统计公式估算：

$$L_M = 15 + 0.607 P_{MCR} \times 10^{-3} \tag{3-10}$$

式中，P_{MCR} 为主机持续功率，单位为 kW；L_{M} 单位为 m。

对于采用中高速柴油机的中小型船舶，机舱长度应视具体布置要求而定，一般参考相近的母型船选取比较合适。

5. 其他舱室的容积 V_{A}

对于货运船舶，主船体的其他舱室通常有首尖舱、尾尖舱、空舱（包含轴隧舱、应急消防泵舱）等。从规范角度和布置需要看，这些舱更多的是以其一定的长度来考虑的，所以上述舱室的容积的估算显得没那么重要。如实在要估算，可取其容积约占总容积的 2%～5%（尾机型船取较小的数值）。

综上所述，船主体内各种舱室所需要的总型容积为

$$V = V_{\mathrm{C}} + V_{\mathrm{OW}} + V_{\mathrm{B}} + V_{\mathrm{M}} + V_{\mathrm{A}} \tag{3-11}$$

3.2.2　所能提供容量计算

设计船舱容的估算，应根据已知条件的详细程度来选用适当的方法。已知条件越多，选用的估算方法越合理，准确性也越高。

1. 主船体总容积的估算

根据设计船主要要素，可用下式粗估垂线间长范围内主船体的型容积

$$V_{\mathrm{H}} = C_{\mathrm{bD}} L_{\mathrm{PP}} B D_{1} \tag{3-12}$$

式中，C_{bD} 为计算到型深的方形系数，可按 $C_{\mathrm{bD}} = C_{\mathrm{b}} + (1 - C_{\mathrm{b}})(D - T)/(C_{1} T)$ 估算。其中，C_{1} 取值：首尾型线外飘较小时 C_{1} 取 4，外飘较大时 C_{1} 取 2.5；一般情况下 C_{1} 取 3。 D_{1} 为计入舷弧和梁拱的相当型深，可按 $D_{1} = D + S_{\mathrm{M}} + 0.7C$ 估算，其中，S_{M} 为相当舷弧高，可近似取为首尾舷弧之和的 $1/6$；C 为梁拱值，可取 $C = (0.01 \sim 0.02)B$。

2. 货舱容积的估算

根据主尺度用立方数法可粗略估算货舱容积

$$V_{\mathrm{TC}} = C L_{\mathrm{PP}} B D \tag{3-13}$$

式中，C 为系数，可根据主尺度和布置相近的母型船资料选取。在缺乏母型船资料时，对于常规货船粗略估算时可取为 0.50～0.57。

如果根据初定的主尺度，对主船体舱室进行初步划分（见图 3-1），并对货舱典型剖面的型式有所考虑后，建议用下式估算货舱容积：

$$V_{\mathrm{TC}} = L_{\mathrm{C}} A_{\mathrm{C}} K_{\mathrm{C}} = (L_{\mathrm{PP}} - L_{\mathrm{A}} - $$
$$L_{\mathrm{F}} - L_{\mathrm{MA}} - L_{\mathrm{CF}} - L_{\mathrm{M}}) A_{\mathrm{C}} K_{\mathrm{C}} \tag{3-14}$$

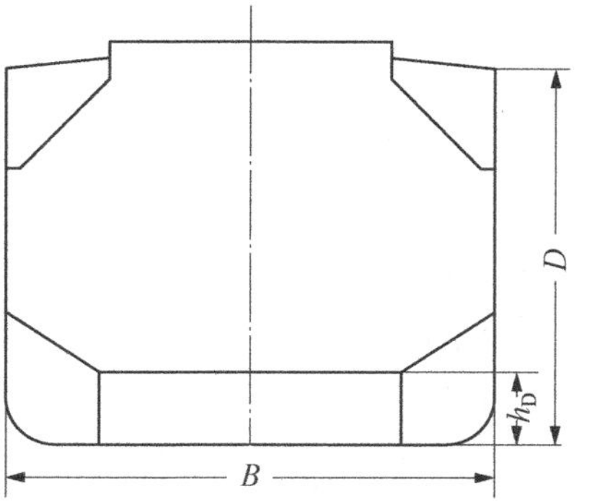

式中，L_{C} 为货舱长度，单位为 m；A_{C} 为船中处货舱有效横截面积，单位为 m^{2}，图 3-3 为典型的散货船横截面图，其 A_{C} 应扣取双层底及边舱部分面积，货舱口围板部分可不予考虑。

图 3-3　船中处货舱横截面示意图

3. 双层底舱容积估算

延伸至首尾的双层底舱容积

$$V_D = L_{PP} B h_D \left[C_b - 0.4 \left(\frac{T - h_D}{T} \right)^2 \sqrt{1 - C_b} \right]$$ （3 - 15）

舱容要素曲线
（微课）

式中，h_D 为双层底舱的高度。

4. 舱容的精确计算

如已有总布置图和型线图，就可以应用数值积分方法准确计算出各舱室的型容积，并考虑容积折扣系数，便可求得各舱净容积。对于装载液货的舱室，还要计算出其舱容要素曲线。

⚓ 3.3　布置型船容量

在船舶设计中，对布置地位的考虑是总体设计的一项重要工作。对于载重型船舶，一般来说，布置地位（例如货舱口盖的布置，各种甲板机械的布置，以及船员的起居和服务处所的布置等）不是影响船舶主尺度的主要因素。但有些类型的船舶，如客船、集装箱船、滚装船、科学考察船、渔业加工船、工程船等布置地位型船舶，其主尺度在很大程度上取决于所需的布置地位或受布置地位的制约。因此，设计这类船舶时，往往需要从所需的布置地位入手来考虑船长、船宽和型深，然后再根据性能、强度等方面来考虑校核其主尺度是否合理，并决定其他要素。本节以集装箱船和豪华邮轮为例，来讨论船舶所需的布置地位问题。

3.3.1　集装箱船布置地位

集装箱船是指用于装载集装箱的船。考虑集装箱船的布置地位，主要是根据设计技术任务书对总载箱数的要求，通过对集装箱（行数、列数、层数）的具体布置安排，得出设计船满足集装箱布置地位所需的初步主尺度（L、B、D），进而通过浮性、稳性、快速性和其他性能的校核以及强度等方面的考虑来确定设计船的主要要素。在这个过程中，要分析比较不同排箱方案对船舶主尺度、重心高度以及装卸使用等方面的影响。

在设计初始阶段，集装箱船的布置地位首先要重点考虑以下两方面。

（1）舱内集装箱数与甲板上的集装箱数的分配。显然，舱内集装箱的数量直接关系到主尺度的大小，而甲板上的集装箱从布置地位看，堆高不受限制，数量是可以增加的，但受到船舶稳性限制。在一定的主尺度条件下，如果在舱内能增加载箱数，就可以降低重心高度，或者在同等稳性条件下，可以增加甲板上的载箱数。所以合理布置舱内集装箱，尽可能增加舱内载箱数是考虑集装箱布置中的一个重要问题。通常舱内和甲板上集装箱数的比例涉及型宽和型深的取值，没有确切的规律。但是对于特定船宽的情况（如巴拿马型集装箱船，船宽都为 32.2 m），可以通过分析母型船的布置和稳性情况，结合设计船特点，初步选择一个舱内与甲板上载箱数比例，进而作具体的集装箱布置考虑。

（2）机舱和上层建筑的地位。缩短机舱和上层建筑长度是增加集装箱布置地位的重要措施；同时机舱和上层建筑沿船长方向的位置对集装箱布置也有很大影响。但是，机舱和上层建筑的位置还涉及其他许多方面的因素(如造价、驾驶盲区等),不能完全从集装箱布置要求出发。对于中小型集装箱船,机舱和上层建筑通常在尾部、偏尾部;对于大型和超大型集装箱船,其机舱可能在中后部,而驾驶室移到船中前部。设计中可以对不同的布置方案进行综合分析、比较,在征得船东认可的情况下择优选取。

对集装箱船布置地位的考虑归根结底就是要解决集装箱的排列问题。为此,下面对集装箱的种类和规格、舱内和甲板上集装箱排列布置的相关要求作一介绍。

1. **集装箱的规格**

集装箱按其用途分类有许多种,例如密封集装箱、保温集装箱、冷藏集装箱、液货集装箱等,其中最常用的是适用于装运一般件杂货的密封型集装箱。国际标准组织(ISO)指定的标准集装箱的长度分别为 40 ft,30 ft 和 20 ft。船舶运输中常用的是 40 ft 和 20 ft 的集装箱,其名称代号、尺寸和重量如表 3-3 所示。在集装箱船设计中,最常用的是 1CC 和 1AA 标准箱。在布置中,长度方向为两只紧靠布置的 20 ft 标准箱(TEU)位置可由一只 40 ft 的标准箱(FEU)替换。

表 3-3　ISO 指定的部分标准集装箱规格

规格与代号		高度/		长度/		宽度/		最大重量/
		mm	ft	mm	ft	mm	ft	kg
20 ft	1C	2 438	8'	6 058	$19'10\frac{1}{2}''$			24 000
	1CC	2 591	8'6''					
						2 438	8'	
40 ft	1A	2 438	8'	12 192	40'			30 480
	1AA	2 591	8'6''					

(注:20 ft 外尺寸为 20×8×8.6 英尺,1 英尺=0.304 8 米)

通常集装箱长度方向只能沿船长纵向布置,并以标准箱沿船长方向的布置称为行(bay),沿船宽方向的布置称为列(row),沿型深方向的布置称为层(tier)。

2. **集装箱船货舱尺寸的考虑**

1) 货舱总长

货舱总长与舱内集装箱布置的行数 X、集装箱间纵向间隙及集装箱与横舱壁间的间隙等有关。在设计的初始阶段,可用下式估算:

$$L_C = KL_T X \tag{3-16}$$

式中,L_C 为货舱长度;X 为行数;L_T 为 20 ft 标准箱(TEU)的长度,$L_T = 6.058 \text{ m}$;K 为系数,一般为 1.2 ~ 1.3。

2) 货舱口宽

货舱口宽与集装箱装载的列数 Y、货箱间的横向间隙、货箱距舷侧纵隔壁的距离等相关。通常情况下,集装箱与导箱轨之间的间隙为 0.025~0.030 m;集装箱距舷侧纵隔壁的距离为 0.15 m。

对于中小型集装箱船,往往货舱内不采用导箱架,其箱与箱之间的间隙可参照相关连接件的要求选取。

3）货舱深

货舱深与货箱层数 Z、舱底垫板厚度（$0.025\sim0.050$ m）、最上层箱与舱盖的间隙要求（$0.20\sim0.30$ m）、舱口围板高、梁拱等有关。

3. 集装箱的布置

1）舱内集装箱的布置

为了提高集装箱船的载箱数，应尽可能在舱内布置较多的集装箱。舱内的集装箱只能布置在货舱开口的范围内，否则集装箱无法装卸。因此集装箱船的货舱开口都很大，大型集装箱船的货舱开口宽度达到船宽的 $80\%\sim85\%$。

为了使舱内空间得到充分的利用，型深、双层底高度和舱口围板的高度选择应相互配合好，通常舱内集装箱的层数最多可达9层（与集装箱自身强度有关）。

为了便于舱内集装箱的装载和固定，专用集装箱船舱内通常设置导轨架，但多用途船不宜设置导轨架，因导轨架影响其他货物装载。大中型集装箱船考虑舱内集装箱的布置时，通常以单元货舱的方法来考虑。通常一个单元货舱纵向布置两个货舱口（中间设架空横梁），每个货舱布置4行20 ft集装箱或2行40 ft集装箱，如图3-4所示（首端货舱也有的布置2行20 ft箱）。在图3-4中，间隙 d 为 $50\sim150$ mm，取决于导轨架的型式；间隙 a、b、c 取决于舱口角隅形状、肋距大小、导轨架型式以及货舱盖的型式等因素。集装箱船主尺度的选择与单元货舱的布置直接有关，而单元货舱中各间隙大小又是决定单元货舱尺度的主要因素，所以在设计集装箱船之初必须首先考虑单元货舱的尺度，特别是对各间隙做仔细的分析和确定。

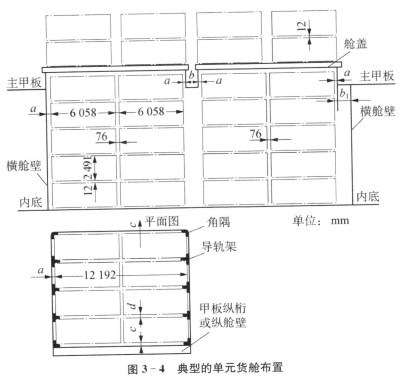

图 3-4　典型的单元货舱布置

2）甲板上集装箱的布置

集装箱船露天甲板（包括货舱盖）上要布置大量的集装箱。甲板上集装箱的层数主要取决于船舶稳性，一般为 4 层左右，但 4 层以上的集装箱通常按空箱考虑。驾驶室布置在船尾时，为了满足驾驶视线的要求，船首的集装箱层数需适当减少。也有将驾驶室前移，甚至布置在船首的，其目的就是想多装箱，但船的造价相对要增加些。

甲板上集装箱在船宽方向的布置应尽量利用船的全宽。堆放在舷侧的集装箱通常用立柱撑起，箱的另一侧搁在舱盖上。最边侧集装箱的下部通常作为纵向通道，如图 3－5 所示。此种布置方式时，要求舱口围板的高度（含舱口盖板的厚度）应不低于人员行走所需的高度（1.9 m 以上）。集装箱船的舱口盖通常用起重设备吊移，所以甲板上可不考虑舱口盖的收藏地位。

船舶在航行时会产生较大的运动，因此布置在甲板上的集装箱不仅需要在平面内定位，上下也要

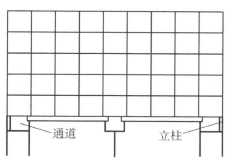

图 3－5　甲板上集装箱的布置

固定。一般情况下，甲板上第一、二层不需绑扎，仅依靠 4 个箱角处的扭锁即能固定。第三层以上的集装箱需要绑扎，这是因为远离旋转中心的集装箱受到由船舶运动引起的力较大。具体的绑扎要求和绑扎设备的规格需按规范的要求计算确定。40 ft 集装箱两端都需绑扎，对于 20 ft 轻箱允许单端绑扎。绑扎时需要操作地位，因此甲板上两个 40 ft 箱的端部之间需要留出 0.55～0.65 m 的间隙。

3.3.2　豪华邮轮布置地位

豪华邮轮是指用于搭载游客在大海里巡游，并能提供舒适的住宿、多样的美食和丰富的娱乐设施的船舶，其内装设计考究、布局陆上化、娱乐多样化，被称为"海上移动城市"，如图 3－6 所示。豪华邮轮也是国际造船业公认的具备高技术、高附加值、高可靠性的"三高"船舶，由于其设计建造的难度及惊人的造价，被誉为世界造船界皇冠上的明珠。

图 3－6　美国"海洋魅力号"豪华邮轮

豪华邮轮按载客人数的多少可划分为大型邮轮、中型邮轮和小型邮轮。大型邮轮载客量一般在 2 000 人以上；中型邮轮载客量一般在 1 000～2 000 人；小型邮轮载客量一般在 1 000 人以下。按照邮轮航行的水域可以将邮轮划分为远洋邮轮、近洋邮轮和内河邮轮。远洋邮轮一般航程较长，航期在 10～15 天，甚至更长；近洋邮轮和内河邮轮航程较短，航期一般在 7 天左右。

豪华邮轮是典型的布置地位型船舶之一。为了满足游客的不同使用需求设置不同的功能空间，主要包括 4 种类型：客舱单元、餐饮单元、休闲娱乐活动单元和交通空间单元。

1. 客舱单元

客舱是邮轮为游客提供的住宿休息场所，是邮轮上最重要、最基本的功能空间。客舱的功能布局、面积大小、装饰风格、光照条件、照明效果、卧具、用具、视听设备、通信方式、空气质量及卫生整洁程度等，都会给游客留下深刻的印象，从而决定着邮轮运营的成败。

一般的豪华邮轮常以 4 种类型客舱为主：内舱房、海景房、阳台房、套房，此外包括一定数量的无障碍房。有些豪华邮轮还设有面向金街共享空间的内景房。

内舱房(inside/interior cabins)：位于船体内部，没有对外的窗户或舷窗，它是邮轮上面积最小，也是最便宜的客舱。

海景房(outside/oceanview cabins)：乘客在舱室内可以看到窗外的大海，依据所处的甲板层及船体内部的位置，可有舷窗、风景窗或落地窗，如图 3-7 所示。

图 3-7　豪华邮轮海景房

阳台房(balcony cabins)：拥有独立的阳台，是邮轮中的标准房型，级别仅次于套房。

套房(suite)：是邮轮上最高等级的房型，类型从基本的两居室到大型、豪华型的多室空间，种类较多，设施豪华，服务周全。

无障碍房(wheelchair accessible staterooms)：专为行动不便人士设计的房间。这类房间面积较大，卫生间、门窗等设施都符合无障碍设计标准，服务人员也会为这些房间提供更为周到的特殊帮助。

2. 餐饮单元

提供满足游客饮食需求的各式菜肴、装饰装潢别具一格的用餐环境、热情而又个性化的餐饮服务等，是邮轮产品的重要组成部分。

邮轮的餐饮服务主要分为直接为游客提供餐饮服务的前台服务(如主餐厅、自助餐厅、特色餐厅、酒吧等)和对餐饮服务提供配套及支持的后台服务(如厨房、储藏室、后勤保障区域、管理区域等)。前台服务和后台服务共同构成了邮轮餐饮单元,为游客享受高品质的餐饮服务提供保障。

为满足游客不同口味的需求,邮轮上设置各种不同类型的餐厅和饮食店:

(1) 餐厅类,根据饮食特点又分为主餐厅、自助餐厅和特色餐厅 3 类。

主餐厅:邮轮主餐厅常常代表了邮轮的品质和服务标准,通过提供色香味俱全的精致饮食,使游客品尝世界顶级厨师的创作,进行较为正式的就餐体验。开放时间固定,免费享用。

自助餐厅:邮轮上的自助餐厅为游客提供更为轻松自在的就餐选择,一般全天开放,可以随时就餐,免费拿取。

特色餐厅:吸取各地美食之长,有专门的中式、意式、法式、美式餐厅,也有日式餐厅、东南亚式等各具特色的餐厅。通常需要收费。

(2) 饮食店类,根据饮食特点又分为快餐、甜品、冷热饮店、酒吧、休闲吧等。

快餐、甜品、冷热饮店:比萨店、汉堡店、热狗烧烤店等为游客提供了选择的机会;冰激凌售卖点、冷热饮店一般设置在泳池甲板及休闲活动区域。

酒吧、休闲吧:一般一艘邮轮上有不同特色的酒吧或休闲吧,它们共同组成了邮轮上重要的交际、休闲场所。

3. 休闲娱乐活动单元

休闲娱乐是具有现代意识的旅游新概念,也是豪华邮轮旅游中必须加以强调和重视的功能设置。邮轮游客与酒店客人不同,只能待在船上,在漫无边际的海洋漂泊中,必须安排各种休闲娱乐活动,让拥有不同生活规律和兴趣爱好的游客都能找到自己喜欢的活动设施。例如:在剧院观赏演出,在甲板泳池游泳,在 SPA 间按摩,在健身房运动,在网络中心冲浪,在精品商店购物,在小型展览馆参观游览等。

现行休闲娱乐活动的分类一般没有特定标准,根据邮轮的具体情况,可以把其分为 4 大类。

(1) 健身休闲类,包括室外活动甲板(主要指室外泳池及附属活动区域),室内活动舱室(主要指健身房和 SPA 区域)。

(2) 消遣娱乐类,包括参与性娱乐(游戏机房、歌舞厅、棋牌室)、观演性娱乐(剧院、秀场、电影院、空中影院)、购物消费(免税品店、画廊/照片廊)、休闲消遣(图书室、网吧)。

(3) 社会活动类,包括商务活动(服务台、会议室、咨询室、多功能厅)、集会庆典(教堂)等。

(4) 儿童活动类,包括幼儿看护(护幼中心、保健中心)、少年活动(少年活动中心、儿童游戏室)等。

随着人们越来越注重休闲娱乐活动,邮轮上相应的功能空间、设施配备等也在不断完善。

4. 交通空间单元

交通空间单元连接不同类型的空间,具有交通、疏散并兼具展示等功能,主要包括具有水平交通功能的公共大厅、走廊、步行街等;也包括具有竖向交通功能的楼梯间、电梯间。

公共大厅(中庭):一般邮轮都会设置一个公共大厅或中庭,其高大的空间是室内公共活动的中心,也是一艘邮轮的主要空间,联络客舱与其他部分的交通核心。

走廊、步行街:走廊主要指客舱标准层通道、休闲娱乐活动用房之间的通行空间。步行街是指豪华邮轮走廊扩大化后形成的专门给游客行走的商业街,如图 3-8 所示。

图 3-8 豪华邮轮内部通道

楼梯厅、电梯厅:竖向交通空间,承担运载人们在各层之间穿梭的功能。

总之,对于豪华邮轮,其各部分空间应根据不同的功能要求,将各空间单元的布置地位结合在一起考虑,以确定出适合的主要尺度。

3.4 设计考虑要点

估算或计算出设计船所能提供的舱容和所需舱容之后,就可以将两者进行比较。如果容量方程不平衡,则需进行调整。在设计初期,应着重从以下几方面给予考虑。

3.4.1 主要要素对容量影响的考虑

根据货舱容量方程:$V_C = K_C[L_{PP} - (L_A + L_F + L_{MA} + L_{CF} + L_M)]B(D - h_D)$,可以分析出影响容量的因素:

(1)增加船长,可以增大舱容,但也相应增加船体钢料,提高造价。

(2)增加船宽,虽能增加舱容,但对稳性有较大影响,应慎重。如果排水量 Δ、L_{PP}、C_b 都不变,此时增大 B,势必要减小 T,这将对船的快速性有影响。

(3)缩小 L_F、L_A 及 h_D 似乎能增加舱容,但规范中对 L_F、L_A 及 h_D 都有一定的规定,更何况首尾尖瘦,对 V_C 影响不大。因此都不能作为增加 V_C 的有效措施。

(4)最大限度地缩短 L_M 无疑是提高船舶经济性的措施之一。尽管选择好了主机后,L_M 的变化范围不大,但机舱应尽量采用立体布置,以利于 L_M 的缩短。

(5)货舱与首尖舱间的舱室用于布置应急消防设备,其长度 L_{CF} 一般在 4~5 个肋距;机舱与尾尖舱间的舱室用于布置尾轴管隧,其长度 L_{MA} 也通常在 3~4 个肋距。它们的调节空间几乎没有。

(6)增加 D 和 D/T 是增大货舱容积最有效的措施。因为对大型船舶来说,加大 D 对强度有利,且对钢料重量影响不大。当然,D 增大,船的重心升高,受风面积也加大(T 不变时),对稳性有影响,但一般情况下比较好解决。

当然,要解决载重型船舶的容量问题,需要结合排水量和性能等实际情况,综合分析后一并协调处理。

3.4.2　改善容量措施的考虑

舱容校核中,如所需舱容与设计船所能提供的舱容不平衡时,应进行舱容调整。调整时应根据具体情况进行分析,从而确定最合理的技术方案。

1. 舱容不足

当货舱和压载水舱总容积不足时,首先分析机舱长度能否缩短,因为机舱所占的容积属于非营利部分,最大限度地缩短机舱长度是提高舱容利用率的重要措施。为此,应与轮机设计人员协商,以便保证方案的可行性。当机舱长度不能再缩短时,若舱容不足,则只有加大主尺度(L、B、D)来解决。此时应综合各方面情况,分析确定合理的主尺度修改方案。

(1)如果原选择的尺度比 L/B 是在正常范围内,稳性(主要是初稳性)也有一定富余,则加大型深是增加舱容最合理的方案。因为加大船长对船舶经济性不利,加大船宽对性能影响较大。而增大型深后对纵总强度有利,船体钢料增加很少。

(2)如果原选择的主尺度方案出现初稳性不足、快速性不良等情况,此时可考虑适当增大 L 和 B。当然浮力和重力的平衡应重新考虑。

2. 舱容明显多余

除特殊船型以外,在舱容明显多余时也应考虑调整主尺度。调整主尺度时要充分考虑到对性能和其他方面的影响。在主要性能(如浮性、快速性、初稳性等)已基本合适的情况下,可适当减小型深,但应注意改动对干舷和纵总强度等的影响。如果排水量、快速性、初稳性等条件需要船长、船宽做调整,则应协同舱容一并给予解决。

3. 部分舱容的调整

如果货舱和压载水舱的总容积不满足,此时可通过调整双层底高度或舷舱尺寸来实现。调整时应注意以下问题:

(1)减小双层底高度时,应满足双层底高度的最低要求(详见第七章有关双层底高度的要求);增大双层底高度,则要注意满载时重心升高对稳性的影响。

(2)减小舷舱的宽度时,要注意规范对开口宽与船宽的最大比值和法规对防污最小宽度的要求;增大舷舱宽度时应注意对货舱容量的不利影响。

3.4.3　压载水舱设置的考虑

船舶在营运中,有不少情况是空载航行的,如运输大宗散货(煤炭、矿砂等)、原油的船舶。为了保证船在空载航行时的浮态、稳性和适航性,船舶需保持一定的吃水。为此常在船上设置专用压载水舱,其理由:空载返航过程中,由于油水和备品的消耗,船舶重心提高,致使初稳性高度降低;空载返航时,吃水太小,桨叶不能充分浸在水中,螺旋桨的推进效率和推力就会减小,且由于桨叶交替变化而引起桨叶的严重振动;空载时,船首吃水太小,船舶在海浪中易引起拍击和砰击,以致损坏首部结构;同时,极度的尾倾会缩小驾驶的视野,在横向风浪中会给操舵增加困难。另外,有些船舶由于稳性的要求,即使是满载航行,压载水也可能是必不可少的，例如集装箱船。所以，一般海上运输船舶都设有一定数量的压载水舱。

对于经常存在空放航行的船舶，压载水量是根据空放航行时所需的首尾吃水来确定的，其中尾吃水一般要求达到 $0.040 \sim 0.045\,L$，并保证螺旋桨全部浸没水中；首吃水要求尽可能达到 $0.025 \sim 0.030\,L$。此外，压载航行时也不应有太大的纵倾，一般不大于 $0.015\,L$。

3.4.4　容量与干舷的协同考虑

由载重线规则所确定的最小干舷只是确定船舶干舷的基本因素之一。对于运输船舶来说，其型深的大小必须兼顾容量的要求加以考虑。在吃水不变的情况下，型深数值也就直接影响着干舷大小。

对载运积载因数小的重货船（货舱容量要求较低），其干舷可为最小干舷，并据此来确定型深 D，这类船称为最小干舷船。对载运积载因数大的轻货船（货舱容量要求较高），按最小干舷所确定的 D，其舱容往往不能满足货舱容积的要求，因而 D 需根据舱容来定，从而实际干舷大于最小干舷，这类船称为富裕干舷船。

对于富裕干舷船，可根据最小干舷求得最大装载吃水 T_{max}。如结构按其设计（称 T_{max} 为结构吃水），当装载重货时，船的吃水则可达 T_{max}。根据这种要求设计的船称为变吃水船。

无论哪种类型的船舶，在设计初期决定主尺度时，通常可参照母型船或统计资料，先选取适宜的 D/T 值，然后分别核算舱容和最小干舷是否满足相关要求。

船舶吨位丈量
（微课）

⚓ 3.5　吨位丈量

3.5.1　吨位及其作用

船舶登记吨位（RT）是指根据国际船舶吨位丈量公约或船籍国政府制定的吨位丈量规则核定的"丈量吨位"，包括总吨位（GT）和净吨位（NT），其大小与围蔽处所多少有关。

围蔽处所是指由船体外板、固定或可移动的隔壁或舱壁、甲板或盖板所围成的处所。包括主船体（含船体凸出部分）、上层建筑、甲板室、上甲板上固定箱柜及货舱口的风雨密箱形舱口盖等。当然，船上有些处所可以免于计算在内，主要包括：

（1）上甲板以上且与之分开的不能进入的处所，如桅杆、起重柱、起重机及座、集装箱支承结构物，以及截面积不超过 $1\,m^2$ 的通风筒等；

（2）锚链筒、海底阀凹穴、侧推器孔道以及建筑物内直接位于其顶甲板上无遮盖的开口下的那部分体积，但对于无舱盖集装箱船、坞船等敞口载货处所不能免除，此种船舶称为特殊船舶，公约有专门规定；

（3）仅由固定或可移动的天棚遮盖的处所；

（4）部分免除处所，例如：围蔽处所的一端敞开，开口宽度大于 $0.9B$（B 为开口处船的宽度），则从该端向内 $B/2$ 距离的空间可以免除，其余部分仍为围蔽处所，舷侧有较大开口时，开口长度一端的容积可免除，如仅为单侧开口则只能免除宽度的一半，等等，关于部分免除处所的计算，公约有详细的规定。

总吨位是以全船围蔽处所的总容积（扣除特别规定的免除处所容积以后）来计量，它表征了船舶的大小。净吨位是按船舶能用于营利部分的有效容积（即载货处所容积和以乘客人数折算所得的容积）来计量,它表征船舶营利的一种能力。由此可见,登记吨位(RT)与排水量(△)和载重吨位(DW)概念完全不同,后两者是以吨(t)为度量单位的。

船舶吨位是影响船舶经济性的重要因素。有时船东为了减少与吨位有关的营运费用,在设计任务书中对吨位作了严格限制。为此,在设计时应对吨位予以足够重视,并尽可能使船舶的总吨位确定在经济上合算,且在其他方面也在有利的限度以内。

船舶吨位的作用主要有以下几方面。

(1) 作为税收和各类收费的基准。例如关税、保险费、港务费(停泊费、码头费、引水费等)、代理费、运河通航费、进坞费、检验费以及船舶买卖、租借金等,都是以总吨位或净吨位的大小来计算的。

(2) 作为船舶统计的量度标准。例如统计一个国家、船级社、运输公司的船舶拥有量时都以登记吨位作为量度标准。

(3) 在国际公约、法规和规范中,有些是以总吨位来划分船舶大小等级的,以此来规定设备配备的标准。总吨位大的船舶在设备配备以及安全标准方面要求高。

(4) 作为船舶营运管理的一个标准。例如航运管理部门以总吨位来划分,规定船员的资格等级。

本节主要介绍吨位计算的方法,即在设计初期如何运用估算公式对吨位进行初步估算以及以《国内航行海船法定检验技术规则(2020)》为例,根据其中第2篇有关吨位计算的主要内容进行规范计算。

3.5.2　吨位计算

对同样载重量的船舶,其吨位小自然经济性要好些,这是设计人员应追求的目标。为此,设计人员应熟悉法规内容及有关航运规则,并对吨位进行计算。

1. 初估公式

设计初期,可以用近似公式估算:

$$GT = 0.353KLBDC_b \tag{3-17}$$

$$GT = K_1 DW \tag{3-18}$$

式中,K、K_1 按母型船或统计资料选取,K_1 可取 0.60 左右。

$$NT = (0.63 \sim 0.70)GT \tag{3-19}$$

$$NT = (0.37 \sim 0.43)DW \tag{3-20}$$

$$NT = 0.30V_C \tag{3-21}$$

式中,V_C 为货舱容积,单位为 m^3。

2. 国内航行海船吨位计算

1) 总吨位(GT)

总吨位(GT)应按下式计算:

$$GT = K_1(V_1 + V_2) \tag{3-22}$$

吨位计算

式中，K_1 为系数，可按 $K_1 = 0.2 + 0.02 \lg V$ 求得，这里的 $V = V_1 + V_2$；V_1 为上甲板以下所有围蔽处所的型容积；V_2 为上甲板以上所有围蔽处所的型容积。

2）净吨位（NT）

净吨位（NT）应按下式计算：

$$NT = K_2 GT \qquad\qquad (3-23)$$

式中，GT 为按式（3-22）量计所得的总吨位；K_2 为系数，按表 3-4 选取。

表 3-4　系数 K_2

船舶种类	K_2	船舶种类	K_2
货船、油船	0.56	驳船	0.84
客货船	0.52	不载客货的船舶	0.30
客船	0.50	客滚船	0.54

注：表中不载客货的船舶系指工程船、工作船、破冰船和拖船等。

3）关于吨位丈量和计算的说明

（1）关于容积计算的精确度。吨位丈量公约仅规定量度应取至 cm 的最近值，对近似积分的计算方法未做具体规定，由各国主管机关决定。我国法规对此做了具体规定，例如对曲面体容积计算，应采用辛普森第一近似积分法，积分时，并对分长点和分深点有明确规定，这些规定是为了保证近似积分结果的统一性。计算时应遵守这些规定，不能因为应用计算机计算而任意加密型值点或采用其他近似积分方法。

（2）量计上甲板以下围蔽处所的容积。该容积应分为 3 部分计算：①主体部分——首尾垂线之间；②附加部分——首垂线以前部分和尾垂线以后部分；③突出体部分——如球鼻首、推进器轴毂和流线体等。

（3）量计直线型甲板室和货舱口容积。量计时以平均长度、平均宽度和平均高度三者相乘即得容积，流线型甲板室则应按辛氏法量计容积。

（4）量计所得的总吨位和净吨位。量计时总吨位和净吨位的数值只取整数部分，小数点后面的数值舍去。此外，特别注意的是吨位没有单位。

复习思考题

1. 何谓载重型船和布置型船？

2. 何谓积载因数、容积折扣系数？

3. 所能提供的货舱容积与哪些主要要素和剖面参数有关？

4. 为什么运输货船通常都需要设置压载水舱？它的主要作用是什么？所需的压载水量怎样确定？

5. 对于载重型船舶，试分析影响舱容的因素。

6. 经舱容校核以后，如舱容不足，需要用加大主尺度来解决，请问通常调整哪个尺度来解决比较合理？为什么？调整该尺度时应注意些什么问题？

7. 设计集装箱船时,对布置地位的考虑非常重要,请问:

(1) 舱内集装箱的布置主要应考虑哪些因素?

(2) 甲板上集装箱的布置主要应考虑哪些因素?

8. 为了满足游客的不同使用需求,豪华邮轮设置了不同的功能空间,主要包括哪些部分?

9. 什么叫最小干舷船、富裕干舷船、变吃水船和结构吃水?

10. 总吨位和净吨位是如何定义的? 登记吨位(RT)与载重吨位(DW)有什么区别?

11. 船舶总吨位和净吨位的作用主要有哪些? 设计时应注意哪些问题?

第4章　船舶技术与经济性能

船舶性能包含技术性能和经济性能两大类。技术性能包含快速性、稳性、耐波性、操纵性等，且其在很大程度上受到船舶最小干舷和浮态的影响。经济性能涉及船舶造价和营运费用，其很大程度上受船型参数影响，且主要通过相关经济指标来衡量。总体来说，船舶性能与船舶主要要素、船体型线、船舶总布置等有密切关系，并对船舶的安全性和适用性有重要的影响。

为了使船舶技术性能得到较好的综合处理，设计中必须弄清以下两个方面：第一，从设计船的具体使用要求和特点出发，哪些性能必须保证，哪些性能可以力求提高，以及这些性能的衡量指标有哪些，如何确定这些指标；第二，各项性能的衡量指标与船舶主要要素之间是什么关系，船舶设计时可采用哪些技术措施使船舶性能达到预期的要求。

因此，在新船设计时，尤其是在初步设计阶段，构思总体设计方案和确定主要要素时，为保证设计船的技术性能，要有明确的意图和思路，制定相应的对策，做出必要的估算。

⚓ 4.1　快速性

4.1.1　快速性基本概念

快速性是船舶在主机额定功率下以一定速度航行的能力，是船舶技术性能中极为重要的一项性能。船舶快速性好坏直接影响到船舶经济性，设计初期就必须予以重视。船舶快速性主要解决船舶航行速度与所需主机功率之间的匹配问题。通常在满足使用要求的情况下，快速性好可理解为：船舶达到预定的航速指标时所需配备的主机功率小；或在主机功率给定时船舶能达到的航速指标比较高。

船舶的快速性好坏取决于船舶在水中航行时受到的阻力大小、船舶推进器的推进性能优劣以及船—机—桨之间的配合。

1. 船舶阻力

当船舶在水面上航行时，船体设计水线以下部分受到水阻力。通常水阻力又可分为兴波阻力、摩擦阻力和黏压阻力。兴波阻力是由于船体在运动过程中兴起波浪，改变了船体表面的压力分布情况，产生流体动压力差而产生的；摩擦阻力是由于水的黏性在船体周围形成边界层，从而使船体运动过程中受到黏性切应力作用而产生的；黏压阻力是因为在船体曲度骤变处,尤其是较丰满船的尾部常产生漩涡,改变船体表面的压力分布而产生的。

对于不同航速的船舶$\left(弗劳德数\ Fr = \dfrac{v}{\sqrt{gL}}\right)$,各阻力成分在船体总阻力中所占比重不同。对低速船$(Fr \leqslant 0.20)$,兴波阻力成分所占比例较小,摩擦阻力约占$70\% \sim 80\%$,黏压阻力占$10\%$以上。对高速船$(Fr \geqslant 0.30)$,兴波阻力所占比例将增加至$40\% \sim 50\%$,摩擦阻力占$50\%$左右。

2. 船舶推进

船舶借助各种推进器航行,依靠推进器向后拨水而产生推力。现代船舶推进器有螺旋桨、喷水推进器等,其中螺旋桨最为常用。

螺旋桨推进船舶所需要的功率由主机供给,再经过轴系等传递至螺旋桨(见图$4-1$)。通常主机发出的功率称为机器功率P_S,在主轴尾端与螺旋桨连接处所量得的功率称为螺旋桨收到功率P_D。由于推力轴承、尾轴填料函及减速装置等具有摩擦损耗,因而螺旋桨收到功率总是小于机器功率,两者之比称为传送效率或轴系效率η_s。

$$\eta_s = P_D / P_S \tag{4-1}$$

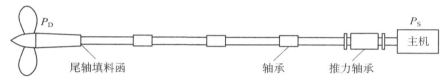

图 4 - 1 轴系传递示意图

由于螺旋桨工作时有一定的能量损耗,且船身与螺旋桨之间有相互影响,故螺旋桨实际形成的推动船舶前进的有效推功率P_{TE}总是小于螺旋桨收到功率P_D,两者的比值称为推进效率η_d。推进效率包含了螺旋桨的敞水效率η_0、船身效率η_h和相对旋转效率η_r,即

$$\eta_d = \eta_0 \cdot \eta_h \cdot \eta_r = P_{TE} / P_D \tag{4-2}$$

有效推功率与机器功率的比值称为推进系数

$$K_{PC} = P_{TE} / P_S = \eta_0 \cdot \eta_h \cdot \eta_r \cdot \eta_s \tag{4-3}$$

推进系数可以表示为某种机器及螺旋桨推进船舶的全面性能。推进系数越高,船舶的推进性能就越好。

4.1.2 航速与功率估算

在设计最初阶段,船舶型线及具体布置情况还未确定时,一般可采用较简便的方法来粗略估算航速或主机功率。

1. 粗略估算方法

1) 海军系数法

$$P = \Delta^{2/3} V^3 / C \tag{4-4}$$

式中,C 为海军系数,可取用母型船的值$C_0 = \Delta_0^{\frac{2}{3}} \cdot V_0^3 / P_0$;$\Delta$ 为船舶排水量,单位为 t;V 为设计航速,单位为 kn 或 km/h;P 为主机功率,单位为 kW。

根据母型船的排水量、航速和主机功率可算得母型船海军系数 C_0。假定设计船的海军系数 C 与母型船的海军系数 C_0 相等，则可根据设计船的排水量和航速估算得到设计船所需的主机功率，或者根据设计船的排水量和主机功率估算设计船能达到的航速。

值得注意的是，应用海军系数法的前提是设计船与母型船主尺度、排水量、航速和型线（尤其水下形状）相近，推进效率也相差不大。对于低速船可用航速相近母型船的海军系数；而对于航速较高的船舶则宜采用相同的傅氏数 F_r 处的海军系数，且估算误差可能稍大。

当缺少合适的母型船时，货运船舶的海军系数 C 也可用爱尔法计算：

$$C = 11.11 \times (1.82\sqrt{L} + 7) \tag{4-5}$$

式中，L 为船长，单位为 m。

对于船长为 76～152 m 的货运船舶，海军系数 C 也可用肖克公式计算，即

$$C = 0.95L + 19 \tag{4-6}$$

式中，L 为船长，单位为 m。

2）按排水量换算

当设计船与母型船水下形状相近时，也可用母型船有效功率曲线（P_{E0} - V_0 曲线）上与设计船设计航速相对应的速度处的 P_{E0}，按排水量换算得到设计船的有效功率 P_E。此时若假定设计船与母型船的推进效率相当，即可依据母型船的推进效率换算得到设计船的主机功率，具体方法如下。

（1）根据设计船的航速，依据排水量计算出对应母型船的航速

$$V_0 = V(\Delta_0/\Delta)^{1/6} \tag{4-7}$$

式中，Δ、Δ_0 分别为设计船和母型船的排水量，单位为 t。

（2）在母型船的有效功率曲线 P_{E0} - V_0 曲线上查得母型船航速 V_0 对应的有效功率 P_{E0}，换算得到设计船的有效功率

$$P_E = P_{E0}(\Delta/\Delta_0)^{7/6} \tag{4-8}$$

（3）假定设计船推进系数与母型船推进系数相等，即 $P_{E0}/P_{S0} = P_E/P_S$，计算得到设计船的主机功率

$$P_S = P_E(P_{S0}/P_{E0}) \tag{4-9}$$

2. 经验公式

1）瓦特生公式

$$P_S = 0.772\Delta^{2/3}V_k^3\left[40 - \frac{L_{pp}}{61} + 400(K-1)^2 - 12C_b\right]/(15\,000 - 1.81N\sqrt{L_{pp}}) \tag{4-10}$$

式中，K 为系数，$K = C_b + 1.68F_r$，F_r 为依据试航速度 V_k 计算得到的傅氏数；N 为螺旋桨转速，r/min；P_S 为所需主机功率，kW；V_k 为试航速度，km/h。

需要注意的是，瓦特生公式适用于油船及散货船。

2）统计公式

$$V = 2.42L^{0.173}B^{-0.226}T^{-0.066}C_b^{-0.416}(P_D/0.736)^{0.205}N^{-0.010} \tag{4-11}$$

式中,P_D 为螺旋桨收到功率,kW; N 为螺旋桨转速,r/min。需要说明的是,该公式适用于中低速的中小型船舶。

3. 比较详细的估算方法

比较详细的估算方法中,常先采用相近的船模试验资料估算设计船受到的阻力,再根据设计船的主机功率和螺旋桨转速等已知条件,计算设计船的推进系数,进而求得设计船所能达到的航速。相近的船模试验资料主要包括母型船或相近的系列船型的相关资料。推进系数可用近似方法估算,或者直接用螺旋桨设计方法求得。详细资料可查看《船舶设计实用手册》。

4.2　初稳性

船舶初稳性是指船舶受外力作用倾斜角度为 $10° \sim 15°$,或上甲板边缘开始入水前的稳性,是船舶设计的一项重要技术性能,其对船舶安全性和使用性均有重要的影响。一般情况下,初稳性好的船,大倾角稳性也比较容易满足要求。所以,在船舶设计初期,在初步选定主要要素后,就要对船舶初稳性进行校核。

4.2.1　初稳性衡准

船舶初稳性好坏以初稳性高度 h 来衡量。相关国际规则或各国法规针对各种船的最低初稳性高度都有明确的规定。如《国内航行海船法定检验技术规则(2020)》中对海船规定如下:

客船、货船、油船等,$h \geqslant 0.15\,\text{m}$;

集装箱船、挖泥船,$h \geqslant 0.30\,\text{m}$;

起重船,$h \geqslant 0.16B$(B 为船宽)。

船舶设计中初稳性高度 h 的大小,一般从下限值和上限值两方面来考虑。

1. 初稳性高度下限值 $h_{\min}$

初稳性高度下限值是保证船舶安全和使用要求所需的最低初稳性高度值。设计船的初稳性高度值 h 应大于或等于下限值。

从安全角度考虑,初稳性高度值过小,常常导致船舶倾斜时回复力矩偏小,造成回复缓慢,使人有惊慌不安感;另外,初稳性高度值过小的船,在受到不大的横倾力矩作用下就会产生较大的横倾角;特别是当船随浪航行,且船中处于波峰时,水线面惯性矩减小,引起横稳心半径变小,初稳性常常有所降低,更会危及船的安全。

从使用要求考虑,也需要保证船舶有一定的初稳性高度 h,即

$$h = M_h / (\Delta \cdot \sin\theta) \tag{4-12}$$

当排水量 Δ 和横倾力矩 M_h 一定时,初稳性高度 h 越大,船舶产生的横倾角 θ 越小;反之横倾角 θ 越大。而横倾角 θ 过大,将直接影响船舶的使用。如对于渔船舷侧起网、货船尤其是集装箱船装卸箱、起重船的起吊作业等,初稳性不足都将严重影响这些船舶的安全使用。

实践表明,除客船和集装箱船等船舶外,法规对初稳性高度h的下限值的要求一般不难满足(包含特殊要求),因而设计时应根据船舶的使用特点,着重从使用要求上进行考虑分析,确定适宜的下限值。

2. 初稳性高度上限值h_{max}

初稳性高度上限值是从横摇缓和性方面考虑的。设计船的h值应小于或等于上限值。

船在波浪中的横摇周期T_θ与初稳性高度h直接有关。根据《国内航行海船法定检验技术规则(2020)》,船舶横摇周期

$$T_\theta = 0.58f\sqrt{(B^2+4Z_g^2)/h} \tag{4-13}$$

式中,f为系数,与船舶的B/T有关,具体可查阅"法规"表7.2.1.8;B为船宽;Z_G为重心高度。

根据IMO公约,船舶横摇周期

$$T_\theta = 2C \cdot B/\sqrt{h} \tag{4-14}$$

式中,C为随船的具体特征而变的系数,在$0.75\sim0.85$之间选取。

从式(4-13)、式(4-14)可看出,横摇周期T_θ随初稳性高度h增大而减小。若船舶在波浪中的横摇周期短,在摇幅一定时,横摇加速度大,会使人员晕船或感到不适,造成货物移位受损等。因此船舶设计时,在保证满足初稳性高度下限要求的前提下,应力求使船的横摇缓和些。

为控制横摇周期T_θ不太低和横摇幅值不过大,通常希望船舶与航区较常见的大波浪不发生谐摇,即横摇周期T_θ大于波浪周期T_W的1.3倍($T_\theta \geqslant 1.3T_W$,$T_W = 0.8\sqrt{\lambda}$,$\lambda$为波长)。根据我国沿海和近海波浪情况,船舶横摇周期T_θ应不小于$8\sim9$ s;远海则大于12 s为宜。

此外,由式(4-13)、式(4-14)分析可知,$T_\theta \propto B$,也就是说大船会有较高的横摇周期T_θ值,横摇的缓和性较好。但对中小型船尤其是小型船,要求有较高的固有横摇周期则常常难以满足。

通过以上分析可知,按下限和上限条件要求的初稳性高度h是有矛盾的。设计时应在保证安全性和使用性的前提下,尽量减小初稳性高度值,使横摇缓和。对于内河船舶,考虑风浪相对较小,故对初稳性高度值的上限不做严格要求。

4.2.2　船舶初稳性特殊要求

所有船舶在各种装载状态时都应满足关于稳性的基本要求。船舶在使用过程中,实际可能的装载状态是千变万化的。在计算稳性时,燃料、淡水及备品的携带量,出港时定义为100%,航行中途为50%,到港为10%。不同类型船的初稳性注重的方面也有所不同。

1. 散货船

散货船应核算4种基本装载情况的稳性:满载出港、满载到港、压载出港、压载到港。

对于装运散装谷物的船舶,由于散装谷物具有孔隙性和散落性,船舶在航行中的摇摆、颠簸和振动,会使谷物下沉,致使舱口上部会存在一定的空隙,从而会使船横摇时谷物发生

横移而产生使船舶倾斜的倾侧力矩,影响船舶的稳性。所以,该船型应有一定的初稳性高度余量。

2. 液货船

液货船应核算稳性的基本装载情况有满载出港、满载到港、部分装载出港、部分装载到港、压载出港、压载到港。

对未在所有货油舱内设置纵舱壁的双壳油船,设计时和建造完成投入营运后,应采取措施尽可能减小双层底压载水舱排空后剩余液体自由液面的影响。

对小型油船,经自由液面修正后的初稳性高度 h 大于 $0.1\sqrt{\Delta/L}$ 即可;中型油船初稳性易于保证,大型油船从横摇角度看初稳性高度 h 常偏大。

3. 集装箱船

集装箱船的甲板上装有大量集装箱,约占总箱数的 $1/3 \sim 1/2$,使得重心升高,初稳心高度偏低。在装卸货时又易产生较大的横倾角,使装卸货发生困难。所以,对于集装箱船,往往在船底部需要保持一定的压载量,甚至还要通过左右压载的动态调节来减小横倾角。

4.2.3　初稳性估算

为了控制设计船舶的初稳性高度值,通常在设计之初估算主尺度及船型系数时,先注意控制型宽 B 和吃水 T 的数值,然后再加以检验。

初稳性高度

$$h = Z_B + r - Z_G \tag{4-15}$$

式中,$Z_B \propto T$,$r \propto B^2/T$,$Z_G \propto D$。

初稳性高度 h 近似估算式的一般形式为

$$h = a_1 T + a_2 (B^2/T) - \xi D \tag{4-16}$$

式中,a_1 为系数,与船舶型线特征有关,一般可取自相近的母型船,有 $a_1 = Z_{B0}/T_0$;a_2 为系数,与船舶水线面特征有关,一般也可取自相近的母型船,有 $a_2 = r_0/(B_0^2/T_0)$;ξ 为系数,与船舶上层建筑特征及其总布置特征等因素有关,也可取自相近的母型船,$\xi = Z_{G0}/D_0$。

系数 a_1 和 a_2 也可用表 4-1 列出的公式计算,但应用时最好对横剖线形状与设计船相近的母型船进行试算,然后再选用合适的公式。

表 4-1　a_1、a_2 的近似估算公式

a_1	适用情况	a_1	适用情况
$(2.5 - C_b/C_w)/3$	剖面 UV 适中	$0.088 C_w^2/C_b$	普通形状满载水线
$C_w/(C_w + C_b)$	U 形横剖面	$(0.008 + 0.0745 C_w^2)/C_b$	当 $C_w < 0.7$ 时,数值偏小
$0.858 - 0.37 C_b/C_w$	$C_b/C_w = 0.6 \sim 0.9$	$0.083 C_w^{1.81}/C_b$	单桨海船
		$0.083 C_w^{1.9}/C_b$	双桨海船
$(1.5 C_w - C_b)/(2 C_w - C_b)$	极 V 形剖面	$(0.0106 C_w + 0.0727 C_w^2)/C_b$	军舰
$0.85 - 0.372 C_b/C_w$	内河船	$(0.1363 C_w - 0.0545)/C_b$	内河船

⚓ 4.3 耐波性和操纵性

4.3.1 耐波性

耐波性是指船舶在风浪中遭受外力干扰产生各种摇摆运动时,以及在呼击、上浪、失速等情况下,仍能维持一定航速在水面上航行的性能。从狭义角度看,一般是指船在波浪上的运动,包括横摇、纵摇、升沉、横荡、纵荡等;从广义角度看,还包括船在波浪中的失速、阻力增加、甲板上浪、运动加速度、船体所受的波浪冲击等。

在进行主尺度及船型系数选择时,经常把耐波性作为一项重要技术性能来考虑,并进行必要的校核。这里仅简要说明主尺度及船型参数对耐波性的影响。

1. 横摇

为了改善船舶的横摇性能,船舶应具有较大的横摇固有周期 T_θ 和较小的横摇幅值 θ_1。然而,横摇固有周期 T_θ 随船宽 B、重心高度 Z_G 增大而变大,与初稳性高度的平方根 $\sqrt{h}$ 成反比,而 $\sqrt{h}$ 又受安全性要求的制约,不能过小,故小型船舶难以达到期望的横摇固有周期值。总体上,船的横摇周期随船的类型、大小和装载情况不同而不同,如散货船横摇固有周期为 $7 \sim 12\ \mathrm{s}$,客船横摇固有周期为 $10 \sim 15\ \mathrm{s}$。

根据大量实验研究和理论分析的结果,除横摇固有周期 T_θ 对横摇幅值 θ_a 的影响较大外,宽度吃水比 B/d、水线面系数 C_w 和方形系数 C_b 及船体舭部形状对横摇幅值 θ_a 也有一定的影响。这些参数的变化会引起扰动力矩、附连水质量和横摇阻尼力矩的变化,但影响规律对不同的船型不尽相同。一般来说,宽度吃水比 B/T 增加,横摇阻尼增加,附连水质量也增大,有利于降低横摇幅值 θ_a。当方形系数 C_b 增加、水线面系数 C_w 减小时,虽然波浪扰动力矩有所减小,但由于横摇阻尼降幅更大,因而横摇幅值 θ_a 可能会增加。尖舭形剖面线型及中剖面系数 C_m 大的线型,因阻尼大,对降低横摇幅值 θ_a 有利。

此外,在初稳性高度 h 一定时,从总布置上增大质量惯性半径可以增大横摇固有周期,对减小横摇有利。其他如舵、舭龙骨等附体都对增加横摇阻尼、降低横摇幅值有积极作用。

在设计初期,从使用角度考虑,船舶的横摇幅值的设计建议如下。

(1) 为使救生艇和工作艇在风浪中能顺利下放至水面,通常要求横摇幅值不超过 $15°$。

(2) 从对船上人员的身体运动能力的影响来看,横摇幅值不应超过 $10°$,横摇周期应大于 $5\ \mathrm{s}$。

(3) 为保证拖网渔船的正常工作,横摇幅值不应超过 $10°$。

(4) 为保证直升机安全起飞和降落,横摇幅值不应超过 $3°$。

为此,在船舶设计中,应采取控制初稳性高度 h、加装舭减摇装置等措施。舭龙骨是最简便又有效的减摇装置,几乎被所有的海船所采用。舭龙骨的减摇作用是增加横摇阻尼,对其他性能和使用几乎没有影响。舭龙骨安装在舭部距横摇中心最远的部位,通常位于中剖面舭部的方框线之内,纵向沿流线布置。舭龙骨的总面积约为 $L_{PP} \cdot B$ 的 $2\% \sim 4\%$,其有效长度随 C_b 增大而增加。在 $C_b = 0.6 \sim 0.7$ 时,一般不超过 $0.4 L_{PP}$;$C_b \geqslant 0.8$ 时,可

达 $0.6L_{PP}$。

目前船舶的减摇装置主要有:减摇鳍、被动式减摇水舱、可控式减摇水舱、舵减摇系统以及陀螺仪等。其中减摇鳍是各种减摇装置中效果最显著的,减摇效果可达 80% 以上,但在低速时减摇鳍的减摇效果会迅速下降。

几种常用的
减摇装置

被动式减摇水舱中的可控式减摇水舱的效果在 35%～60%,且在低速时也有效,但造价也较大。减摇水舱要占据一定的容积,其增加的重量约为排水量的 1%～4%,对稳性也略有影响。

陀螺仪也是减摇效果较为明显的船用减摇装置之一。陀螺仪体积较小、适装性好。

2. 纵摇及升沉

船舶在迎浪或斜浪中航行时会产生纵摇与升沉运动,其不利影响主要是导致船体砰击、螺旋桨出水、阻力增加以及甲板淹湿等。船舶的纵摇与升沉运动难以通过减摇措施来改善,主要从主尺度的选择以及型线设计方面来考虑。

为了使船舶在纵摇与升沉运动下能达到较高的航速,纵摇与升沉的固有周期(T_φ 及 T_z)应具有较小的值,为此取较大的 L/T、较小的 C_b 和较大的 C_w 是有利的。

同样,为了减少船在纵摇和升沉时的甲板淹湿程度,通常需要保证船舶具有足够的船首高度。《国内航行海船法定检验技术规则(2020)》从甲板淹湿性角度提出了船首最小高度的衡准。此外,小型船舶也要注意保持一定的船尾干舷,船尾干舷太小也可能导致随浪航行时船尾甲板上浪。

3. 失速

船在风浪中航行产生失速有自然失速和被迫失速两种。一般海况下的阻力增加和推进效率降低,通常称为自然失速;在恶劣海况下,为避免严重的甲板上浪、船底砰击或螺旋桨飞车,而被迫大幅降低航速或适当改变航向,这种情况通常称为被迫失速。

船舶在风浪中的阻力增加包括逆风航行时的空气阻力和迎浪航行时的水阻力。当风速较大时,逆风航行的空气阻力所占总阻力的比例相应加大,设计中应尽可能控制上层建筑的大小和形状。水阻力的增加主要是由于船的运动和海浪的变形,以及这两者的相互影响。

船的主尺度和船型系数对波浪中水阻力增加的规律大体上如下:

(1) 大的 C_b 总是不利的,尤其是在波长与船长之比(λ/L)大于 0.75 时,C_b 的影响更为显著;

(2) 船宽 B 增大是不利的;

(3) 在 $\lambda/L = 0.90～1.25$ 范围内,增大 $L/(\nabla^{1/3})$ 可能是有利的;

(4) 在型线方面船首 U 形的剖面形状是有利的,但 $\lambda/L > 1.2$ 时,U 形和 V 形的影响差别不大;

(5) 浮心位置后移一般是有利的。

在构思设计方案时,对风浪中失速的考虑,通常从减少船在风浪中的阻力增加,和改善恶劣海况中船的运动两方面入手,主要从主尺度选择和型线设计以及上层建筑形式确定方面加以考虑。此外,在主机选型、螺旋桨设计中应考虑适当的功率储备(也称功率的航海裕度),这对于定班航行船舶尤为必要。

4.3.2 操纵性

船舶操纵性是指利用所装控制装置来改变或保持其运动速率、姿态和方向的能力,其关系到船的安全性。良好的操纵性包括足够的航向稳定性、中小舵角良好的应舵性能、符合要求的大舵角回转性能和适中的主机停车和主机逆转的停船性能。总体设计中关键是要处理好航向稳定性和回转性的矛盾,避免出现操纵性异常的情况。

船舶主尺度对航向稳定性和回转性的影响规律通常是矛盾的,例如 L/B 增大、B/T 和 C_b 减小都可改善航向稳定性,但回转性都会下降。在选择主尺度时应避免对航向稳定性或回转性极端不利的情况,即要兼顾操纵性中的航向稳定性和回转性。在船型和主尺度已确定情况下,可以从合理地配置舵和呆木、尾鳍等附体来保证设计船所需的操纵性能。

合理地配置舵包括确定舵的数目、舵的形式、舵面积以及舵与螺旋桨、船体型线的配合,其中舵面积是一个重要因素。舵面积越大,产生的回转力矩就越大。但舵面积过大,一方面增加了舵机功率和舵设备重量,另一方面也增加了阻力。舵面积通常用舵面积比 μ 来表示,即

$$\mu = \frac{A}{L_{WL} \times T} \tag{4-17}$$

式中,A 为舵面积,m^2;L_{WL} 为船的满载水线长;T 为船的满载吃水,m。

舵面积系数 μ 与船的类型和航速有关。设计时单桨船的舵面积系数 μ 可取 $1.6 \sim 1.9$;双桨船的舵面积系数 μ 可取 $1.5 \sim 2.1$;海船的舵面积系数 μ 可取 $2.3 \sim 3.3$;内河船艇的舵面积系数 μ 可取 $4.0 \sim 5.5$。

此外,国内外学者还提出了计算舵面积的公式:

$$A = \frac{L_{WL} T}{100} \left(0.75 + \frac{150}{L_{WL} + 75} \right) \tag{4-18}$$

挪威船舶登记局要求舵面积不小于式(4-18)计算所得之值,若舵不在桨后,则舵面积应加 20%。

当船舶航向稳定性不好时,船尾设置呆木或尾鳍是一种常用的有效措施。增大呆木和尾鳍的面积能显著改善航向稳定性,但对回转性略有影响。在船舶设计中要注意舵、桨、船体尾部型线有良好的配合,同时保证舵能较好地利用螺旋桨的尾流。

对于不同类型和航区的船舶,其操纵性要求也不一样,况且航向稳定性、回转性和转首性三者本身的要求有一定的矛盾,所以设计时一般参照数目相同而布置上又相似的操纵性良好的母型船选取。

对于受航道条件限制的情况,应特别注意船的回转性能,以选取较短的船长和较大的舵面积系数为宜。从航向稳定性看,L/B 大,C_b 及 B/T 小的船是有利的,但空载吃水太小会使航向不稳,有的平底船需加呆木予以解决。

对于肥大型船,由于船型丰满而产生水流分离或舯部涡流,在小舵角时船舶回转方向可能与预计的相反,这一异常现象在设计时应予以注意。

主要要素对快速
性的影响(微课)

⚓ 4.4　设计考虑要点

4.4.1　主要要素对快速性的影响考虑

　　船舶设计中,船舶快速性问题的处理方法通常为结合设计船的具体任务特点和要求,在综合考虑其他因素(重量、浮力、布置地位及其他性能)的前提下,分析适宜的设计船主尺度和船型系数,以较低的主机功率达到预定的船舶航速。在设计的初始阶段,排水量尚未确定,船舶主尺度又受其他因素的制约,这就使快速性设计有些复杂。

　　船舶阻力主要取决于船舶排水量 Δ、船舶航速 V_k、弗劳德数 F_r、棱形系数 C_p,以及船体线型的其他特征如长宽比 L/B、宽度吃水比 B/T、方形系数 C_b 及船舶浮心纵向位置 X_B 等。鉴于影响因素众多,在船舶设计初始阶段,可抓住船长 L、船宽 B、吃水 T 和方形系数 C_b 进行综合分析。

　　1. 船长 L 对快速性的影响

　　依据船舶阻力成因,船舶总阻力 R_T 可粗略地分为摩擦阻力 R_F 和剩余阻力 R_R。在排水量 Δ 和设计航速 V_K 已定时,利用浮性方程可知:采用大的船长 L,则方形系数 C_b、型宽 B、吃水 T 随船长 L 的增加而减小,F_r 也随船长 L 增加而减小,从而剩余阻力 R_R 减小;然而摩擦阻力 R_F 与船体湿表面积有关,随船长 L 增加而变大。

　　对于不同航速的船舶,摩擦阻力 R_F 和剩余阻力 R_R 占船舶总阻力 R_T 的比例是不同的,如图 4-2 所示。对于低速船($F_r \leqslant 0.20$)的摩擦阻力 R_F 占船舶总阻力 R_T 的比例很大,所以船舶总阻力 R_T 随船长增大而增大;反之,高速船($F_r > 0.30$)的剩余阻力 R_R 在船舶总阻力 R_T 中所占比例大幅增加,所以船舶总阻力 R_T 先随船长增大呈现减小趋势,然后船长增大到一定数值后,继续增加船长,剩余阻力 R_R 的减小趋于缓和,摩擦阻力 R_F 的变体仍与 $\sqrt{L}$ 成正比例关系,故船舶总阻力 R_T 仍随船长增大而增加。

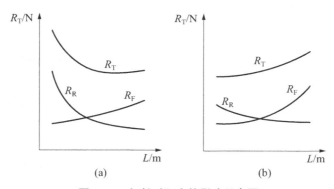

图 4-2　船长对阻力的影响示意图

(a) 高速船;(b) 低速船

　　综上所述,对于高速船,通常可以得到对应于总阻力 R_T 最小的船长,称为最佳船长 L_{opt};同时也可以找到对应于总阻力 R_T 开始显著增加的最短船长,称为临界船长 L_k;以及从造价及营运的经济角度出发,介于上述两船长之间所对应总阻力 R_T 稍有增加的较短船长,称为经济船长 L_e。

就某设计船来说,船长 L 的选取,常常是根据布置使用要求、航道条件来决定,并结合其快速性、耐波性、操纵性和经济性的考虑。对于中低速船,船长尽可能采用较小的船长 L_e;对于高速船,船长多采用最佳船长。

2. 型宽 B、吃水 T 对快速性的影响

一般地说,型宽 B 和吃水 T 对阻力的影响远不如船长 L 和方形系数 C_b。但若船的排水量、船长和棱形系数保持不变,改变船宽(如乘 K 倍),并按其变化比例的倒数关系来改变吃水(如乘以 $1/K$ 倍),则发现 B/T 对阻力有一定的影响。试验资料表明:当 B/T 在 $2.25 \sim 3.75$ 的实用范围内变化时,船舶湿表面积的增加幅度约为 2.5%,所以认为 B/T 对摩擦阻力的影响很小。B/T 对剩余阻力的影响要看 B 和 T 分别影响的大小来定:一般认为船宽 B 增大时,船行波的散波波高增大;吃水 T 增大时横波的波高增大。而改变 B/T 是由两者相反变化而得,因此两者对兴波的影响,反映在剩余阻力有相反影响作用。

在具体设计中,型宽 B 常常根据稳性或总布置的要求来决定,而吃水 T 则根据航道限制和它对螺旋桨直径的影响来确定,海船螺旋桨轴浸深至少应等于螺旋桨直径;对于内河船,船宽和吃水均受到航道的限制,吃水一般充分利用航道水深,以提高推进效率。

3. 方形系数 C_b 对快速性的影响

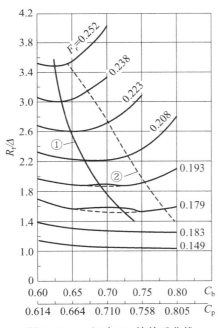

图 4-3 R_t/Δ 与 C_b 的关系曲线

在一定的航速下,保持 L、B、T 不变而改变 C_b,将引起 R_T 变化。一般来说,C_b 对 R_F 影响较小,对 R_R 影响较大。图 4-3 是船模试验所得的中低速船的单位排水量总阻力 R_T/Δ 与 C_b 的关系曲线。在 F_r 等值曲线上,存在着最佳(实线所示)的和临界(虚线所示)的 C_b;随着 F_r(航速)的提高,C_b 应相应减小。从快速性出发,中低速船的方形系数 C_b 不应超过其对应的临界方形系数,临界 C_b 值可用下式近似估算:

$$C_b = 1.216 - 2.40 F_r \qquad (4-19)$$

式中,F_r 为弗劳德数。

当然,方形系数 C_b 也存在经济方形系数之说,即其值大于最佳值而小于临界值。

对于高速船,主要考虑如何减小兴波阻力,所以通常先确定棱形系数,再结合中剖面系数来选择方形系数。

4. 棱形系数 C_p 对快速性的影响

棱形系数 C_p 的大小反映船舶排水量 Δ 沿船长的分布情况,因此在很大程度上影响水动压力沿船长的分布状况,从而影响兴波阻力和黏压阻力。

泰勒系列船模试验表明:当 $F_r < 0.30$ 时,兴波及漩涡仅发生在船首尾端,这就要求首尾端尖瘦,从而有较低的 C_p 对应较低的 R_R。当 $F_r > 0.30$ 时,随 F_r 的增大,首横波的波长逐渐加长,首横波发生点也逐渐向后移,波峰区逐渐向后延伸,因此对兴波阻力有显著影响的区域变为整个进流段甚至整个前体。此时如果 C_p 仍然很小,则在进流段与中体相接处势必出现明显的突肩,造成强烈的兴波作用。为使兴波阻力降低,C_p 的选取必须逐渐增大。当 $F_r \geqslant 0.45$ 时,全船均处于首横波范围内,整个船长对兴波的作用都有显著影响,C_p 不再有明显变化,基本稳定在 0.65 左右。

在船舶设计中,棱形系数的选取主要从船舶的使用要求和经济性出发。对于低速船,实取的棱形系数值远比理论的最佳值要大,这样船舶阻力增加不大,但可以得到较大的排水量,提高船舶的经济效益。而对高速船,照顾到巡航速度时的经济性,实取的棱形系数值反而比理论的最佳值要小。

4.4.2　主要要素对初稳性的影响考虑

船舶初稳性高度 h 由船宽 B、吃水 T、型深 D 和水线面系数 C_W 等决定。用初稳性高估算式 $h = a_1 T + a_2 (B_2/T) - \xi D$ 求 h 关于船宽 B 及吃水 T 的增量,可得

主要要素对稳　主要要素对初稳
性曲线的影响　性的影响(微课)

$$\delta h = a_1 \delta T + 2a_2 (B/T) \delta B - a_2 (B^2/T)(\delta T/T)$$
$$= a_1 T(\delta T/T) + 2a_2 (B^2/T)(\delta B/B) - a_2 (B^2/T)(\delta T/T)$$
$$\delta h = Z_B (\delta T/T) + 2r(\delta B/B) - r(\delta T/T) \tag{4-20}$$

当船宽与吃水乘积 $BT = C$ 为定值时,即改变 B 和 T 而又要保持排水量 Δ 不变时,存在 $\delta T/T = -\delta B/B$,代入式(4-20)中,可得

$$\delta h = (3r - Z_B)(\delta B/B) \tag{4-21}$$

又因 $\delta(B/T) = \delta(B^2/C) = 2(B/C)\delta B = 2(B/T)(\delta B/B)$,代入式(4-21)中,可得

$$\delta h = 0.5 \times (3r - Z_B)\delta(B/T)/(B/T) \tag{4-22}$$

从以上推断可以看出,初稳性高度 h 随船宽 B 及宽度吃水比 B/T 的增加而增大;当宽度吃水之积一定时,增加吃水 T 则常使初稳性下降。此外,增加船型系数 C_W 对提高 Z_B 和 r 都有好处;减小型深 D 则可降低重心高度,对增加初稳性高度 h 有利。

因此,在船舶设计初期,为控制初稳性高度 h,可先参考相近母型船,选取合适的 B/T。如果利用母型船换算得到的设计船初稳性高度 h 不太理想,可利用式(4-22)对母型船的 B/T 作适当修正。

4.4.3　快速性、初稳性的设计考虑

对于船舶快速性,除了主要要素有影响外,在设计中还需从排水量、船型等方面给予考虑。

(1) 排水量。排水量的变化将会改变静水状况下的湿表面积及船体水下部分的形状和大小。排水量减少将会减小船的阻力,特别是小型高速船。因此,设计时应注意对船体钢料、木作舾装、机电设备等重量的控制。另外,排水量减少时吃水也相应减小,要使船舶保持一定的尾倾,以保证螺旋桨正常的推进。

(2) 船体型线。船体型线对船舶的快速性有重要的影响。对于低速肥大型运输船舶,采用球鼻艏来减小船舶阻力,已是普遍的认知。一般来说,当方形系数 C_b 与 F_r 配合上偏

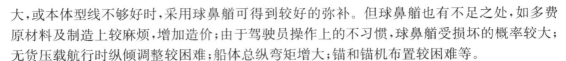

大,或本体型线不够好时,采用球鼻艏可得到较好的弥补。但球鼻艏也有不足之处,如多费原材料及制造上较麻烦,增加造价;由于驾驶员操作上的不习惯,球鼻艏受损坏的概率较大;无货压载航行时纵倾调整较困难;船体总纵弯矩增大;锚和锚机布置较困难等。

此外,船体尾部形状除与阻力有关外,更大程度上与推进性能关系密切。一般船舶的尾部形状对漩涡阻力和螺旋桨盘面处的水流情况影响很大,直接影响到伴流的大小和伴流分布的均匀程度。因此,尾部形状应综合考虑它对阻力、推进的影响。

(3) 推进器型式及其与主机的匹配。在设计的初始阶段就应对推进器加以分析。单从船的使用效能角度看,推进器的选择主要取决于船舶的使用任务特点的要求;一般船舶多采用常规螺旋桨;工况多变的船舶,如渔船等常采用可调桨;导管桨较适用于推拖船;喷水推进适用于吃水较浅的高速船。总之,要根据不同的具体情况(包括制造、投资及维修等的因素),经过综合比较进行确定。

(4) 除了上面几个主要方面外,船舶的浮态、附体等对快速性也有一定的影响。中低速船除满载状态应设计成正浮外,其余状态有一定的尾倾较为合理。此外,应合理设计附体,尽量减少其自身阻力,并使船体及附体之间有良好的水动力性能的配合。采取一定的节能增效技术措施,如前置导管、整流帽等。在进行快速性预报时,别忘了在裸体阻力的基础上增加一附加阻力,其幅度在 15% 左右。

而对于船舶初稳性,在船舶设计的各个环节都要注意控制,并考虑采取一些有效措施:

(1) 合理调整 B(或 B/T)、C_w、Z_G,适当控制初稳性高度。

(2) 注意液舱数量及大小的布置,尽量减少自由液面对初稳性的影响。

自由液面对
稳性的影响

4.4.4　耐波性和操纵性的设计考虑

在进行船舶总体设计过程中,主要要素对耐波性的影响如下:

(1) 主尺度方面。在满足总布置及经济性的前提下,船长 L 越大对于耐波性越有利。此外,为了使纵摇及升沉的固有周期(T_φ 及 T_z)值较小,可通过取较小的吃水船长比 T/L、较小的方形系数 C_b 和较大的水线面系数 C_w 来满足。但应注意,T/L 也不宜小于 0.045,否则会导致严重的砰击。同时吃水 T 小可能增加螺旋桨出水的频率,对推进效率不利。

船宽 B 应适应总布置及稳性的要求,L/B 对耐波性的影响一般不显著,但取大的 B/T 对增加横摇阻尼有利。

方形系数 C_b 对船在波浪中运动的影响一般不大,对海船 C_b 取较小的值较好。水线面系数 C_w 对耐波性的影响显著,研究表明取大的 C_w 对提高耐波性总是有益的。

(2) 型线方面。设计水线以下的横剖面一般以 V 形为好,有利于减小纵摇、升沉及首部相对位移,且利于减轻砰击的烈度。设计在水线以上过大的外飘及折角对纵摇、升沉影响不大,但加大了相对运动,导致甲板上浪增加,增大了甲板淹湿概率,增加了舷侧砰击,使波浪增阻加大导致较大的失速,因而设计水线以上横剖面形状时以无折角的常规形状为好。

操纵性的航向稳定性和回转性往往是相互矛盾的,船舶主尺度和船型系数对它们的影响有强有弱。长宽比 L/B 增大使航向稳定性有所改善,但是回转性有所下降;吃水船长比 T/L 增大使航向稳定性略有改善,回转性略有下降;宽度吃水比 B/T 增大使航向稳定性下降,回转性增强;方形系数 C_b 增大使航向稳定性明显下降,回转性则明显增强;中横剖面系数 C_m 增大会使航向稳定性微弱下降,而使回转性微弱改善。

4.5　船舶经济性能

4.5.1　工程经济基本知识

1. 基本概念

1）资金时间价值

资金时间价值是指资金随着时间变化而产生的资金增值或经济效益,具体体现为资金的利息和资金的收益两个方面。资金的数值不应该理解成一个固定的概念,资金在时间上主要以"利率"的形式而变化;在空间上还以"汇率"的形式而存在。

由于利息是衡量资金时间价值的尺度,是资金时间价值的一种表现形式,因此计算资金时间价值的方法与计算利息的方法完全相同。利息有单利和复利两种,计算资金时间价值就有单利法和复利法。

(1) 单利法是以本金为基数计算利息的方法。总利息与本金、利率和利息期数成正比。利息不计入本金,也不再生息。

$$I = P \times n \times i \tag{4-23}$$

$$F = P + I \tag{4-24}$$

$$F = P(1 + n \times i) \tag{4-25}$$

式中,P 为本金,元;i 为利率;n 为利息期数;I 为利息,元;F 为本利和,元。

单利法中没有累计计息,所以考虑资金的时间价值就不够完善,一般在经济计算中不采用。

(2) 复利法是以本金和累计利息之和为基数计算利息的方法,即利息成为新的本金再生利息。

设本金为 P,年利率为 i,计息期数为 n 年,则复利计算时,就是将第一年的利息加上本金作为第二年的本金再计算利息;第二年的本利和作为第三年的本金计算利息,……,直至 n 年。

第一年末,利息为 $I_1 = Pi$,

　　　　本利和为 $F_1 = P + Pi = P(1 + i)$;

第二年末,利息为 $I_2 = P(1 + i)i$,

　　　　本利和为 $F_2 = P(1 + i) + P(1 + i)i = P(1 + i)^2$;

第三年末,利息为 $I_3 = P(1 + i)^2 i$,

　　　　本利和为 $F_3 = P(1 + i)^2 + P(1 + i)^2 i = P(1 + i)^3$;

……;

第 n 年末,利息为 $I_n = P(1 + i)^{n-1} i$,

　　　　本利和为 $F_n = P(1 + i)^n$ $\tag{4-26}$

复利法不仅以本金计算利息,且累计利息也逐期加利,利上加利,能充分反映资金的时间价值,比较符合资金在社会再生产过程中的客观实际情况。

2）资金等值概念

利用利率，可以对资金的时间价值作定量的计算。不同时点的资金，可按某一利率换算到某相同的时点，使彼此"相等"，这就是等值的概念。也可以说，在不同时点，数值不等的资金可能具有相等的价值。

利用等值的概念，可以把在不同时点发生的金额换算成同一时点的金额，然后再进行比较。通常把将来某一时点的金额换算成现在时点等值的金额，该换算过程称为"折现"。将未来时点的资金折现到现在时点的资金的价值称为"现值" P。

3）现金流量及现金流量图

把船舶项目作为一个独立系统，现金流入是指一定周期内该系统的实际收入；现金流出是指在一定周期内该系统的实际现金支出。现金流量是船舶工程项目全部经济活动的资金反映，它是船舶工程项目一切经济核算的基础。对于一个新建船舶工程项目来说，现金流量是指从项目签订建造合同而支付第一笔投资款项开始，到项目上船台建造、试航、交船、正式营运、报废为止的整个寿命周期内现金流入和流出的全部流转过程，并要如实记录现金收支实际发生的时间。

现金流量图是现金流入、流出的一种图示（见图 4-4），其横坐标表示时间，纵坐标表示现金的流入、流出量。通常资金流入量标示在横坐标上面，流出量标示在横坐标下面。现金流量图横坐标标度为每个时间间隔即利息期标记，通常单位为"年"。在时间轴上的垂直线段代表不同时点的现金流量情况和流动方向。箭头向上表示现金收入，箭头向下表示现金支出，垂线的长短按现金流量大小由比例决定。

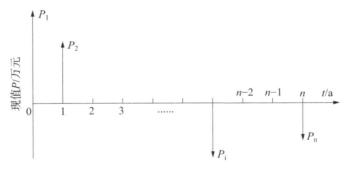

图 4-4　现金流量示意图

例题：现向银行贷款 $P=500$ 万元，偿还利率 $i=6\%$，还款周期 5 年，按复利绘制不同偿还方案的现金流量图。

偿还方案 1：第 5 年末一次支付本息；

解：该方案第 5 年末需要支付的本息为：

$$P(1+i)^5 = 500 \times (1+0.06)^5 = 669.11（万元）$$

图 4-5 为方案 1 的现金流量图。

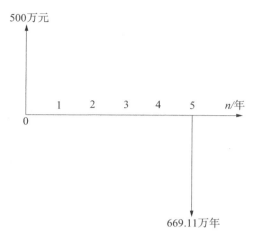

图 4‑5　方案 1 现金流量图

偿还方案 2：每年年末支付 100 万元本金加应付利息；

解：第 1 年末需要支付本息：$100 \times (1 + 6\%) = 106$（万元）

第 2 年末需要支付本息：$100 \times (1 + 6\%)^2 = 112.36$（万元）

第 3 年末需要支付本息：$100 \times (1 + 6\%)^3 = 119.10$（万元）

第 4 年末需要支付本息：$100 \times (1 + 6\%)^4 = 126.25$（万元）

第 5 年末需要支付本息：$100 \times (1 + 6\%)^5 = 133.82$（万元）

图 4‑6 为方案 2 的现金流量图。

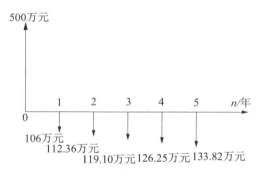

图 4‑6　方案 2 现金流量图

2. 工程经济中的基本复利因数

在经济活动中,资金支付情况是多种多样的,根据支付方式和等值换算时点的不同,可分为一次支付因数和等额支付因数。出现在利息公式与计算中的参数有 i、n、P、F、A,其符号及意义：i 为每期的利息率,常用年利率；n 为计算利息的期数,或贷款期的年数,通常以年计；P 为本金金额或现在的总金额,或投资的现值,或未来金额的现值,通常以元、万元计；F 为复利周期第 n 期末的金额（未来值）,或将来的金额,通常以元、万元计；A 为分期等额发生的每年金额,常常表示年收益或均匀年度金额,通常以元、万元计。

基本复利因数（微课）

（1）终值因数，把现在发生的金额（称现值）按复利关系换算成将来某一时刻一次发生的金额所用的乘数，用 CA 或 $(F/P, i, n)$ 表示。根据复利公式 $F = P(1+i)^n$，有

$$CA = (F/P, i, n) = (1+i)^n \qquad (4-27)$$

（2）现值因数，把未来某时刻一次发生的金额按复利关系换算成现值所用的乘数，用 PW 或 $(P/F, i, n)$ 表示。

$$PW = 1/CA = (P/F, i, n) = (1+i)^{-n} \qquad (4-28)$$

（3）系列现值因数，把分期等额发生的金额按复利关系换算成现值总额所用的乘数，用 SPW 或 $(P/A, i, n)$ 表示。

$$SPW = (P/A, i, n) = \frac{(1+i)^n - 1}{i \cdot (1+i)^n} \qquad (4-29)$$

（4）资金回收因数，把资金的现值总数按复利关系换算成分期等额的还款金额所用的乘数，用 CR 或 $(A/P, i, n)$ 表示。

$$CR = \frac{1}{SPW} = \frac{i \cdot (1+i)^n}{(1+i)^n - 1} \qquad (4-30)$$

（5）等额终值因数，把分期等额发生的金额按复利关系换算成将来某一时刻一次发生的未来值金额所用的乘数，用 SCA 或 $(F/A, i, n)$ 表示。

$$SCA = (F/A, i, n) = \frac{(1+i)^n - 1}{i} \qquad (4-31)$$

（6）等额预付金因数，把将来某一时刻一次发生的未来值金额按复利关系换算成分期等额发生的金额所用的乘数，用 SF 或 $(A/F, i, n)$ 表示。

$$SF = \frac{1}{SCA} = \frac{i}{(1+i)^n - 1} \qquad (4-32)$$

为便于记忆和运用，常用的复利因数计算公式汇总如表 4-2 所示。

表 4-2　基本复利因数表

支付方式	复利因数	已知	求	代号	符号	表达式
一次支付	现值因数	F	P	PW	$(P/F, i, n)$	$PW = (1+i)^{-n}$
	终值因数	P	F	CA	$(F/P, i, n)$	$CA = (1+i)^n$
等额支付	系列现值因数	A	P	SPW	$(P/A, i, n)$	$SPW = \dfrac{(1+i)^n - 1}{i(1+i)^n}$
	回收因数	P	A	CR	$(A/P, i, n)$	$CR = 1/SPW$
	等额终值因数	A	F	SCA	$(F/A, i, n)$	$SCA = \dfrac{(1+i)^n - 1}{i}$
	等额预付金因数	F	A	SF	$(A/F, i, n)$	$SF = 1/SCA$

从表 4-2 中可以看出，上述因素存在着一定的关系，在船型经济论证中，不管其现金流量怎么复杂，都可以用上述 6 个基本因数加以分析。

4.5.2　动态经济指标

动态经济指标的最大特点是指标计算过程考虑资金的时间价值。工程经济中动态指标很多,现介绍如下。

1. 总现值 PV

船舶(设备)使用期内各年总费用与残值的折现称为总现值。其值最小的方案就是经济性最佳方案。对于一次投资,各年度营运费用(Y)相等时,总现值

$$PV = Y(P/A, i, n) + P \qquad (4-33)$$

该指标适用于各方案的营运年限与功能相同,而无营运收入或收入不能估计的船舶(设备)的方案论证。

2. 净现值 NPV

船舶建造和营运期内,各年度的收入 B、各年度的营运费用 Y 以及船价残值 L,按投资收益率折现后的现值总和(含投资的现值)称为净现值。

各年度的收入与支出(营运费用)相等,且一次投资时,按下式计算:

$$NPV = B(P/A, i, n) - Y(P/A, i, n) - P + L(P/F, i, n)$$
$$NPV = (B - Y)(P/A, i, n) - P + L(F/P, i, n) \qquad (4-34)$$

净现值的含义是考虑资金时间价值后,在船舶项目还本付息后,至使用期结束,能获得利润的总现值。当其值为零时,方案的收支相抵,能达到预期的投资收益率;其值为正时,表明可以超过预期的投资收益率;其值为负时,表示达不到预期的投资收益率。该指标适用于各方案收入已知,且使用期相等的方案比较。NPV 大于零的方案可取,且最大者为最优。

3. 平均年度费用 AAC

将船舶(设备)的初投资 P 在营运期内每年的等值资金回收费用与年营运费用之和称为平均年度费用。AAC 最小就是经济上最佳的方案。

各方案的年度营运费用相等时,AAC 按下式计算:

$$AAC = Y + P(A/P, i, n) \qquad (4-35)$$

AAC 指标适用于各方案的收入不能预估或无收入的船舶(设备)论证。该指标要求各方案功能相同,但使用期或营运年限不必相同。

4. 必要运费率 RFR

为达到预期的投资收益利率,单位运量所需的运费称为必要运费率。当知道各方案的年货运量 Q_T 时,采用该指标比 AAC 指标更能看出各方案投资效果的好坏。该指标最小的方案就是经济上最好的方案。必要运费率按下式计算:

$$RFR = AAC/Q_T \qquad (4-36)$$

该指标尤其适用于收入不能预估的方案选择。

5. 内部收益率 IRR

船舶使用期(或还本付息期)内使净现值 NPV 等于零的投资收益率称为内部收益率。如果计算所得的 IRR 值大于银行的贷款利率,表明该项投资是可进行的,能负担起贷款利

率;如果 IRR 值再大于企业自己拟定的基准收益率(比贷款利率要高),则表示该方案可以获得预期的收益率,否则,不会取得预期的经济效益。IRR 最大的方案是经济上最优的方案。

若投资一次支付,各年收益相同,不计残值的情况下,IRR 按下式计算:

$$NPV = (B - Y) \times (P/A, IRR, n) - P = 0$$

或
$$NPV = A \times (P/A, IRR, n) - P = 0$$

则
$$(P/A, IRR, n) = P/A \tag{4-37}$$

已知营运期 n,各年收益 A 和投资 P,再用插值公式或图解法即可求得内部收益率 IRR。

该指标适用于收入可以估算、使用期不同的方案评价。

6. 投资偿还期 PBP

由船舶在营运中所得的收益偿还其投资所需的时间称为投资偿还期。也就是指项目从建设期累计净现金流量现值等于零所经历的时间。

在一次投资,各年营运收益相同,不计残值的情况下:

$$P = A(P/A, i, PBP) = A \cdot \frac{(1 + i)^{PBP} - 1}{i(1 + i)^{PBP}} \tag{4-38}$$

在要求的基准投资收益率下,解上面方程得

$$PBP = -\frac{\lg\left(1 - \frac{P \cdot i}{A}\right)}{\lg(1 + i)} \tag{4-39}$$

综上所述,经济指标可有不同的形式,使用时须根据具体情况选择适宜的经济指标(见表 4-3)。

表 4-3　各经济指标的适用情况

投资额可预估			
收入不可预估		收入可预估	
营运期相同	营运期不同	营运期相同	营运期不同
PV		NPV	
RFR	RFR	IRR	IRR
AAC	AAC	PBP	PBP

4.5.3　经济参数计算

1. 船舶运输能力

船舶在一年内所完成的货(客)运量或货(客)运周转量称为船舶运输能力。可以表示为

$$Q_T = 2\alpha_D W_c m \tag{4-40}$$

$$Q_{TM} = 2\alpha_D W_c m \cdot DA \tag{4-41}$$

式中，α_D 为装载因数；W_c 为船舶设计载货量，t；m 为年航行次数；DA 为航线的航程，km。

1）装载因数 α_D

$$\alpha_D = \alpha_L \times \alpha_V \tag{4-42}$$

式中，装载率 α_L ＝实际载货量／设计载货量；满航率 α_V ＝载货航程／往返全航程。

2）年航行次数 m

一个航次为船舶航行一个往返。年航行次数 m 等于年营运天数除以航次时间，即

$$m = \frac{T_z}{t} \tag{4-43}$$

式中，T_z 为年营运天数，d。

航次时间 t：
$$t = t_1 + t_2 + t_3 \tag{4-44}$$

其中，t_1 为航次航行时间，d；t_2 为航次在港装货、卸货时间，d；t_3 为非生产性停泊时间和辅助作业时间，d。

2. 年营运费用

船舶年营运费用是在一年内各种开支的总和。

1）与船价有关的费用 Y_1

维修费：在使用过程中，为确保船舶持续营运，需要定期（除个别损坏事故外）进行维修。船舶年维修费是船舶各种维修费用的年度分摊值，并以船舶价值的一定百分比计算的费用，也称为维修基金提存。

保险费：保险费是用船部门向保险公司提出保险而交付的费用，一般取保价的一个百分数。

2）船员费用 Y_2

每船每年付给船员的费用，分基本工资、绩效工资、航行津贴、奖金等。

3）燃润料费用 Y_3

燃润料费用是指船舶动力装置所消耗的燃料与润料费用。

4）港口费 Y_4

港口费是在港口发生的各种费用，港口费分与净吨位有关的费用和与货物有关的费用以及其他项费用。与净吨位有关的费用可比例于净吨位计算；与货物有关的费用可比例于货物吨数计算。

$$年度港口费 ＝ 航次数 \times 航次港口费 \tag{4-45}$$

$$航次港口费 ＝ 净吨位 \times 与净吨位有关费率 ＋ 货物吨数 \\ \times 与货物吨数有关费率 ＋ 航次其他港口费用 \tag{4-46}$$

5）其他费用

包括物料费、管理费、其他开支，一般占总成本的 15％左右。

这样，年度总费用

$$Y = \frac{1}{0.85}(Y_1 + Y_2 + Y_3 + Y_4) \tag{4-47}$$

3. 年收入

年收入 B 与运量 QT（或 QTM）、运价 R 有关。货物运价因货物种类及运输里程而变。年收入可按下式计算：

$$B = QT \times R \tag{4-48}$$

$$B = QTM \times R \tag{4-49}$$

式中，B 的单位为元；QT 的单位为 t，R 的单位为元/t；QTM 的单位为 t·km，R 的单位为元/t·km。

例题：某散货船的造价为 12 000 万元（一次投资），设每年货运量为 100 万吨，每吨货的运价为 60 元，年营运费中：人员工资为 120 万元、燃油及滑油费为 1 250 万元、维修等与造价有关的费用为 1 000 万元、港口等与吨位及载重量有关的费用为 850 万元、其他费用为上述总和的 10%。取船舶营运年限为 15 年，船舶残值为造价的 10%，试求 NPV（I = 10%）和 IRR、RFR。

分析：题目中散货船的建造为一次性投资，投资额为造价 P；散货船的年收入就是运费收入，随年运量、单位运价而变化；营运费用包含项目较多，注意逐项叠加，不要有遗漏。在各经济指标计算中，内部收益率 IRR 的求解无法用数学公式直接求解，因而需采用内插法完成。

解：造价 $P = 12\,000$ 万元

运费收入 $B = 100 \times 60 = 6\,000$ 万元

营运费用 $Y = 1.1 \times (120 + 1\,250 + 1\,000 + 850) = 3\,542$ 万元

残值 $L = 0.1 \times 12\,000 = 1\,200$ 万元

净现值 $\text{NPV} = (P/A, i, n) \cdot (B - Y) - P + (P/F, i, n) \cdot L$

$$= \frac{(1 + 10\%)^{15} - 1}{10\% \times (1 + 10\%)^{15}} \times (6\,000 - 3\,542) - 12\,000 + \frac{1}{(1 + 10\%)^{15}} \times 1\,200$$

$$= 6\,983.01 \text{ 万元}$$

必要运费率 $\text{RFR} = \{Y + (A/P, i, N)[P - (P/F, i, N) \cdot L]\}/Q$

$$= \frac{3\,542 + \dfrac{10\% \times (1 + 10\%)^{15}}{(1 + 10\%)^{15} - 1} \times \left[12\,000 - \dfrac{1\,200}{(1 + 10\%)^{15}}\right]}{100}$$

$$= 50.82 \text{ 元/t}$$

内部收益率取 $i_L = 10\%$；则 $\text{NPV}_L = 6\,983.01$ 万元

取 $i_H = 20\%$；则

$\text{NPV}_H = (P/A, i_H, N) \cdot (B - Y) - P + (P/F, i_H, N) \cdot L$

$$= \frac{(1 + 20\%)^{15} - 1}{20\% \times (1 + 20\%)^{15}} \times (6\,000 - 3\,542) - 12\,000 + \frac{1}{(1 + 20\%)^{15}} \times 1\,200$$

$$= -429.8 \text{ 万元}$$

故 $\text{IRR} = i_L + (i_H - i_L) \dfrac{|\text{NPV}_L|}{|\text{NPV}_H - \text{NPV}_L|}$

$$= 0.1 + (0.2 - 0.1) \times \frac{6\,983.01}{|-429.8 - 6\,983.01|} = 0.194 = 19.4\%$$

❖ 复习思考题 ❖

1. 何谓最佳船长、临界船长和经济船长？

2. 粗略估算船舶速度的方法有哪些？

3. 船舶设计中保证快速性的措施有哪些？

4. 试叙述船舶主要要素与船舶快速性之间的关系。

5. 在航速保持不变情况下，试根据海军系数公式来推导排水量增量 $\delta\Delta/\Delta$ 与主机功率所需增量 $\delta P/P$ 的关系。

6. 试分别从安全、使用角度和横摇缓和性角度来分析设计船初稳性高度应大于下限值和小于上限值的必要性。

7. 船舶初始设计阶段，如何估算船舶初稳性？

8. 在船舶设计中改善稳性的措施有哪些？

9. 试说明船舶主要要素对船舶初稳性的影响。

10. 何谓耐波性和操纵性？

11. 改善纵摇和升沉的设计措施有哪些？

12. 根据支付方式的不同，基本复利因数包括哪些？

13. 何谓资金的时间价值、现金流量图、资金的等值？

14. 常用的动态经济指标有哪些，各指标如何使用？

15. 何谓必要费率和内部收益率，如何计算？

第5章　船舶主要要素确定

船舶的主要要素是描述船舶几何特征的一些最基本参数,其对船舶各方面性能(如快速性、稳性、耐波性、经济性)、总布置、重量和容量等都有重要影响。因此,合理地确定主要要素,是船舶总体设计中最基本、最重要的工作之一。一艘船的设计通常就是从确定这些要素开始。

本章将利用前几章所阐述的基本知识和基本规律,对确定设计船主要要素的有关问题进行讲解。

小型货船总体
方案构思

⚓ 5.1　总体设计方案构思

5.1.1　方案构思依据和内容

总体设计方案构思是船舶设计过程中的一个重要环节,也是一项基础性的工作。它对设计工作顺利进行和保证设计船设计质量有着重要意义。通常,总体设计方案构思的依据如下。

(1) 船东使用要求。使用要求一般以设计任务书的形式呈现,以合同、设计规格说明书等形式得到保证。设计过程中如果发生任何不能满足的情况,应及时同船东协商,并取得一致修改意见。

(2) 同类型船的船型特征和布置特点。

(3) 规范和公约。国际海事组织的公约和规则、国家主管机关的法规、船级社的规范也是船舶设计的重要依据,在船舶设计过程中必须遵循。

总体设计方案构思综合性强,涉及面广。该项工作涉及船舶设计所有方面的内容,需要考虑的因素很多,要在各种错综复杂的关系中理出头绪,寻找解决问题的办法。针对具体的设计任务,设计要求和明确程度不同,方案构思工作的难易程度也不一样。例如对常规船型的设计,如果任务书的要求详细又具体,那么方案构思相对比较简单;如果船型较特殊,要求又比较笼统,那么方案构思就比较复杂。就一般情况而言,船舶总体设计方案构思主要包括以下几个方面的内容:

(1) 分析设计任务书,明确设计要求。

(2) 收集同类型船舶相关资料,掌握其船型特征和布置特点。

(3) 结合设计要求,分析和确定各个设计参数可能的选择范围,并依据相关规范,设立一个初步的设计船总体方案。

（4）估算并分析设计船的主要技术和经济指标,研究设计船设计过程中可能存在的主要矛盾,考虑要采取的相关措施以及进一步开展设计工作的设想。

以上这些方面的内容,在船舶设计工作过程中,不是分割和单独逐一进行的,而必须将有关内容综合起来统一考虑。

5.1.2　船型特征

船型特征是指某一类型船舶总体的基本特征,包括主船体特征和上层建筑特征。根据设计技术任务书的要求,设计船的类型已经给定,而且通常对载重量或总吨位的大小也有基本要求。在此基础上进行总体设计方案的构思,就是要对设计船的特征和总布置提出一个基本的设想。通过这项工作,可以对设计船有一个明确的概念,对如何满足设计船的各项要求可以进行具体的考虑,可以将设计工作的各个方面直接联系起来,也便于暴露存在的主要矛盾。

船舶的类型很多,且每种类型的船舶经过长期的使用和不断的改进,都已形成了各自的特征和特点。设计不同类型的船舶,总体方案的构思有所不同,对船型的特征和总布置的考虑差别较大。

1. 散货船

散货船（见图 5-1）以运输大宗货物为主,主要包括煤、谷物、矿砂等,也可以装运钢材等件杂货。设计时一般以其中的 1~2 种货物为主来考虑。散货船按其载重量通常分为:大型散货船为 $13 \times 10^4 \sim 17 \times 10^4$ t（级为好望角型）、$6 \times 10^4 \sim 8 \times 10^4$ t 级为巴拿马型（型宽限制约为 32.2 m）、$4 \times 10^4 \sim 5 \times 10^4$ t 级称为灵便型。3.5×10^4 t 级以下的散货船有不少是吃水受限制的宽浅吃水船。国内沿海也有 5×10^3 t 级左右的中小型散货船。

图 5-1　散货船

载运大宗货物的散货船大多是低速船,所以船体都比较丰满,且多为单桨推进。宽浅吃水型船也有采用双桨推进的。通常,现代散货船船型特征如下。

（1）散货船大多采用尾机型（机舱设在船尾部）。这样中部方整的部位都可以作为货舱,有利于货舱口的布置和提高舱容利用率;也有利于结构的连续性,提高总纵强度。

（2）散货船的货舱通常设有顶边舱和底边舱,如图 5-2(a)所示。这种货舱（剖面）形状的好处是:减少装卸时的清舱工作量;可以将散货装满,减少平舱工作量;顶边舱和底边舱用于装载压载水,增加了压载量,提高了压载重心,且可增加压载航行的首尾吃水和改善压载状态的横摇性能。双壳体散货船的货舱剖面形状是在常规型散货船的基础上增设了内舷侧板,从而形成了一个完整的双舷侧结构,如图 5 - 2(b)所示。该货舱剖面形状对破舱稳性也有利,且增加了船体的强度和刚度,但对货舱舱容有一定的损失,也增加了一些船体钢料。图 5 - 2(c)是矿砂船的货舱形状。因矿砂积载因数小,即所需舱容小,所以双层底高度和边舱尺寸都很大,这样可避免货物重心过低,初稳性过高,横摇周期过短。散货船货舱的数量根据船的大小、装卸设备的配备以及破舱稳性的要求来确定。

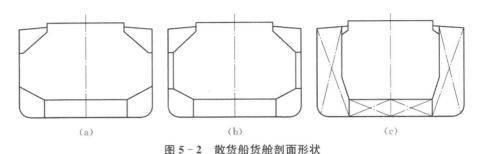

(a)   (b)   (c)

图 5 - 2 散货船货舱剖面形状
(a)常规型散货船;(b)双壳体散货船;(c)矿砂船

(3) 散货船一般都为单甲板(仅有一层连续露天甲板)。大型散货船大多仅设甲板室,即无首楼和尾楼,也有些仅设首楼,无尾楼。中小型散货船一般都设有首楼和尾楼。驾驶室以及船员生活舱室等都设置在船尾部。甲板室的层数和高度根据所需的布置地位以及驾驶盲区的要求确定。

(4) 散货船装卸货设备。对大型散货船和主要用于定线运输煤、矿砂等散货的船,如码头有装卸设备,则船上可以不设装卸货设备。根据需要有的散货船也采用自动卸货设备,称为自卸散货船,即用重力喂料、皮带输运的卸货方式,但其维护较为复杂,且造价较贵。有些中小型散货船如航行在无装卸货设施的航线,则需要设置相关设备。

2. 集装箱船

集装箱船(见图 5 - 3)的大小通常以 20 ft 标准集装箱(TEU)数量来表示。一般来说,载箱数超过 2 500 TEU 的集装箱船就称为大型集装箱船;载箱数在 500 TEU 以下的船称为小型集装箱船。目前,载箱数超过 20 000 TEU 的超大型集装箱船已建成投运。

图 5 - 3 集装箱船

集装箱船的航速一般较高,大多为中速船(F_r大多在0.22～0.26)。现代集装箱船有向更高航速发展的趋势。集装箱船为了快速离靠码头,大多设有首侧推装置。其总布置特点如下。

(1) 集装箱船的机舱位置。中小型船大多采用尾机型,大型船也有采用中尾机型的(即机舱后面还设一个货舱)。

(2) 集装箱船的货舱形状。由于装箱的要求,绝大多数采用双壳体结构,且能提高甲板大开口船的抗弯、抗扭强度。

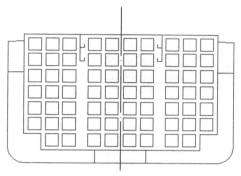

图 5-4　集装箱船货舱形状

(3) 集装箱船货舱口。对于大中型集装箱船,在货舱区域通常将甲板大开口设置成单元货舱(见图5-4),这样既保证了舱内集装箱的堆放,又减小了货舱口盖尺寸和重量。对于小型集装箱船,往往就是沿纵向分成几个货舱口,但每个舱口的长度通常是单个 TEU 长度的偶数倍。

(4) 集装箱船上层建筑长度短、层数多。上层建筑长度短是为了节省甲板面积,层数多是为了解决驾驶盲区的问题。有些大型和超大型集装箱船为了解决驾驶盲区的问题,将驾驶室和整个居住舱室设于中前部。这样布置可增加载箱数,但造价会有所增加,且机舱人员工作不便。集装箱船因航速较高,船首容易上浪,所以一般都设有首楼,并在首楼上设置一定高度、具有足够强度的挡浪板,以便保护首部甲板上集装箱免受波浪的正面冲击。

(5) 集装箱船起货设备。对于大中型集装箱船通常不设起货设备,而小型集装箱船为适应小型港口的需要,常设置甲板起重机。为了减少设置起重机对集装箱布置的影响,有些船将起重机布置在舷侧。

(6) 集装箱船压载水舱。由于集装箱船重心较高,为解决稳性问题,即使满载情况也常需要压载水来降低重心高度,所以双层底舱及两舷几乎全部用作压载水舱。

3. 液货船

载运散装液态货物的运输船舶主要有油船和液体化学品船两类(见图5-5)。

油船,是载运散装原油和成品油的专用船,可以分为原油船和成品油船。根据载重量不同,油船分为中小型油船(1万吨以下);灵便型油船(1万吨～5万吨);巴拿马型油船(6万吨～8万吨);阿芙拉型液货船(8万吨～12万吨);苏伊士型油船(12万吨～20万吨);超级油轮(VLCC,20万吨～30万吨)。

液体化学品船则是运输各种液体化学品如苯、醇、酸等的专用船。

液货船的总布置通常有如下特点:

(1) 油船和化学品船通常分成装货危险区域和安全区域,且液货区域两端设有隔离空舱。

(2) 油船和化学品船一般为双底、双舷、单甲板结构形式。

(3) 甲板上开口较小,但管路布置复杂,常设步桥。

图 5 - 5 液货船

(a)油船;(b)化学品船

4. 滚装船

滚装船是装载可移动单元货物的运输船(见图 5 - 6),其具有多层载货甲板(见图 5 - 7),且设有用于货物装载的跳板装置。滚装船运输的货物主要包括:集装箱拖车、货车、小汽车、集装箱成组运输的 LUF 系统等特重件或特大件货物。货物装卸借助于轮子"Roll on—Roll off"。

图 5 - 6 滚装船

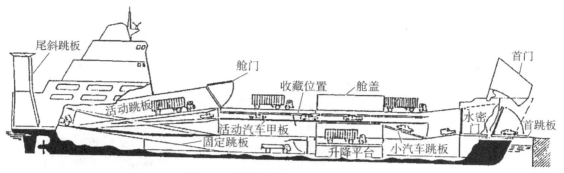

图 5-7　滚装船内部交通结构示意图

滚装船的总布置特点：

（1）滚装船造型特殊，几乎封闭的机舱在尾部，烟囱置于两舷。首尾或两舷设开口（配水密门）和跳板，航行时折叠式的尾跳板矗立在船尾。

（2）货舱内有多层甲板（无梁拱），甲板间通过斜坡道或升降机联系。

（3）上层建筑可设于尾部或中前部，以利货物摆放。

（4）滚装船设有专门的防摇水舱和其他防摇设备，以减少船舶摇摆；为了操纵方便，滚装船首部设有侧向推进器，可向任意方向转动，便于船的回旋。

5. 邮轮

邮轮为客船的一个重要分支。现代豪华邮轮是集交通、旅游、休闲、娱乐等于一体的水上移动城市（见图 5-8、图 5-9、图 5-10）。

图 5-8　现代豪华邮轮

通常，邮轮船型特征及布置特点如下：

（1）邮轮排水量大（20×10^4 t 左右）、航速高（20 节以上），首部多设置球鼻艏。

（2）机舱布置多在船中部或中后部，常布置多台吊舱式装置。

（3）甲板层数多，且布局陆上化：宽敞商业街、五星级餐厅、酒吧、私人观景阳台。

（4）内装、造型奇特化，娱乐、休闲多样化，餐饮、购物国际化。

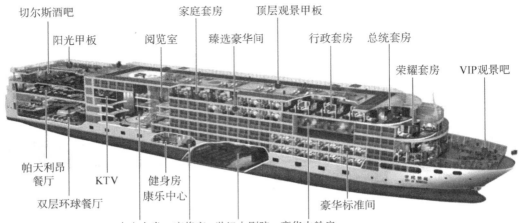

切尔斯酒吧
阳光甲板
阅览室
家庭套房
臻选豪华间
顶层观景甲板
行政套房
总统套房
荣耀套房
VIP观景吧
帕天利昂餐厅
KTV
健身房
康乐中心
双层环球餐厅
中央大堂
麻将室
世纪大剧院
豪华内舱房
豪华标准间

图 5-9　邮轮内部布局示意图

（a）

（b）

（c）

（d）

（e）

图 5-10　邮轮舱室示意图

（a）泳池；（b）餐厅；（c）剧院；（d）健身房；（e）购物走廊

5.1.3　设计船总布置设想

总布置设想包括主船体特征、机舱位置、甲板层数、货舱形式、上层建筑的大小和位置、船体区划等。这些设想必须从设计船的使用要求和客观情况出发,参考相近的优良实船资料和使用经验才能合理作出。

1. 总布置设想内容

(1) 主船体特征:从使用要求出发,对设计船的总体区划、外观型线、内部通道、上层建筑等进行初步构想。

(2) 机舱位置:从布置要求和安全要求出发,分析尾机型、中尾机型等的利弊,对设计船的机舱位置进行构想。

(3) 甲板层数:分析设计船的布置地位需求,考虑设置单层甲板或多层甲板。

(4) 货舱形式:依据各类船及装载货物的特点,选取合适的横截面型式等。

(5) 上层建筑的大小和位置:主要对是否设置首楼、尾楼,以及首楼、尾楼的大小进行考虑。

(6) 船体区划:结合所装货物尺寸要求及分舱要求,确定设计船的货舱长度和舱口数量。

2. 总布置设想要求

(1) 必须从设计船的使用要求和客观情况出发,参考相近的优良船型资料,结合使用经验合理作出总体设计方案设想。

(2) 各类型船舶,经过长期的使用和不断的改进,都形成了各自的特征和特点(所谓的母型船),但设计过程中应结合具体要求有所改进和创新。

(3) 船舶设计受法规和规范的制约,必须满足相关的规定。在设想的过程中注意规范和法规的更新,搞清母型船与最新规范间存在的差异。

5.2　影响主要要素的因素与选择

船舶的主要要素受到一系列因素的制约。例如:航道、码头和建造修理条件对主要尺度有限制;船舶的各项技术性能对主要要素有各种要求;货源、运价、造价、油价等经济因素也影响着主要要素的确定。各主要要素之间既相互联系,又相互制约,因此选择主要要素时,必须首先对限制主要要素的各种因素进行综合分析,找出主要影响因素。

5.2.1　影响主要要素的因素

1. 影响船长的因素

1) 使用条件和建造条件的限制

确定设计船的长度,首先必须调查该船预定航线上码头、船闸及航道等的具体条件,因为船长往往要受到这些具体条件的限制。航道上如设船闸,船进入船闸后,船闸两端应有富裕长度,这对船舶最大长度有限制。如巴拿马运河船闸长 295 m,限制通航船舶最大长度为 274.32 m(客船、集装箱船船长允许 289.56 m)。对于进入运河或内河的船舶,要考虑航道最

小曲率半径对船长的限制。

确定船长时,应考虑与航线各港的码头的泊位长度相适应。为方便系缆及节省靠泊费,一般不希望船长大于泊位长度。为此,有的船东在设计任务书中往往对船长提出限制。

从建造角度来说,应考虑船坞及船台尺度的限制。船进坞后首尾同样应留操作间隙。当船体建造采用整体式纵向下水时,选定的船长应保证方便进行尾部的装配及焊接工作。

2) 总布置的要求

船长应满足舱容和甲板面积的要求,且将满足布置要求的船长作为设计船船长的下限值。对于客船和集装箱船等布置地位型船舶,其船长往往需要分别考虑舱室布置方案和集装箱的排列方案,以确定设计船满足布置要求的最小船长。对于载重型船,船长应满足货舱、机舱以及首尾等长度的相关要求。

3) 快速性

船长对阻力有较大影响。对于高速船 ($F_r > 0.30$),要把阻力放在最有利位置来考虑。对中低速船($F_r \leqslant 0.30$),则要特别注意阻力和经济的综合考虑。

4) 操纵性

船长增加对船的回转性不利,因此对回转性要求高的船舶,应尽量使其船长短些。而航向稳定性则与回转性相反,适当增加船长容易保持航向稳定。

5) 耐波性

船长主要影响船的纵摇。当船长大于海上常见波长的 1.3 倍时,纵摇幅值和纵摇加速度将不会很大,同时船长增大后,$L/\nabla^{1/3}$ 增加,在海上航速也易保证。

6) 抗沉性

增加船长对抗沉性有利,因为可浸长度增加,海损时稳性损失相对较低。

7) 重量和经济性

一般来说,增加船长会使船体钢料及舾装设备的重量增加,从而造价也会增加。船长对重量影响最大,因此,从造价方面考虑,应尽可能降低船长。但也应注意,船长过短则会影响船舶的载货量从而对经济性不利。当船价的影响没有油价上涨影响大时,船长过短使阻力和主机功率增大,引起燃料费用大幅度增加,对经济性可能不利。

8) 满足浮性方程

任何船舶均应满足浮力与重力平衡的条件,选择船长时,应满足浮性方程式。

2. 影响船宽的因素

1) 航道条件和建造修理条件

船宽的大小受到航道、船闸、桥孔、船坞、船台等宽度的限制。对于通过巴拿马运河的船舶,船宽应控制在 32.26 m 以内;对于通过圣劳伦斯河的船舶,船宽应控制在 22.86 m 以内。根据内河通航标准,型宽 $B \leqslant 10$ m 时,船闸两侧富裕宽度应不小于 1.0 m;型宽 $B > 10$ m 时,富裕宽度应不小于 $(0.5 + 0.05B)$。

设计大型船时,还要考虑船台和船坞的具体尺度对型宽的限制。

2) 排水量

型宽应满足浮性方程。从保证浮力和布置地位、降低造价角度考虑,由于型宽 B 对船体钢料重量和舾装重量的影响小于船长(尤其对大型船舶),可适当减小船长 L、增大型宽 B 来增加船的载重量。但增大型宽 B(减小 L/B)对阻力等性能有一定影响。

3）总布置

增加船宽,可增大舱室和货舱口宽度,加大甲板面积,对船舶的布置和使用一般是有利的。对于客船、集装箱船等布置型船,型宽往往将满足舱室布置或集装箱排列要求的型宽作为型宽的下限。

4）快速性

在 Δ、L 基本不变的情况下,改变 B 对阻力有一定影响。对高速船($F_r > 0.30$),当 C_b 和 F_r 配合偏大的情况下,宜增大 B 减小 C_b,以改善快速性。

5）稳性

初稳性高度 h 受横稳心半径 r 影响很大,由于 r 正比于 B^2,所以增加型宽 B,r 将迅速增加,也就是说,增加型宽 B 对改善初稳性有显著效果。

对大倾角稳性而言,增加型宽对增加大倾角时的恢复力臂起作用,但进水角会减小。所以,在横倾角较小阶段,增加型宽对大倾角稳性是有利的,但在横倾角较大时是否仍然有利,视具体情况,经过计算才能确定。

6）耐波性

船宽对耐波性的影响主要反映在横摇方面。船的横摇周期与初稳性高度的平方根成反比。增加型宽,通常横摇周期减小,引起横摇剧烈。为此,应控制船宽,使海船的初稳性高度有一个合理值。

3. 影响吃水的因素

1）航道及港口水深

对于大型海船和内河船,吃水常受到航道及港口水深的限制。如苏伊士运河航道水深限制通航船舶最大吃水为 16.15 m;巴拿马运河船闸水深限制船舶最大吃水为 12.04 m;圣劳伦斯航道水深限制船舶最大吃水为 9.2 m;长江南京以下航段通常吃水为 12.5 m。

此外,海船还要考虑潮位的影响;内河船要考虑枯水期的影响。

2）快速性

从提高螺旋桨性能来说,选择尽量大些的吃水是有好处的。这是因为增加设计吃水,可加大螺旋桨直径及其浸深,从而提高螺旋桨效率,且有利于螺旋桨工作。在排水量 Δ 一定时,保持 L、B 不变,增加 T 以减小 C_b 及 B/T,会使剩余阻力有所降低,因此吃水不受限制的船舶,选用大一些的吃水对提高螺旋桨工作性能和降低阻力有利。此外,增加吃水,可加大螺旋桨的浸水深度,还能在纵摇时减少螺旋桨出水的可能性,对耐波性也有好处。

对于海船,螺旋桨轴的埋水深度(桨轴中心线)至少等于螺旋桨直径。但对一些小型海船(如功率较大的拖船和渔船),为增大桨轴浸水深度,通常将龙骨设计成带原始纵倾。

3）其他性能

吃水对浮性方程的影响。从满足浮力角度来说,增加吃水 T 可降低 C_b、L 及 B,有利于降低阻力,提高快速性。

吃水对初稳性的影响。在排水量 Δ 一定时,增加吃水 T,浮心垂向坐标 Z_B 将提高,但由于 B/T 减少,稳心半径 r 减小较大,总的说来,初稳性高度将减小。

吃水对大倾角稳性及抗沉性的影响。在型深 D 不变情况下,增加吃水降低了干舷,使储备浮力减少,大角度横倾时,甲板边缘提前入水,对抗沉性及大倾角稳性都是不利的。

此外,吃水大的船在航行时不易产生船底砰击和漂移,耐波性相对要好。

4. 影响型深的因素

1）对稳性的影响

在船长、型宽、吃水均不变的情况下，加大型深，通常船干舷和稳性形状力臂都会增加。此时，若船的重心高度不变，最大静稳性臂及其对应角度和稳性消失角均相应地增大，对稳性有利。但在一般情况下，船的型深加大时，其重心也要相应提高，对稳性又有不利影响。

小型沿海船在波浪上的稳性损失对安全性极为不利，而干舷对保证最大复原力臂、甲板边缘入水角及稳性消失角有显著的作用。因此，对小型海船常按保证大角度稳性要求来确定型深 D。

2）对容量、布置及使用要求的影响

型深 D 的大小直接影响船舱的容积和舱室的高度。对于大型运输船舶，增加型深是提高舱容的最有效措施。对于小型船舶，要注意机舱及生活舱的舱室高度对型深的要求。

此外，在选择 D 时，对有些小型船舶需考虑其干舷与趸船干舷的配合，以便满足使用要求；对有些工作船还需兼顾作业的要求。

3）对总强度及造价的影响

提高型深，可使船体结构的剖面惯性矩和剖面模数迅速加大，有利于船体的纵向强度。对于大型船舶，增大型深，其船体钢料重量一般不会增加，甚至会有所下降。对于小型船舶，随型深的加大，船体重量将增加，造价也有所提高。

4）对其他性能的影响

型深对甲板淹湿性的影响。吃水一定时，增加型深，即加大干舷，对减少甲板上浪、保持甲板干燥等起重要作用。

型深对抗沉性的影响。吃水一定时，加大型深，则其船舶储备浮力大。当船舱破损淹水时，型深大的船经下沉后，还可保留一定量的干舷（剩余干舷），而且具有足够的生存力和安全性。

5. 影响方形系数的因素

方形系数是一个反映船体水下部分肥瘦程度的系数，对排水量和相关性能等有一定的影响。

1）浮性方程式

根据浮性方程式，方形系数

$$C_b = \frac{\Delta}{k\rho LBT} \tag{5-1}$$

调整方形系数 C_b，是微调重力与浮力平衡的一个常用的方法。

2）对布置的影响

从保证布置地位的观点来看，大的 C_b 有利于货船的舱容合理利用；对船体内部的舱室布置、机舱布置也是有利的。C_b 过小会给布置带来困难，特别是尾机型船舶，若 C_b 过小，尾部太尖瘦，不利于机舱的布置；对双桨船还可能导致桨轴出口过前；对于集装箱船，会使货舱装箱数减少。

3）对船体重量及载重量的影响

当 Δ 一定时，增大 C_b 即可减小船的主要尺度，从而减轻船体重量，降低造价。此外，由

于空船重量轻了,载重量可相应提高,对其营运经济有利。

4)对阻力的影响

对于中低速船,选取的方形系数值不应超过对应的临界方形系数,需根据具体情况选取经济上有利的 C_b 值。而对于中速以上的船舶,尤其是高速舰船,因 L/B 或 $L/\Delta^{\frac{1}{3}}$ 对阻力的影响十分显著。一般 C_b 小些对快速性总是有利的,故通常配合最佳 C_p 选用阻力上较优的 C_b。

综上所述,影响船舶各主要要素的因素很多,影响程度也大不相同。表 5－1 为各影响因素与主要要素间的关系。

表 5－1　影响主要要素的因素及程度

各种因素	主要要素与尺度比								
	L	B	D	T	C_b	L/B	L/D	B/T	B/D
航线条件	▲	▲		▲					
码头条件	▲	▲①		▲					
布置地位	★★★	★★★	★★		★				
舱容	★★	★★	★★★		★		★		
浮性	★★★	★★★		★★★	★★★				
快速性	★★★	★		★★	★★★	★★②		★②	
稳性与横摇		★★★	★★	★	★			★★	★★
纵摇、升沉与失速	★★③	★		★	★★				
分舱与破舱稳性	★★	★	★★	★	★		★	★	★
操纵性	★★	★		★	★				
最小干舷的规定	★★		★		★		★		
总强度	★★★④	★★⑤	★★★④	★		★	★★★④	★	★★⑤
空船重量及造价	★★★	★★	★		★★	★★	★		
总吨位	★★	★★	★★		★				

注:以▲表示客观因素,以★★、★★★来表示影响程度;①表示使用码头装卸设备时,船宽受起重机臂长的限制;②表示尺度比超出正常值范围后影响程度会加剧;③表示船长与波长相近的船舶影响大,大船影响程度小些;④表示大船尤为重要;⑤表示有扭转强度问题的大开口船尤为重要

5.2.2　影响主要要素的基本因素的选择

1. 影响船长的基本因素

在满足设计任务书船长尺度限制的条件下,船长的选择初始可从浮力、舱容和布置地位、快速性 3 个最基本的因素来考虑。对载重型船舶,主要从浮力、快速性角度考虑;对布置型船舶,主要从布置地位、快速性角度考虑。

针对不同类型的船舶,选择船长时,应根据设计船的具体情况及使用特点,找出影响船长的主要因素。例如:对于注重耐波性的军舰、客船、救助拖船等,希望适当增加船长以改善其耐波性;对于港作拖船及推船,则应尽可能缩短船长以提高回转性能。

2. 影响型宽的基本因素

影响型宽的因素也很多，而且各因素之间还有矛盾(例如稳性和横摇)。对于一定的船舶来说，必然能找到一个影响型宽的主要矛盾。通常，对于载重型船，型宽主要从浮力、初稳性角度考虑；而对于布置型船则主要从布置地位、初稳性角度考虑。

同样，对于不同类型的船舶，在选择型宽时考虑的侧重也有所不同。例如：对于拖船，在工作过程中往往受到被拖船舶的急牵，其稳性要求较高，所以型宽通常按稳性要求选用较大型宽；对于集装箱船，考虑到货箱的列数及箱与箱之间的间隙要求，布置要求往往对型宽 B 起决定性作用；对于客船、工作船等，由于载运旅客的要求以及在恶劣海况下仍需保持良好的耐波性，要求横摇尽量缓和；对于浅吃水船，应适当加大型宽 B 来满足排水量和布置要求。

3. 影响吃水的基本因素

吃水的确定主要从限制条件、浮力和适当的螺旋桨直径 D_p 来考虑。即把限定吃水当作设计吃水，或根据螺旋桨最佳直径来决定吃水的下限值(一般单桨 $D_p/T = 0.7 \sim 0.8$，双桨 $D_p/T = 0.6 \sim 0.7$)。当然，吃水的选取还需与其他要素协调，以便满足排水量的要求。

4. 影响型深的基本因素

型深的选择初始可从舱容和布置地位、纵向强度等主要因素来考虑。在确定型深时，应按不同的船舶类型和用途来考虑。对于载重型船，积载因数 μ_c 小的重货船按满足载重线规范最小干舷来确定其型深，此时一般也能满足舱容要求；而对积载因数大的轻货船($\mu_c > 1.4 \ \text{m}^3/\text{t}$)，型深 D 通常按舱容要求来决定。对于布置地位型船舶，其型深主要取决于对主甲板以下各层甲板间高度及舱室高度的要求。

此外，对于大型船舶，要注意总纵强度的要求，L/D 不宜过大。对于小型海船，其型深常按保证大倾角稳性来确定，且宜适当取大些；对于内河中小型客船，为了能在干舷甲板下布置舱室，或为了机舱布置，型深常根据住舱和机舱所需的高度决定。

5. 影响方形系数的基本因素

方形系数 C_b 主要根据浮力和快速性两个基本因素，再结合布置地位(舱容和舱容地位的合理利用)和经济性等因素来选择。设计时应根据设计船的具体情况来考虑。

对于载重型船舶，从经济角度考虑，为减小船长和型宽，常取与 F_r 配合上不引起阻力显著增加的"经济"方形系数，以利于使船舱形状便于装货和机舱布置。但应注意 C_b 过大对耐波性不利，尤其是中小型海船。

对于布置地位型船舶，如客船、海洋调查船，由于船长和型宽受布置地位条件限制，通常其主要尺度较大而排水量相对较小，因此 C_b 的确定主要是满足重力与浮力相平衡的要求，并结合 C_b 与 F_r 的配合、螺旋桨直径对吃水的要求、舱室布置等因素，适当调整 C_b 和吃水配合。

对于浅水航行或经常出入河港的小型运输船，如港口供水船及供油船，因航线较短，停港时间相对较长，且吃水受限制，适当加大 C_b(可接近临界值)以减小主要尺度，以提高其经济性能。

对于拖船、工作船等小型船舶，其相对速度 F_r 较大(临近兴波阻力的"峰区")、L/B 通常又较小，利用其不载货的特点，一般取较小的 C_b，以便降低阻力。

⚓ 5.3　主要要素的确定方法

船舶主要要素
确定步骤(微课)

5.3.1　基本思路和步骤

船舶主要要素受到各种因素的影响,且不同类型船舶在性能上有不同的考虑侧重,但是船舶设计过程中所确定的主要要素均应满足下列约束条件:

(1) 满足航线环境、建造与修理厂设备条件对设计船主要要素的限制;

(2) 满足用船部门对设计船的使用要求;

(3) 满足重力与浮力相平衡条件,即空船重量加上载重量应等于船的排水量;

(4) 满足设计船所需的容量和布置地位;

(5) 满足设计船各项技术性能要求;

(6) 设计船具有优良的经济性能。

从前述几章中已经知道,船舶的各主要要素对空船重量、容量、快速性等技术及经济性能指标的影响规律各不相同,因此试图一次选定一组主要要素就能满足上述所有的约束条件是困难的。且即使满足了全部的约束条件,也不一定是最佳方案。所以,确定设计船主要要素必须有合理的步骤和科学的方法。总结船舶设计经验,确定设计船主要要素的一般步骤可以归纳如下。

1) 确定主尺度的选择范围

在分析设计任务书的基础上,根据新船的类型、使用要求,进行方案构思;依据主尺度的限制条件,参考相关船资料,初步确定一个主尺度范围,包括 L、B、D、T 和 L/B、L/D、B/T 等。

2) 确定主尺度的第一次近似

对于载重型船舶,根据已知的母型船或同类船的近似规律,粗略估算出主要要素的第一次近似值(在本章设计要点中介绍),并与其类型及性能要求结合起来在上述范围内确定初始值。对于布置型船舶,可按 $L \times B$ 比例于所需的甲板面积并用母型船来换算;型深 D 和吃水 T 则可参照母型船来初步确定。

3) 进行排水量和容量初步校核。

对于载重型船舶,可根据第一次近似值估算空船重量和排水量,并结合构思的方案(主船体纵向区划、中横剖面)进行舱容计算。排水量和容量的平衡不要求精度很高,但在后续主要要素调整时要心中有数。对于布置地位重要的船舶,通常从布置地位要求考虑,所以重点校核浮力与重力。

4) 进行主要性能校核

根据初步满足排水量和容量要求的主要要素,对快速性、初稳性进行校核。如某项性能不合格,不必立即调整主要要素,可待各项性能都校核和考虑后,经过综合分析再作调整,同时还需对排水量、容量和相关性能进行重新核算。

5) 进行主要要素的细化和优化

根据调整后的主要要素,须绘制总布置草图,确定上层建筑的基本型式和大小,进一步较详细地校核空船重量、舱容(货舱、压载舱)和布置地位。对某些重要的船舶还须进行型线

(横剖线)的草绘。如需要和可能,可在上述细化后的主要要素基础上采用相应的方法进一步优化(优化相关内容参见第8章)。

上述五个步骤是对一般情况而言的,具体确定设计船主要要素时,可灵活运用。比如,对一些小型货船,常常只需走完前三步就可确定出主要要素。对一些实船较多的大型船,如油船、散货船等,省去第四步,直接优化,就可得出设计船的主要要素。

从上述步骤三和步骤四也可以看出,设计船主要要素的确定必须经过几个反复,而且一次比一次更准确,直到满足所有的设计要求。这个过程是一个逐步近似的过程,也是一个螺旋式前进的过程。

5.3.2 载重型船主要要素确定方法

散货船、油船等载重量占排水量比例较大(即载重量系数 η_{DW} 较大)的船舶,它们的 L、B、T 及 C_b 主要受所需的浮力和快速性条件所约束,而型深 D 则由最小干舷规定(载重货时)、舱容(载轻泡货时)、强度要求所决定。故设计这类船舶时,一般先从估算排水量入手,再利用相关公式估算并分析出第一次主要要素近似值,进而对排水量、容量、航速、初稳性高度及横摇周期等进行校核,最后根据核算结果来调整主要要素,直到满足设计要求。

1. 初始排水量的确定

初始排水量可利用设计船载重量按式(5-2)来确定。

$$\Delta = DW/\eta_{DW} \tag{5-2}$$

式中,DW 为设计船的载重量,t;η_{DW} 为载重量系数,取自母型船。

为方便起见,也可利用设计船载货量按式(5-3)来确定。

$$\Delta = W_C/\eta_{WC} \tag{5-3}$$

式中,W_C 为设计船的载货量,t;η_{WC} 为载货量系数,取自母型船。

2. 第一次近似的主要要素

估算出排水量以后,可采用按母型船比例换算或按统计关系式计算得到的主要要素的系列值(具体见§5.4.1),再结合设计船类型及相关性能要求来确定主要要素第一次值。以船长为例,对于低速运输船,可优先选取对阻力、经济、强度有利的较小船长;对高速船则应重点考虑弗劳德数和排水量长度系数对剩余阻力系数有利的最佳船长。同样,其他要素也是类似的考虑。

3. 初步校核

1)排水量校核

根据第一次近似得到的主要要素值,利用浮性方程计算得到设计船排水量;利用第二章所述方法估算设计船空船重量和载重量,并将重力和浮力作比较。

2)容量校核

容量校核按第3章所述方法进行。如容量不满足要求,则需视排水量及相关性能情况综合考虑后一并调整。

3)航速校核

航速可按第4章所述海军系数法进行,并与设计要求对比。

4）初稳性及横摇周期校核

初稳性高度及横摇周期按第四章所述方法进行计算,并与相关要求对照看是否满足。

4. 主要要素调整与再校核

经过以上估算,若出现不满足要求的情况,则需要采用§5.4.3所述方法对主要要素进行调整。调整后重新进行校核,直至排水量、容量和各项性能均满足要求。

5.3.3　布置地位型船主要要素确定方法

布置地位型船舶的主要要素主要取决于主体内及主甲板以上的所需布置的地位。因此设计客船、集装箱船等布置地位船时,一般都需从布置地位入手,计算分析所需的最小 L、B、D 值,然后再结合重力与浮力的平衡、快速性、初稳性、横摇周期等要求,确定出合理的主要要素。

在确定布置型船主要要素过程中,排水量和相关性能的校核方法类似于载重型船,这里不再赘述。但需要说明的是,对于布置型船往往在设计工况中需要考虑一定的压载水,因此在进行排水量校核时需特别注意,且需对压载舱容量进行校核。

⚓ 5.4　设计考虑要点

5.4.1　主要要素初始值

1. 船长

船长对船舶浮性、快速性、耐波性、操纵性以及经济性有着举足轻重的影响,所以,船长的选择尤为重要。在设计初期,要尽可能多地利用不同的方法或公式,并通过适当分析来确定船长的初始值。

1）巴氏裘宁公式

$$L_{PP} = C \left(\frac{V_k}{V_k + 2} \right)^2 \nabla^{1/3} \tag{5-4}$$

式中,V_k 为试航航速,kn;L_{PP} 为垂线间长,m;∇ 为排水体积,m³;C 为系数,建议值为7.2,或由表5-2选取。

表 5-2　经水池试验资料修正的 C 值

船舶类型	试航速度/kn		
	<16.5	15.5～18.5	>20.0
单、三桨船	7.089	—	7.852
二、四桨船	—	7.107	7.699

式(5-4)适用于排水量为 1 600～46 000 t,航速为 8～20 kn 的各类民用船舶,估算结果更接近于较经济的船长。

2）母型船换算公式

当设计船和母型船的航速和排水量相近时,船长估算公式为

$$L = L_0 (\Delta/\Delta_0)^{1/3} \tag{5-5}$$

式中,L、L_0 分别为设计船和母型船的船长,m;Δ、Δ_0 分别为设计船和母型船的排水量,t。

3）诺吉德公式

$$L_{PP} = CV^{1/3}\Delta^{1/3} \tag{5-6}$$

式中,C 为系数,海船为 2.3;V 为设计航速,kn;L_{PP} 单位为 m。

式(5-6)是以 $L/\Delta^{1/3}$ 来初步判定风浪中要求较小失速时的船长下限。

4）统计公式

散货船($10\,000\,\text{t} < \text{DW} < 100\,000\,\text{t}$):

$$L_{pp} = 8.545 \text{DW}^{0.2918} \tag{5-7}$$

式中,DW 为载重量,t;L_{pp} 单位为 m。

集装箱船($N_C < 2\,500\,\text{TEU}$):

$$L_{PP} = 47 + 0.16N_C - 0.725N_C^2 \times 10^{-4} + 0.135N_C^3 \times 10^{-7} \tag{5-8}$$

式中,N_C 为 20 英尺标准集装箱(TEU)数量;L_{PP} 单位为 m。

2. 型宽

在设计初期,型宽 B 可采用下列公式进行估算。

1）池母公式

$$B = 0.14L_{PP} + 1.4 \tag{5-9}$$

式中,L_{PP} 为垂线间长,m。

本公式适用于沿海小型船舶。

2）海纳公式

$$B = L_{PP}^{0.8}/2.6 \tag{5-10}$$

式中,L_{PP} 为垂线间长,m。

3）母型船换算公式

对于载重型船舶,B 可用排水量或载重量来换算。

$$B = B_0 (\Delta/\Delta_0)^{1/3} \tag{5-11}$$

或

$$B = C_0 (\text{DW})^{1/3} \tag{5-12}$$

式中,B、B_0 分别为设计船和母型船的船宽,m;Δ、Δ_0 分别为设计船和母型船的排水量,t;C_0 为系数,由母型船资料确定;DW 为载重量,t。

4）经验及统计公式

对于集装箱船:

$$B = L_{PP}/10 + k_b \tag{5-13}$$

式中，k_b 对于 $L_{PP} < 150\,m$ 的船，一般可取 $5 \sim 7\,m$，且小船取小的值；集装箱船以及吃水有限制的船可取大的值；L_{PP} 为垂线间长，m。

对于散货船（$10\,000\,t < DW < 100\,000\,t$）：

$$B = 0.073\,4 L_{PP}^{1.137} \tag{5-14}$$

式中，L_{PP} 为垂线间长，m。

3. 吃水

在设计初期，吃水可采用下列公式进行估算。

1）母型船换算公式

对于载重型船舶，T 可用排水量或载重量来换算。

$$T = T_0 (\Delta / \Delta_0)^{1/3} \tag{5-15}$$

或
$$T = C_0 (DW)^{1/3} \tag{5-16}$$

式中，T、T_0 分别为设计船和母型船的设计吃水，m；Δ、Δ_0 分别为设计船和母型船的排水量，t；C_0 为系数，由母型船资料确定；DW 为载重量，t。

2）经验及统计公式

对于集装箱船：

$$T = L_{PP}/20 + k_t \tag{5-17}$$

式中，k_t 一般可取 $1 \sim 2\,m$，小船取小的值；L_{PP} 为垂线间长，m。

当吃水不受限制时，吃水可依据下式计算：

$$T \approx 0.36 (DW)^{1/3} \tag{5-18}$$

式中，DW 为载重量，t。

此外，从保证螺旋桨有一个适宜的直径角度出发，根据功率和螺旋桨转速，可用以下近似公式估算所需的吃水：

$$T = K (P_D^{0.2}/N^{0.6}) \tag{5-19}$$

式中，P_D 为单桨收到功率，kW；N 为螺旋桨转速，r/min；K 为系数，单桨船为 $29 \sim 30$，双桨船为 $32 \sim 36$。

对于散货船（$10\,000\,t < DW < 100\,000\,t$）：

$$T = 0.044\,1 L_{PP}^{1.051} \tag{5-20}$$

式中，L_{PP} 为垂线间长，m。

4. 型深

型深 D 可按以下公式计算：

最小干舷船：
$$D = D_0 (L/L_0)^{5/3} \quad (L < 160\,m) \tag{5-21}$$

或
$$D = D_0 (L/L_0) \quad (L \geqslant 160\,m) \tag{5-22}$$

富余干舷船：
$$D = \frac{V_c}{V_{c0}} \left(\frac{L_0 - l_{m0}}{L - l_m} \right) \frac{B_0}{B} D_0 \tag{5-23}$$

式中，l_m、l_{m0} 分别为设计船和母型船的机舱长度，m；V_c、V_{c0} 分别为设计船和母型船的货舱总型容积，m^3。

当然，型深 D 也可按下式来换算：

$$D = D_0(T/T_0) \tag{5-24}$$

式中，T、T_0 分别为设计船和母型船的吃水，m。

5. 方形系数

方形系数可参考有关统计资料及经验公式。

1）亚历山大公式（$F_r \leqslant 0.30$）

$$C_b = C - 1.68F_r \tag{5-25}$$

式中，C 为系数，一般可取 1.08；航速较高的船（$F_r > 0.22$）可取 1.04～1.06；大型低速船可取 1.10～1.12；对于兴波阻力位于"峰"区的船，C 应适当取小些（如减小 0.02 左右）。

2）统计公式

对于散货船： $C_b = 1.0911L_{PP}^{-0.1702}B^{0.1587}T^{0.0612}V_S^{-0.0317} \tag{5-26}$

式中，V_S 为服务航速，kn。

对于油船：上限 $C_b = 0.912 - 0.487F_r \tag{5-27}$

中值 $C_b = 0.907 - 0.555F_r \tag{5-28}$

下限 $C_b = 0.915 - 0.723F_r \tag{5-29}$

对于中高速船，F_r 和 $L/\Delta^{1/3}$ 对阻力的影响相当大，因而 $F_r \geqslant 0.30$ 时，可按表 5-3 选取。

表 5-3 C_b、C_p 与 F_r 的配合

F_r	C_b	C_p
0.30	0.55～0.57	0.58～0.62
0.32	0.51～0.56	0.57～0.61
0.34	0.50～0.55	0.58～0.60
0.36	0.49～0.54	0.56～0.58
0.38	0.53	0.56～0.58
0.40	0.52	0.59～0.61
0.42	0.51	0.60～0.62
>0.44	0.50	0.63～0.65

5.4.2 主要要素尺度比的考虑

事实上，在设计初始阶段估算设计船主要要素时，也可以利用同类型船各要素之间的联系规律（即尺度比）来初步拟定各主要要素。

主尺度之间的比例关系称为尺度比参数，主要指长宽比 L/B、长深比 L/D、宽度吃水比 B/T。宽深比 B/D 也可以从 L/B 和 L/D 中得出。从实船的统计资料中可以看出，一般运输货船尺度比参数具有一定的规律性。图 5-11 是常规货船尺度比参数的情况。

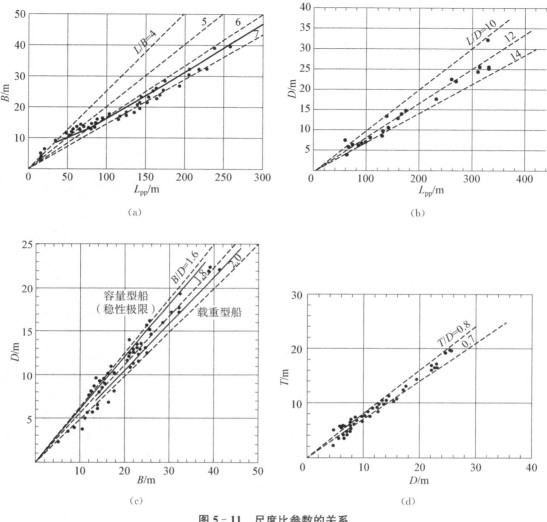

图 5 - 11　尺度比参数的关系

在选择船舶主要要素时,综合考虑各项性能和总强度、经济性等因素,能够从尺度比的规律中找出设计船的尺度比参数范围,再加上对方形系数的考虑以及主尺度的限制条件,对于常规船型就很容易大体上确定出设计船的主尺度范围。这也是选择主尺度的一种有效方法,因此有必要了解尺度比参数与各项性能之间的关系。

1. 长宽比 L/B

L/B 参数对阻力影响较大,主要反映在剩余阻力上。因为长宽比影响水线的平均斜度,所以在相同的航速下,L/B 减小,剩余阻力增加。如果 L/B 过小,由兴波阻力和水流严重分离引起的漩涡阻力会迅速增加,在波浪中的汹涛阻力也会很快增加。图 5 - 12 是一组排水量和方形系数相等而 L/B 不同的船模剩余阻力实验结果,从中可看出 L/B 对剩余阻力的影响。在选择主尺度时,如果限于其他条件和因素的约束而必须取较小的 L/B 时,为了减小阻力上的不利影响,可取较小的方形系数来弥补。图 5 - 13 是有人建议的从快速性方面考虑,不同 L/B 时 C_b 的选取,仅供参考。

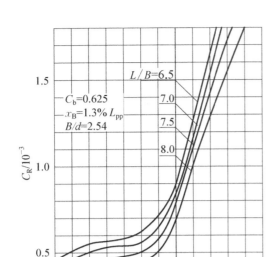

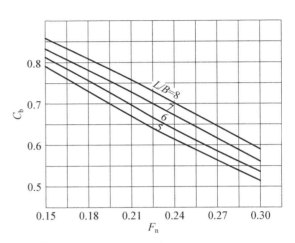

图 5-12　L/B 对剩余阻力的影响　　图 5-13　不同 L/B 对 C_b 取值的影响

L/B 对耐波性、操纵性都有一定的影响,选取时应结合其他尺度的情况综合考虑。有些船舶在船宽或吃水受限制时,为了提高载重量,选取了很大的船长。这种船虽然在空船重量上有所不利,但载重能力的增加足以弥补造价上的损失,经济性仍然是好的。美国大湖船就是一个典型的例子,其 L/B 在 8～10 之间,个别的甚至更大。大型的巴拿马型货船因船宽受限制,要增加吨位只有加大船长。例如载箱数 4 400 TEU 以上的巴拿马型集装箱船的 L/B 在 8.8 左右。在尺度不受限制的情况下,从降低造价方面考虑,现代散货船和多用途船的 L/B 一般在 6 左右。小型船舶的 L/B 一般比大型船小些。

2. 宽度吃水比 B/T

B/T 参数对性能的影响主要是影响稳性与横摇以及阻力性能。B/T 增大,横稳心半径会迅速增加,初稳性高度的增大会导致横摇周期减小。从型线上看,B/T 大,排水体积较多地集中在水面附近,兴波阻力会增加,所以 B/T 增大,剩余阻力会随之增加,但一般并不十分显著。B/T 大则湿表面积会增加,对摩擦阻力有较大的影响。

一般中小型运输船舶的 B/T 在 2.5 左右,$B/T > 3.0$ 可认为属于宽浅吃水型船。 大型船舶的横摇性能比较容易解决,B/T 在 3 左右仍属正常。此外,集装箱船由于需要较大的甲板面积,与其他货船相比,B/T 也会大些。

3. 长深比 L/D

对大型船舶而言,L/D 参数影响最大的是总纵强度。由于型深的选取,除了满足最小干舷要求以外,主要取决于舱容的需要,因此对于不同积载因数的船,L/D 会有较大的差别。对于大型船舶来说,由于总纵强度矛盾比较突出,必须有足够的型深来保证其强度(剖面模数)和刚度(剖面惯性矩),所以很有必要增加型深,且增加型深对船体钢料的影响很小。此外,船舶建造规范对 L/D 有一定的要求,例如 CCS《国内航行海船建造规范》(2021)对一般船舶要求 $L/D \leqslant 17$。 如超出该范围,强度问题需采用详细的计算方法来验证。

5.4.3　主要要素的调整

在主要要素初始值基础上,经排水量、容量、初稳性和快速性(航速)等的校核,有时发现其中有部分甚至全部结果都不满足条件。此时,就必须视校核具体情况,依据主要要素与校核结果关系及其密切程度,相应进行调整。

1. 重力与浮力不平衡

当浮力小于重力时,如干舷有余量且吃水允许增加,则以增大吃水 T 为最有利。因为增大吃水 T 对其他性能的影响较小,且其他主要要素不变。如吃水 T 已限定,则可根据下列情况来调整 L、B、C_b:

(1) 初稳性嫌差时,增大船宽 B。

(2) 快速性嫌差但初稳性充分时,增大船长 L。

(3) 快速性有保证且初稳性充分时,增大方形系数 C_b。

(4) 快速性和初稳性都嫌差时,同时增大船长 L 和船宽 B,或在增大 L 和 B 的同时适当减小 C_b。

但应注意,以上措施都会使舱容有所增加。

当浮力大于重力时,差额不大(0.5%以内)时可暂不调整(作为空船重量裕度);当差值较大时,需调整 L、B、C_b:

(1) 如舱容及快速性有保证,可先考虑缩短船长 L。

(2) 如舱容及初稳性有保证,可减小船宽 B。

(3) 如快速性和初稳性均理想,减小吃水 T 和方形系数 C_b 最方便。

在校核排水量时,重力与浮力不平衡也可理解为载重量不满足设计要求。如载重量相差 $\delta\mathrm{DW}$,则可采用诺曼系数法来算出排水量的变化量 $\delta\Delta$,进而得到设计船满足载重量要求的新的排水量 $\Delta_1=\Delta+\delta\Delta$。下面就来探究 $\delta\Delta$ 和 $\delta\mathrm{DW}$ 间的关系。

假设此类船排水量有: $\Delta=W_{\mathrm{H}}+W_{\mathrm{F}}+W_{\mathrm{M}}+\mathrm{DW}=C_h\Delta^\alpha+C_f\Delta^\beta+C_m\Delta^\gamma+\mathrm{DW}$,则可得到:

$$\delta\Delta=\alpha\left(\frac{W_{\mathrm{H}}}{\Delta}\right)\delta\Delta+\beta\left(\frac{W_{\mathrm{F}}}{\Delta}\right)\delta\Delta+\gamma\left(\frac{W_{\mathrm{M}}}{\Delta}\right)\delta\Delta+\delta\mathrm{DW}$$

经整理归纳后有

$$\delta\Delta=\frac{\delta\mathrm{DW}}{1-\left(\alpha\dfrac{W_{\mathrm{H}}}{\Delta}+\beta\dfrac{W_{\mathrm{F}}}{\Delta}+\gamma\dfrac{W_{\mathrm{M}}}{\Delta}\right)}=\eta_{\mathrm{N}}\cdot\delta\mathrm{DW} \tag{5-30}$$

式中,η_{N} 为诺曼系数

$$\eta_{\mathrm{N}}=\frac{1}{1-\left(\alpha\dfrac{W_{\mathrm{H}}}{\Delta}+\beta\dfrac{W_{\mathrm{F}}}{\Delta}+\gamma\dfrac{W_{\mathrm{M}}}{\Delta}\right)} \tag{5-31}$$

至此,可以得到: $\qquad\qquad \Delta_1=\Delta+\eta_{\mathrm{N}}\cdot\delta\mathrm{DW} \tag{5-32}$

根据式(5-31),可对诺曼系数作简要分析如下:

诺曼系数
(微课)

（1）诺曼系数 η_N 恒大于 1。

（2）诺曼系数 η_N 值的大小取决于空船重量所占排水量的比例。

（3）诺曼系数 η_N 值随 α、β、γ 的大小而变，如 $\alpha=\beta=\gamma=1$，其值就是载重系数的倒数。

2. 舱容不满足要求

舱容不足时，可根据下列情况来调整 L、B、D：

（1）如初稳性不足，首先应考虑型宽 B。

（2）如初稳性充分，首先应考虑加大型深 D 或同时增大型深 D 和型宽 B。

（3）如快速性也嫌差，可考虑同时增大型深 D、船长 L。

舱容过于偏大时，可视具体情况来调整 L、B、D：

（1）如干舷充分，首先可考虑降低型深 D，但应注意 L/D。

（2）如初稳性足够，可考虑适当减小型宽 B。

（3）在快速性有保证时，可同时减小船长 L 和型深 D。

3. 初稳性不满足要求

初稳性高度 h 不足或嫌大时，可先考虑改变型宽 B 和型深 D。改变 B 时应注意对浮力和舱容的影响，必须相应地改变吃水 T 或方形系数 C_b 或船长 L。改变 D 时应注意对舱容和纵向强度的影响。

4. 快速性不够

如舱容和干舷都充分时，首先从增加吃水 T、减小方形系数 C_b 上考虑。如初稳性高度 h 不嫌大时，可增大型宽 B、减小方形系数 C_b。通常增大船长 L、减小方形系数 C_b 最有效，但对造价不利。

需要强调的是，上面给出的相应调整方法及措施仍具有一定的局限性。设计者应根据所学专业知识及相关原理，灵活应用。

⚓ 5.5 主要要素确定案例

5.5.1 散货船主要要素确定

1. 设计要求

本船为近海航区航行，主要用于装载煤炭；货舱型式为双底单舷，载货量 $W_c=10\,000\,t$，货物积载因数 $\mu_c=1.00\,m^3/t$；本船选用的主机型号为 G8300，主机额定功率为 4\,500\,hp；船舶续航力为 5\,000\,n\,mile，航速不小于 12\,kn；船员数 20 人。

2. 母型船资料

母型船选用 11\,000 吨近海双底单舷散货船。该船为单机单桨，主机型号为 G8300，功率为 3\,600\,kW，航行速度为 12.12\,kn。设 2 个货舱，载货量 11\,000\,t，船员 22 人。

母型船总长 128.0\,m、垂线间长 121.0\,m、型宽 21.6\,m、型深 9.4\,m、设计吃水 7.0\,m、方形系数为 0.835；空船重量为 3\,827.34\,t，满载出港时重心高度为 7.24\,m。

3. 方案构思及设想

设计船为近海航行，可采用与母型船相似的单机单桨和球首船型。其主船体区划为：首尖舱、尾尖舱、首尾部深舱、机舱、货舱。如图 5-14 所示。

按照 CCS《国内航行海船建造规范》(2021)相关要求,结合中小型散货船实船资料,各舱室长度考虑如下:

首尖舱长度一般为 0.05 L~0.08 L;

尾尖舱长度一般为 0.04 L~0.05 L;

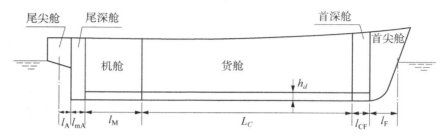

图 5-14　货舱主船体舱室区划

首尾深舱长度之和一般为 0.03 L~0.05 L;

机舱长度 L_M 参照母型船选取(两船机型及航区相同)。

此外,以上舱室的具体长度,还需考虑为设计船肋距(600 mm)的整数倍。

对于散货船,其载重量 DW 占排水量比例较大,其对载重量和舱容的要求是确定主尺度时考虑的主要因素。就货舱容积而言,其大小与货舱长度及货舱横断面型式直接相关。根据设计要求,设计船为双底单舷,其货舱横断面型式如图 5-15 所示。

需要说明的是,双层底的高度"规范"有相关要求;货舱口的宽度应注意"规范"对大开口的界定,其大小与装卸货效率有一定关系;底边舱斜板和顶边舱斜板角度大小与所装货物的堆角有关。

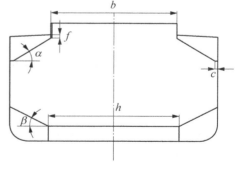

图 5-15　设计船货舱剖面

4. 初始排水量及主要尺度确定

1)计算载重量 DW

船舶载重量 DW 为载货量与人员、行李和船舶航行时所带油水及备品等重量之和。

(1)人员及行李重量:船员的重量每人按 75 kg 计算,船员所携带的行李按每人 45 kg 计算,船员数量为 20 人。

人员重量 $= 20 \times 75 = 1500 (\text{kg}) = 1.5 (\text{t})$

行李重量 $= 20 \times 45 = 900 (\text{kg}) = 0.9 (\text{t})$

(2)淡水和食品重量:

食品及淡水总储备量 $=$ 自持力(d)$\times$人员数$\times$定量[kg/(d·人)]

$$自持力 = \frac{R}{V_S \times 24}$$

式中,R 为续航力(n mile),为 5 000 n mile;V_S 为设计航速(kn),取 12 kn。

所以，自持力 $= \dfrac{5\,000}{12 \times 24} = 17.36$(d)。

定量标准:食品定量按每人每天 4 kg 计算(通常按每人每天 2.5~4.5 kg 计算)。

淡水定量按沿海每人每天 180 kg 计算(通常海船取每人每天定量 100~200 kg)。

所以，食品及淡水总储备 $= 17.36 \times 20 \times (180 + 4) = 63\,884.8$(kg) $= 63.88$(t)。

(3) 燃油储备量:根据设计任务书规定的续航力(5 000 n mile)、装机功率(4 500 hp = 3 308 kw)等来计算。

对于一般运输货船,燃油储备量为

$$W_F = g_0 P_1 t \cdot k \cdot 10^{-3}$$

式中, g_0 为一切燃油装置耗油率[kg/(kW·h)],可近似取主机油耗率的 1.15~1.20 倍, $g_0 = 0.2 \times 1.15 = 0.23$ kg/(kW·h); P_1 为主机常用额定功率(kW),取 $P_1 = 3\,308$ kW; t 为航行时间(h), $t = R/Vs = 5\,000/12 = 416.7$ h; k 为考虑风浪影响的系数,一般可取 1.1~1.2,取 1.2。

所以, $W_F = 0.23 \times 3\,308 \times 416.7 \times 1.2 \times 10^{-3} = 380.45$(t)。

(4) 润滑油储量:润滑油的储备量 W_L 近似地取为燃油储量的某一百分数。

$$W_L = \varepsilon W_F$$

式中, $\varepsilon \approx 0.02 \sim 0.05$,主机功率大、航程远的船取小值,实取为 0.04。

所以, $W_L = 0.04 \times 380.45 = 15.22$(t)。

(5) 备品和供应品重量:此项重量一般比较小,通常取为(0.5%~1%)LW。母型船 LW 为 3 827.34 t,根据母型船资料来选取,暂定为 32 t。

综上,设计船的载重量 DW 为

$$\mathrm{DW} = 1.5 + 0.9 + 63.88 + 380.45 + 15.22 + 32 + 10\,000 = 10\,493.95 \text{(t)}$$

2) 初估排水量

通常根据载重量系数法进行初步估算:

$$\Delta = \frac{\mathrm{DW}}{\eta_{\mathrm{DW}}}$$

式中, η_{DW} 为载重量系数。参考母型船或设计手册中的同类船舶选取。本船取值为 $\eta_{\mathrm{DW}} = 0.76$ 。

所以,初估排水量为: $\Delta = 13\,807.83$(t)。

3) 设计船主要要素第一次近似值

(1) 垂线间长: $L_{\mathrm{pp}} = L_{\mathrm{pp0}}(\Delta/\Delta_0)^{1/3}$

式中, L_{pp} 为设计船的垂线间长,m; L_{pp0} 为母型船的垂线间长,m; Δ_0 为母型船的排水量,其值为 15 752.35 t。

所以, $L_{\mathrm{pp}} = 121 \times \left(\dfrac{13\,807.83}{15\,752.35} \right)^{1/3} = 115.8$(m)。

实取 $L_{\mathrm{pp}} = 116.0$(m)。

(2) 型宽 B 和吃水 T:

型宽: $B = B_0(\Delta/\Delta_0)^{1/3}$

式中, B 为设计船的型宽, m; B_0 为母型船的型宽, m。

所以, $B = 21.6 \times \left(\dfrac{13\,807.83}{15\,752.35} \right)^{1/3} = 20.67 \text{(m)}$。

设计吃水: $T = T_0 (\Delta / \Delta_0)^{1/3}$

式中, T 为设计船的吃水, m; T_0 为母型船的吃水, m。

所以, $T = 7.0 \times \left(\dfrac{13\,807.83}{15\,752.35} \right)^{1/3} = 6.7 \text{(m)}$。

实取型宽 B 为 21.0 m, 设计吃水为 6.7 m。

（3）型深 D: $D = D_0 (T / T_0)$

式中, D_0 为设计船的型深, m; T_0 为母型船的型深, m。

所以, $D = 9.0 \text{(m)}$。

（4）方形系数 C_b:

对于散货船而言: $C_b = 1.091\,1 L^{-0.170\,2} B^{0.158\,7} T^{0.061\,2} V_s^{-0.031\,7} = 0.838$。

参照母型船, 设计船方形系数实取为 0.835。

4）排水量校核

空船重量一般分为钢料重量 W_H, 舾装重量 W_F 和机电设备重量 W_M。 主要要素初步定下以后, 可利用适宜的估算公式进行估算。

（1）钢料重量。

根据散货船的统计公式:

$$W_H = 3.90 K L^2 B (C_b + 0.7) \times 10^{-4} + 1\,200$$

$$K = 10.75 - \left(\frac{300 - L_{PP}}{100} \right)^{3/2}$$

经计算, $K = 8.25$,

$$\begin{aligned}
W_H &= 3.90 \times 8.25 \times 116^2 \times 21 \times (0.83 + 0.7) \times 10^{-4} + 1\,200 \\
&= 2\,591.06 \text{(t)}
\end{aligned}$$

（2）舾装重量。

根据统计公式:

$$W_F = K L B$$

式中, K 为每平方米舾装重量 (t/m^2), 根据统计资料, 取 $K = 0.26$。

经计算, $W_F = 0.26 \times 116 \times 21 = 633.36 \text{(t)}$。

（3）机电设备重量。

$$W_M = C_M (P_S / 0.735\,5)^{0.5}$$

式中, P_S 为主机功率, kW; C_M 为系数, 中速主机的 $C_M = 5 \sim 6$。 这里取 5.6。

经计算, $W_M = 5.6 \times (3\,308 / 0.735\,5)^{0.5} = 375.56 \text{(t)}$

（4）空船重量 LW。

综上, 设计船第一次近似计算的空船重量为

$$\text{LW} = W_H + W_F + W_M = 2\,591.06 + 633.36 + 375.56 = 3\,599.98 \text{(t)}$$

（5）排水量校核结论。

第一次近似计得出的船舶总重量为

$$\Delta_1 = LW + DW = 14\,093.93(\text{t})$$

根据浮性方程求得第一次近似计算的排水量为

$$\Delta_2 = \rho k L_{PP} BTC_B$$

式中，ρ 为水的质量密度，取为 $1.025\ \text{t/m}^3$；K 为附体体积系数，一般可取 1.006。

所以，$\Delta_2 = 1.025 \times 1.006 \times 116 \times 21 \times 6.7 \times 0.835 = 14\,052.72(\text{t})$。

设计船排水量较船舶总重量约小 $41.21\ \text{t}$（误差为 0.3% 且小于 0.5%），所以排水量满足要求。

5）舱容校核

（1）10 000 吨散货所需要的舱容的计算公式为

$$V_c = W_c \cdot \mu_c / k_c$$

式中，μ_c 为积载因数（m^3/t），设计船的货物积载因数为 $1.0\ \text{m}^3/\text{t}$；k_c 为容积折扣系数，取 0.93

所以，$V_c = 10\,000 \times 1.0 / 0.93 = 10\,752.69(\text{m}^3)$

（2）设计船货舱提供的容积的计算公式为

$$V_{TC} = L_C A_C K_C = (L_{PP} - l_A - l_F - (l_{mA} + l_{CF}) - l_M) \cdot A_C \cdot K_C$$

式中，l_M 为机舱长度，参照母型船取为 $16.2\ \text{m}$；l_F 为首尖舱，按规范 $l_F = 0.05\,L \sim 0.08\,L = 6.2\ \text{m} \sim 9.9\ \text{m}$，再结合母型船资料，取首尖舱长度为 $6.6\ \text{m}$；l_A 为尾尖舱，m，按规范 $l_A = 0.04\,L \sim 0.05\,L = 4.96 \sim 6.2\ \text{m}$，考虑该位置的肋距，实取尾尖舱长度为 $6\ \text{m}$；l_{MA}、l_{CF} 为首部、尾部深舱，$l_{MA} + l_{CF} = 0.03\,L \sim 0.05\,L = 3.54 \sim 6.2\ \text{m}$，考虑该位置的肋距，实取首尾深舱长度合计长度 $5.4\ \text{m}$；L_C 为货舱长度，可按下式计算出

$$L_C = L_{PP} - l_A - l_F - l_M - (l_{MA} + l_{CF}) = 116 - 6.6 - 6 - 16.2 - 5.4 = 81.8(\text{m})$$

综合考虑肋位及肋距（货舱区域为 $700\ \text{mm}$），实取货舱长度 $82.6\ \text{m}$。

A_C 为船中货舱横断面有效载货面积，m^2，计算公式为

$$A_C \approx B(D - h_D) - A_1$$

其中，A_1 为舷顶舱、底边舱和双层底部分的面积，m^2；h_D 为双层底高度，m。

根据"规范"，双层底高度 h_D 不得小于 $760\ \text{mm}$，且不小于按下式计算所得值：

$$h_D = 25B + 42T + 300 = 1\,106.4(\text{mm})$$

所以，设计船双层底高度实取为 $1.2\ \text{m}$。

根据设计船所载货种，参考相关资料，顶边舱倾角 α 取为 $35°$，底边舱倾角 β 取为 $43°$，舱口宽度 b 为 $14\ \text{m}$，双层底水平宽度 a 为 $15\ \text{m}$，c 和 f 均为 $0.5\ \text{m}$，如图 $5-16$ 所示。经计算的货舱横断面的面积为

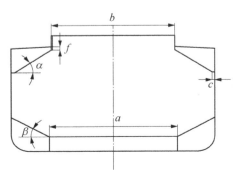

图 $5-16$　货舱有效载货横断面

$$A_C = 21 \times (9 - 1.2) - (2 \times 5.95 + 2 \times 4.2) = 143.5 \, (\text{m}^2)$$

K_C 为货舱型容积系数。可利用母型船总布置图、型线图、横剖面图来近似计算,同时凑绘船货舱两端的横剖面,并计算出其有效面积,可得 $K_C = 0.91$。

所以,$V_{TC} = 82.6 \times 143.5 \times 0.91 = 10786 \, (\text{m}^3)$。

(3)容量校核结论。经校核,设计船能提供的货舱容积大于货舱所需要的容积(多 33.31 m³),满足要求。

6)航速校核

采用海军系数法来进行航速估算,海军系数法公式:

$$C = \frac{\Delta^{2/3} V^3}{P}$$

式中,Δ 为经排水量校核的设计船排水量,14 093.93 t;P 为主机额定功率,3 308 kW。

母型船相关数据为:$\Delta_0 = 15\,280.73$ t,航速 $V_0 = 12.12$ kn,主机功率 $P_0 = 3\,600$ kW

$$C = 310.77$$

所以,$V = 12.08$ kn > 12 kn,满足设计航速要求。

7)初稳性校核

初稳性高度为 $h = a_1 T + a_2 \dfrac{B^2}{T} - a_3 D$

式中:

$$a_1 = \frac{1}{3}\left(2.5 - \frac{C_b}{C_w}\right) = 0.521$$

$$C_w = \frac{1}{3}(1 + 2C_b) = 0.887$$

$$a_2 = \frac{1}{11.4}\frac{C_w^2}{C_b} = 0.083$$

a_3 为重心高度系数,根据母型船,$a_3 = 7.24 \div 9.4 = 0.77$,

所以可得,$h = 0.521 \times 6.7 + 0.083 \times \dfrac{21.0^2}{6.7} - 0.77 \times 9.0 = 2.02 \, (\text{m})$。

设计船为散货船,其初稳性高度大于 0.15 m,满足相关要求。

经过上述校核,设计船的排水量、容量、航速及初稳性高度均满足要求。

8)主要要素小结

依据设计任务书,结合相关公式所确定的主要要素组合,经校核能满足排水量、容量、航速和初稳性高度的要求。

设计船的主要要素如下:

垂线间长	L_{PP}	116 m
型宽	B	21 m
型深	D	9 m
设计吃水	T	6.7 m
方形系数	C_b	0.838

5.5.2　集装箱船主要要素确定

1. 设计要求

集装箱船航区为近海,主要用于装运集装箱,载箱数要求达到 340 TEU,平均箱重取 13.5 t/TEU;本船主机功率为 3 000 hp,航速不低于 12.5 kn,续航力要求 2 000 nmile;船员数 16 人;首尾尖舱肋距为 600 mm,其他肋距为 650 mm。

2. 母型船资料

母型船主要要素:垂线间长 108 m,型宽 16.5 m,型深 9.0 m,设计吃水 7.0 m,排水量 10 522 t,主机功率 3 300 hp,航速 12.5 kn;满载出港时重心高度 6.3 m,船体钢料重量为 1 523.8 t,舾装重量为 641 t,机电设备重量为 281 t;方形系数为 0.800,水线面系数为 0.904。

母型船总载箱数 380 TEU,舱内布置集装箱 12 行×5 列×3 层,舱内箱共计 180 TEU,甲板上布置集装箱 12 行×6 列×3 层(局部 2 层),甲板箱共计 200 箱。

3. 集装箱排列方案考虑

首先确定甲板载箱数 N_D 和舱内装箱数 N_H 的分配,再进一步确定舱内箱在船长、型宽和型深方向的行数、列数和层数。

行数 X、列数 Y、层数 Z 与舱内箱数 N_H 的统计关系为 $XYZ=1.445N_H-62$。

表 5-4 给出了 $Y×Z$ 与 N_H 的大致关系,运用此表和前述的统计关系式,就可确定出 X、Y、Z。显然 X、Y、Z 均应取整数。

表 5-4　$Y×Z$ 与 N_H 的关系

N_H	120~250	250~300	300~450	450~850	850~1 200	>1 500
$Y×Z$	5×3	6×4	7×5	8×6	9×7	10×9

参照母型船舱载箱数与甲板载箱数的比例,可粗略得到设计船的舱内载箱数,其值为 340×180÷380=161,进而根据表 5-4 可知舱内布置 5 列 3 层集装箱。这样再利用上述关系式可算得舱内载箱行数为 11.38,实际选取 12 行。考虑载箱区域两端各扣去 2 TEU,所以舱内载箱数共计 176 TEU。

考虑设计船为小型集装箱船,甲板上集装箱集中布置在舱口区域较为合理,即甲板上布置 12 行、5 列、3 层(局部 2 层)。这样甲板上可布置集装箱数量为 164 TEU(总装箱数为 340 TEU)。

4. 主要要素初始值估算

小型集装箱船一般设 2~3 个货舱。设计船舱内载箱行数为 12,考虑 40 ft 箱(相当于 2 个 20 ft 集装箱的长度)装卸的通用性和有利于结构横向强度,设计船采用 3 个货舱,即每个舱按 4 行 TEU 考虑。每个舱的集装箱布置相关要求参见图 5-17。

此外,对于中小型集装箱船,舱内集装箱堆放时通常直接采用连接件而不使用导轨架,且舱口不设架空横梁和纵桁。同样,甲板上往往也采用连接件与绑扎件来固定。

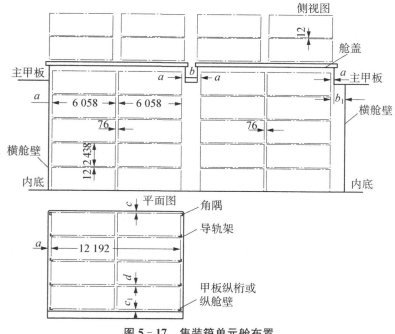

图 5-17　集装箱单元舱布置

1) 垂线间长

(1) 从舱室布置角度考虑。① 货舱区长度 L_C：设计船货舱区域长度包括 3 个货舱口长度 l_C 和 2 个甲板条宽度 b_C，其中货舱口的长度

$$l_c = x \times l + (x-1) \times 0.076 + 2a$$

式中，x 为每个舱的行数，取为 4；l 为集装箱的长度，取为 6.058 m；a 为集装箱端面与船宽围板间隙，取为 0.4 m（与船宽角隅半径大小有关）。

所以，$l_c = 4 \times 6.058 + (4-1) \times 0.076 + 2 \times 0.4 = 25.26$（m）。

第一、三个货舱长度为 $25.26 + 0.65 = 25.91$（m），各 40 个肋位；第二个货舱长度为 $25.26 + 2 \times 0.65 = 26.56$（m），共 41 个肋位。

货舱区域长度 $L_C = (2 \times 40 + 41) \times 0.65 = 78.65$（m）。

② 机舱长度：设计船所用机型及航区与母型船相同，所以机舱长度与母型船一样，为 12.35 m（19 个肋位）。

③ 首尾尖舱长度：根据规范及布置要求，干货船（含集装箱船）的首尾尖舱长度为垂线间长的 9%～12%。对小型货舱取为 11%。

④ 首尾深舱长度：对于中小型货运船舶，其首深舱长度一般为 5～6 m；尾深舱长度多在 2～3 m。本设计船首尾深舱长度取为 8 m。

⑤ 垂线间长：$L_{PP} = 78.65 + 12.35 + 8 + 11\% L_{PP}$，$L_{PP} = 102.25$（m）。

(2) 利用统计公式来估算。

对于集装箱船，如载箱数 2 500 TEU 以下时，其垂线间长

$$L_{PP} = 47 + 0.16 N_C - 0.725 N_C^2 \times 10^{-4} + 0.135 N_C^3 \times 10^{-7}$$

式中，N_C 为 20 ft 标准集装箱（TEU）数量，取为 344 TEU。

所以，$L_{PP} = 47 + 0.16 \times 344 - 0.725 \times 344^2 \times 10^{-4} + 0.135 \times 344^3 \times 10^{-7} = 94.01(\mathrm{m})$。

（3）垂线间长初始值。

考虑集装箱船对快速性有较高的要求，且设计船载箱数偏小，其垂线间长应取大者较有把握。因此设计船垂线间长初始值取为 102 m。

2）型宽

（1）从布置角度考虑。

对于集装箱船，确定集装箱排列方式后，货舱口宽度 B_c 根据舱内集装箱装载的列数 Y，考虑货箱之间、箱与纵舱壁之间的间隙就可确定。

货舱口宽度 B_c 按下式计算：

$$B_c = Y \times 2.438 + (Y - 1)d + 2c$$

式中，Y 为集装箱舱内列数；d 为集装箱横向间隙，取为 0.05 m；c 为集装箱与纵舱壁之间的间隙，一般为 0.15 m。

所以，$B_c = 5 \times 2.438 + (5 - 1) \times 0.05 + 2 \times 0.15 = 12.69(\mathrm{m})$。

对于中小型集装箱船，其货舱口宽度 B_c 与型宽 B 之比一般不大于 0.8，所以，型宽 B 不得小于 15.86 m。

（2）利用统计公式估算。

① 对于小型海船，其型宽可按池母式估算：

$$B = 0.14L_{PP} + 1.4$$

所以，$B = 0.14 \times 102 + 1.4 = 15.68(\mathrm{m})$。

② 对于海船，也可按海纳公式估算型宽

$$B = L_{PP}^{0.8}/2.6$$

同样，$B = 102^{0.8}/2.6 = 15.56(\mathrm{m})$。

（3）型宽初始值。

通常集装箱的初稳性高度矛盾较为突出，因此在选取设计船型宽时取大值有利。综合考虑初稳性高度、扭转强度和压载量等的需要，设计船型宽初始值取为 16 m，货舱口宽度为 12.8 m。

3）型深

（1）从集装箱布置考虑。

集装箱船型深 D 主要取决于舱内集装箱的层数、双层底高度和舱口围板高度。型深 D 与有关尺度间的关系如图 5-18 所示。设计船型深按下式计算：

$$D = h_D + h_n + h_t + f - H_c$$

式中，h_D 为双层底高度，一般应大于 $\dfrac{B}{16}$（中小型集装箱船），结合压载的需要，取为 1.5 m；h_n 为货舱内集装箱所需总高度，其值为 $3 \times 2.438 + 2 \times 0.012 = 7.34$ m；h_t 为内底距最下层集装箱的间隙，一般为 $0.025 \sim 0.050$ m，实取为 0.05 m；f 为集装箱顶与舱口盖板下缘的距离,至少为 $0.2\sim0.3$ m,实取为 0.25 m;H_c 为货舱口围板高度,一般在 0.6 m 以上,实取为 0.8 m。

所以,$D=1.5+7.34+0.05+0.25-0.8=8.34$(m)。

（2）从总纵强度方面考虑。

船舶的总纵强度与其 L_{PP}/D 关系最大。所以,设计船型深也可参考母型船来估算:

$$D=\frac{D_0}{L_{PP0}}L_{PP}$$

式中,L_{PP0}、D_0 分别为母型船的垂线间长和型深,其值分别为 108 m 和 9 m。

所以,$D=\dfrac{9}{108}\times102=8.5$(m)。

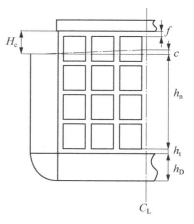

图 5 - 18 型深估算示意图

（3）型深初始值。

根据上述估算结果,设计船型深初始值取为 8.5 m。

4）吃水 T

（1）按统计公式估算。

对于集装箱船,其设计吃水 T 可按下式估算:

$$T=L_{PP}/20+k_t$$

式中,k_t 一般可取 $1\sim2$ m,实取 1.5 m。

所以,$T=102\div20+1.5=6.6$(m)。

（2）按尺度比估算。

① 由 B/T 估算:

$$T=\frac{T_0}{B_0}B$$

式中,T_0/B_0 为吃水宽度比,其值取为 $7\div16.5=0.424$;B 为设计船型宽,其值为 16 m。

所以,$T=0.424\times16=6.78$(m)。

② 由 D/T 估算:

$$T=\frac{T_0}{D_0}D$$

式中,T_0/D_0 为吃水型深比,其值取为 $7\div9=0.778$;D 为设计船型深,其值为 8.5 m。

所以,$T=0.778\times8.5=6.61$(m)。

（3）吃水初始值。

综合上述,设计船吃水取为 6.6 m。

5）方形系数 C_b

（1）按统计公式估算。

集装箱船的方形系数主要从排水体积、快速性和货舱装箱量等方面来选择。对于中小型集装箱船,其快速性要求相对较低,因此其方形系数 C_b 一般可参照干货船的相关公式来估算。

$$C_b = C - 1.68F_r$$

式中，C 为系数，取为 1.08；F_r 为弗劳德数，根据设计要求及船长，其值为 0.193。

所以，$C_b = 1.08 - 1.68 \times 0.193 = 0.755$。

（2）参考母型船选取。

对于集装箱船，较大的方形系数对货舱方整及装箱有利。母型船的方形系数为 0.8，能保证其货舱完全长方（货舱两端不需做成阶梯式舱室），所以设计船的方形系数也应控制在 0.8 左右为好。

（3）方形系数初始值。

综合考虑快速性和集装箱布置（货舱两端可做成 4 个台阶，即载箱数减至 340 TEU）等因素，设计船的方形系数初始值取为 0.78。

5. 排水量校核

1）空船重量 LW 估算

（1）船体钢料重量 W_H。

船体钢料重量 W_H 按下式来估算：

$$W_H = C_H L_{PP} B D$$

式中，C_H 为钢料重量系数，按母型船推算，其值为 $0.095\,\text{t/m}^3$；L_{pp}、B、D 分别为垂线间长、型宽和型深。

所以，$W_H = 0.095 \times 102 \times 16.0 \times 8.5 = 1\,317.84\,(\text{t})$。

（2）舾装设备重量 W_F。

舾装重量 W_F 按下式来估算：

$$W_F = C_F L_{PP} B D$$

式中，C_F 为舾装重量系数，按母型船推算，其值为 $0.04\,\text{t/m}^3$；L_{pp}、B、D 分别为垂线间长、型宽和型深。

所以，$W_F = 0.04 \times 102 \times 16.0 \times 8.5 = 554.88\,(\text{t})$。

（3）机电设备重量 W_M。

机电设备重量可以按下式估算：

$$W_M = C_M P_B$$

式中，C_M 为机电重量系数，按母型船推算，其值为 $0.116\,\text{t/kW}$；P_B 为装机总功率，其值为 $0.735 \times 3\,000 = 2\,205\,\text{kW}$。

所以，$W_M = 0.116 \times 2\,205 = 255.78\,(\text{t})$。

（4）空船重量 LW。

$$LW = 1\,317.84 + 554.88 + 255.78 = 2\,128.5\,(\text{t})$$

2）载重量 DW 估算

（1）集装箱重量：

$$W_{\text{TEU}} = N_{\text{T}} P_{\text{C}}$$

式中，N_{T} 为总装箱数，其值为 340 TEU；P_{C} 为集装箱每箱平均计算重量，取为 13.5 t/TEU。所以，$W_{\text{TEU}} = 340 \times 13.5 = 4\,590$(t)。

（2）人员及行李重量。

设计船要求船员人数为 16 人，按 75 kg/人计算，人员共重 1.2 t；船员行李按 50 kg/人计算，行李共重 0.8 t。

（3）食品及淡水重量。

自持力：$\dfrac{R}{V_{\text{s}} \cdot 24} = \dfrac{2\,000}{12.5 \times 24} = 6.67$(d)

食品储备量：$W_{\text{食品}} = 6.67 \times 5 \times 16 \times 10^{-3} = 0.53$(t)(食品定量按每人每天 5 kg 计算)

淡水储备量：$W_{\text{淡水}} = 6.67 \times 150 \times 16 \times 10^{-3} = 16$(t)(淡水定量按每人每天 150 kg 计算)

（4）燃油与滑油重量。

$$W_{\text{F}} = t \cdot g \cdot P_{\text{b}} \cdot k \cdot 10^{-3}$$

式中，航行时间 $t = \dfrac{R}{V_{\text{s}}} = \dfrac{2\,000}{12.5} = 160$(h)；$g$ 为主机耗油率，取 200 g/(kW·h)；P_{b} 为主机功率，取 3 000 hp(即 2 205 kW)。

燃油重量：$W_{\text{F}} = 160 \times 0.2 \times 2\,205 \times 1.2 \times 10^{-3} = 84.67$(t)。

对于中等功率柴油机，其滑油重量 W_{L} 一般取为燃油重量 W_{F} 的 4%，即 $W_{\text{L}} = 0.34$ t。

（5）载重量 DW。

$$\text{DW} = 4\,590 + (1.2 + 0.8) + (0.53 + 16) + (84.67 + 0.34) = 4\,693.54\,(\text{t})$$

3）压载水重量

对于集装箱船，为了保持一定的吃水和稳性，在满载设计工况时，通常需要在货舱区域装载一定数量的压载水，其数量可以按下式来估算：

$$W_{\text{B}} = k_{\text{b}} \times \text{DW}$$

式中，k_{b} 为压载水重量系数，取为 0.35；DW 为载重量，其值为 4 693.54 t，所以，$W_{\text{B}} = 0.35 \times 4\,693.54 = 1\,642.74$(t)。

设计船实取压载水重量为 1 700 t。

4）船舶排水量校核

设计船总重量：

$$W = \text{LW} + \text{DW} + W_{\text{B}} = 2\,128.5 + 4\,693.54 + 1\,700 = 8\,522.04\,(\text{t})$$

设计船排水量裕度：5% LW = 106.43(t)

设计船排水量：

$$\Delta = \omega k L_{\text{PP}} B T C_{\text{b}} = 1.025 \times 1.005 \times 102 \times 16.0 \times 6.6 \times 0.78 = 8\,654.63\,(\text{t})$$

所以，两者相对误差为

$$\frac{|\Delta - W - 5\%\text{LW}|}{\Delta} \times 100\% = \frac{8\,654.63 - 8\,522.04 - 106.43}{8\,654.63} = 0.3\% < 0.5\%，满足要求。$$

舱容校核调
整（微课）

6. 压载水容量校核

1）需要容积计算

满载航行时，设计船货舱区域需压水 1700 t，所需压载舱容积约为 1700 m³。

2）所能提供容积估算

设计船货舱区域横剖面为大开口双底双舷型式，满载时压载水通常就布置在双层底内。设计船货舱区长度 L_C 为 78.65 m，船舶型宽 B 为 16 m，双层底高度 h_D 为 1.5 m。双层底区域舱容可按下式估算：

$$V_B = k_b k_c L_C B h_D$$

式中，k_b 为双层底压载水舱形状系数，参考母型船取为 0.95；K_c 为双层底压载水舱舱容系数，通常取为 0.97。

所以，$V_B = 0.95 \times 0.97 \times 78.65 \times 16 \times 1.5 = 1739.42 \ (m^3)$。

3）容积校核

经计算，设计船货舱区域双层底所能提供的容积大于压载所需容积，满载容量要求。

7. 性能校核

性能校核调
整（微课）

1）航速校核

设计船航速可采用海军系数法进行估算。取设计船与母型船的海军系数相等，则有：

$$\frac{\Delta^{2/3} V^3}{P} = \frac{\Delta_0^{2/3} V_0^3}{P_0}$$

式中，Δ、Δ_0 分别为设计船和母型船的排水量，$\Delta = 8654.63 \ t$、$\Delta_0 = 10522 \ t$；V、V_0 分别为设计船和母型船的航速，$V_0 = 13 \ kn$；P、P_0 分别为设计船和母型船的主机功率，$P = 3000 \ hp$、$P_0 = 3300 \ hp$。

所以有

$$\frac{8654.63^{2/3} \times V^3}{3000} = \frac{10522^{2/3} \times 13^3}{3300}$$

$$V = 13.15 \ (kn)$$

经初步核算，设计船设计航速大于 12.5 kn，满载设计要求。

2）初稳性校核

初稳性高度按下式估算：

$$h = Z_B + r - Z_G$$

式中，$Z_B = a_1 T$，系数 $a_1 = \dfrac{C_w}{C_w + C_b}$；

$r = a_1 \dfrac{B^2}{T}$，系数 $a_2 = \dfrac{0.088 C_w^2}{C_b}$；

$Z_G = \xi D$，系数 $\xi = \dfrac{Z_{G0}}{D_0} = \dfrac{6.3}{9.0} = 0.70$。

其中，C_w、C_b 参照母型船选取，其值分别为 0.904、0.800，

所以，
$$a_1 = \frac{0.904}{0.904 + 0.800} = 0.53 ; \quad a_2 = \frac{0.088 \times 0.904^2}{0.800} = 0.09$$

$$h = 0.53 \times 6.6 + 0.09 \times \frac{16^2}{6.6} - 0.7 \times 8.5 = 1.04 \text{ m}$$

设计船为中小型集装箱船，其初稳性高度大于 0.3 m，满足相关要求。

8. 主要要素小结

依据集装箱排列方案和结合相关公式所确定的主要要素组合，经校核能满足排水量、容量、航速和初稳性高度的要求。

设计船的主要要素如下：

垂线间长	L_{PP}	102 m
型宽	B	16 m
型深	D	8.5 m
设计吃水	T	6.6 m
方形系数	C_b	0.78

复习思考题

1. 船舶主要要素通常包含哪些？

2. 总体设计方案构思的任务是什么？

3. 就一般情况来说，船舶总体设计方案构思主要考虑哪些方面？

4. 对于散货船和集装箱船，方案构思时如何考虑？

5. 豪华邮轮的船型特点和布置特征有哪些？

6. 为什么一般散货船的货舱区都设有顶边水舱和底边水舱？它们有什么用处？

7. 选择船舶主要要素时应考虑哪些基本因素？

8. 确定主要要素应满足哪些约束条件？

9. 确定船舶主要要素的基本思路和一般步骤是什么？

10. 对于载重型船舶和布置型船舶，确定主要要素的方法如何？

11. 正确理解"诺曼系数"的概念。重力和浮力不平衡时如何考虑？

12. 容量不足或过大时如何分别考虑？

13. 稳性、快速性不满足时如何考虑？

14. 对载重型船舶，从满足浮力的要求来考虑，适当增加吃水而减小其他尺度，对快速性和减轻空船重量很可能有利，试分析说明。

15. 在船舶设计时，对方形系数的选择经常面临浮力和阻力的矛盾，试问一般应如何处理？

第6章 型线设计

船舶型线与其力学性能、总布置、结构和建造工艺及成本等有着密切的关系,因此船体型线设计是船舶总体设计的重要内容之一,必须认真对待。通常在确定主要要素和总体方案构思时就要对型线特征给予一定的考虑。在船舶主要要素确定后,型线设计常与总布置设计配合进行,对于重要产品的型线往往还需通过船模试验或数值仿真方法来确定。

6.1 型线设计概述

横剖面面积曲
线定义(微课)

船舶型线设计目的就是要确定船体几何形状,其形状特征参数除了主要要素如船长 L、型宽 B、吃水 T、型深 D 和方形系数 C_b 外,还包括横剖面面积曲线的形状和参数、设计水线和中横剖线的形状和参数、首尾轮廓以及甲板线等的形状。这些形状特征和参数不仅与船的性能有关,而且在几何上有内在的联系。例如:方形系数 C_b、中剖面系数 C_m、棱形系数 C_p 三者间存在换算关系;各站横剖面面积与设计水线半宽、侧面轮廓线结合起来就决定了整个横剖线的 UV 度形状等。此外,横剖线水下部分形状还影响着水上部分的形状特征,如设计水线过狭、甲板过宽、干舷过小,从水下部分向甲板过渡,就会造成过度的外飘。所以,在主要要素已确定的情况下,型线设计首先应考虑并确定以上特征要素,特别是横剖面面积曲线和设计水线,这样才能对所设计的型线做到有效控制。

6.1.1 型线设计考虑

型线设计考虑是否周到,设计出的型线是否优秀,对船舶的航行性能、使用与布置、建造维修等方面均有很大的影响。在航行性能方面,型线与阻力性能关系重大,且尾部型线直接对推进效率和船体振动有很大的影响;其次,型线与船舶的浮态、稳性、操纵性、耐波性、砰击飞溅等有关。在使用与布置方面,型线影响着舱室布置和舱容大小,如机舱的布置条件、货舱和压载舱的容积、甲板的布置地位等。在建造和维修方面,型线平直和可展性对简化建造工艺较为有利,而复杂曲面则会增加施工难度和建造成本。所以,型线设计需要综合考虑多方面的要求。对有些相互矛盾的要求,设计者应加以权衡,综合考虑。通常,型线设计时应着重考虑以下几个方面。

第一,保证船舶具有良好的航海性能。进行型线设计时,通常把快速性作为优先需求来考虑,同时兼顾耐波性、稳性和操纵性。一般来说,在满足浮力要求的前提下,船体设计水线以下部分的形状特征和参数主要可从快速性、耐波性、稳性和操纵性几方面来考虑;而设计水线以上部分的形状和尺寸则从耐波性、稳性、抗沉性和砰击角度来考虑,并且使两者在几何上合理配合。

第二,满足总布置和使用的要求。总布置需要的甲板地位、船舱尺度、机舱和设备的布置、浮态调整等要求都应在型线设计中加以考虑。当总布置与性能对型线的要求发生矛盾时,往往以适当地降低性能方面的要求来满足总布置的需要。例如,装载特殊货物的船舶对甲板和货舱形状的要求(如集装箱船货舱端部);机舱在尾部的小型船舶主机和轴系布置对型线的要求。

第三,考虑船体结构的合理性和工艺性。复杂多变的船体形状,不仅增加建造工时,多耗材料,而且不易保证施工质量,影响结构强度;过长、过浅的尾悬体影响尾部的强度和刚度;外飘过度、底部平坦的船首会增加波浪的冲击和对船底的抨击;过于尖瘦的首尾型线不仅给施工带来困难,而且还会影响其强度等性能。

第四,外观造型。设计水线以上的首尾轮廓线、甲板边线以及外部的折角线应考虑美观和造型方面的要求。对于邮轮、游船、公务船等,更应结合相关船型特征考虑型线与上层建筑的协调性。

6.1.2　型线设计方法

鉴于型线设计的复杂性,通常在船舶主要要素确定之后就需给予考虑。对于常规船型,型线设计通常与总布置设计及总体结构设计配合进行;对于重要船舶,其型线往往需要通过船模试验来完善和确定。但究其设计方法可归纳成以下几种:

(1) 自行设计法。在缺乏适当的母型船资料情况下,设计者可根据设计船型线的特殊要求,按照型线设计基本原则和规律,经充分的分析和思考,并对设计船船型特征有所把握后,自行设绘型线图。该方法常用于新船型开发,对设计者的设计经验有较高的要求。

(2) 母型改造法。利用与设计船较为接近的优秀船舶的船体型线为母型,并根据两者的不同点,通过适当的方法,将其改造成符合设计要求的新船型线。该方法可以借鉴和继承母型船的优点,且能有效保证设计船性能,所以被经常采用,但应注意改造的条件是否具备。

(3) 系列船型法。利用某一系列船模试验资料,按其规定的方法直接得到新船的型线。该方法对新船性能相对较易把握,但一般用于常规传统运输船的型线设计。

(4) 数学船型法。利用数学表达式对新船的型线特征进行表述,通常采用以下两种方法:一是可按照某种规律变化的平面曲线来表达船体曲面;二是可把船体曲面分成若干块曲面片,再按照连续条件将其拼接起来构成船体曲面。

综上所述,设计出符合新船要求的型线常采用两个途径:一是根据不同类型船舶不同的使用特点,将所掌握的船体主要形状特征和参数对船的性能、布置的影响规律,分清主次,统筹兼顾,合理地加以处理;二是参照优秀的母型船型线或系列型线,根据新船的具体要求,用适当的方法加以修改而成。

实际上,各种方法不能截然分开。自行设计法要利用型船和系列型线资料;母型改造法也要体现设计者的主观意图。在实际设计时究竟以哪个方法为主,则要根据设计船的型线特点、设计者所掌握的型线资料和实践经验等确定。在很多情况下,不同方法可穿插使用。

无论采用哪种型线设计方法,设计者都可以利用计算机相关软件来辅助设计,有条件时甚至可直接使用船舶专用设计软件来设绘型线。

6.1.3　型线设计要求

　　船舶型线设计除需满足所确定的船长、船宽、型深、吃水和方形系数等主要要素外,还需满足性能、使用和建造等方面的要求。例如,型线所确定的棱形系数和浮心纵向位置需保证船舶具有良好的阻力性能和适合的首尾空间;所确定的平行中体长度和位置需保证船舶使用方便和高效。

　　此外,所设计的型线应满足光顺和投影一致性要求,这样才能保证船体曲面的光顺性。对于所设计的新船型线,还应满足型线设计精度的基本要求:

　　(1) 应符合排水体积的要求,误差为 $\pm0.5\%$;

　　(2) 应符合浮心纵向位置的要求,误差为 $\pm0.3\%L$。

　　在方案设计或初步设计时可适当放宽精度要求。

　　本章以快速性为主线,在分别讲解横剖面面积曲线、设计水线和中横剖线的主要形状特征和参数选择的基础上,结合首尾部轮廓线和甲板线基本要求,就型线设计要点展开讨论,并对系列船型和特殊型线做简单介绍。

横剖面面积
曲线特征参
数(微课)

6.2　横剖面面积曲线与设计水线

6.2.1　横剖面面积曲线及其形状特征参数

　　所谓横剖面面积曲线,是指以船长 L(海船用垂线间长 L_{PP},内河船常用设计水线长 L_{WL})为横坐标,以在设计水线下各站横剖面面积为纵坐标所绘制的曲线,如图 6-1 所示。它的形状特征参数可从以下几个方面来表示:

　　(1) 横剖面面积曲线下的面积相当于船的型排水体积;

　　(2) 横剖面面积曲线面积的丰满度等于棱形系数;

　　(3) 横剖面面积曲线面积形心的横向坐标表示船的浮心纵向位置;

　　(4) 横剖面面积曲线的最大纵向坐标值代表船的最大横剖面面积(船丰满时通常是中剖面面积),其对应的横坐标表示船的最大横剖面位置;

　　(5) 丰满船的横剖面面积曲线的中部水平段长度即船舶的平行中体长度,其前后两段分别称为进流段和去流段;

　　(6) 横剖面面积曲线两端端部形状。

　　为了便于比较,通常将各船型的横剖面面积曲线无因次化,即取纵向坐标为各站横剖面面积 A_i 与最大横剖面面积 A_M 的比值,取横坐标为各剖面距船中的实际距离 X_i 与 0.5 倍船长 L 之比。图 6-2 为几艘船的无因次化的横剖面面积曲线示意图。

　　从图 6-2 可以看出,不同类型的船舶,其横剖面面积曲线的形状差别很大,曲线①的丰满程度,即 C_p,远大于曲线⑤;曲线①前体相当丰满,而曲线③后体较为丰满,体现了前后体不同的相对丰满度,即不同的浮心相对纵向坐标值;曲线①具有较长的平行中体长度,而曲线④⑤无平行中体。可见横剖面面积曲线在很大程度上决定了船体型线,所以也是型线设计的出发点。

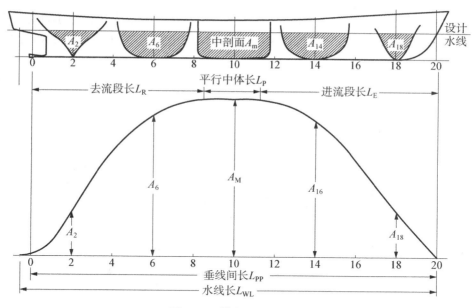

图 6-1 横剖面面积曲线

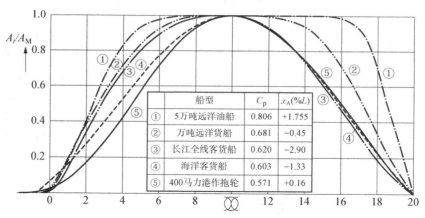

图 6-2 无因次化横剖面面积曲线示意图

6.2.2 横剖面面积曲线形状特征参数的考虑

1. 棱形系数

纵向棱形系数 C_p 的大小反映了浮力沿船长的分布情况,C_p 大表示浮力沿船长分布得比较均匀,C_p 小意味着浮力相对集中于船中,而首尾两端尖瘦。

纵向棱形系数 C_p 的选取必须与方形系数 C_b 和中横剖面系数 C_m 一起考虑,因为它们有以下关系:

$$C_p = C_b / C_m \tag{6-1}$$

通常选择 C_p 时应考虑以下几点因素。

1) 对阻力的影响

C_p 的大小决定了水动压力沿船长的分布(见图6-3),因而对船的剩余阻力影响很大,且阻力随速度的提高而增大。对于低速船($F_r \leqslant 0.2$),兴波阻力所占比例很小,因此 C_p 对总阻力的影响甚微。一般低速肥大型船为提高装载能力和便于建造,C_m 取值很大,故 C_p 和 C_b 相差不大。

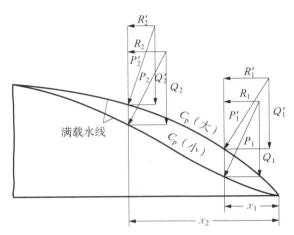

图 6-3 不同 C_p 时的压力分布示意图

对于中速船($0.20 < F_r \leqslant 0.30$),船的兴波阻力主要发生在首部,选取小的 C_p 可使船的两端较尖瘦,对剩余阻力有利,但必须保证船体水线向中部过渡时不产生明显的突肩,从而要求 C_m 也相应小些。实际使用时,所取的 C_p 值一般较使剩余阻力方面最佳的 C_p 值要大。

对于高速船($F_r > 0.30$),随着 F_r 的增加,兴波阻力愈来愈大,船首兴波的区域逐渐扩展到船中附近。此时,在 C_b 确定的情况下,过小的 C_p 可能导致船体曲面在中部过分凸起,从而造成严重的兴波阻力,因此 C_p 应尽可能选取为最佳值。从图 6-4 可以看到,当 $F_r > 0.50$ 时,C_p 值将保持某值而不再增加。

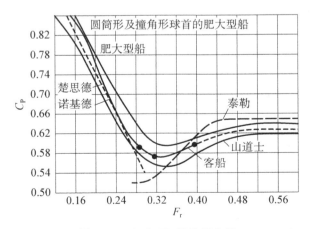

图 6-4 C_p 与 F_r 的关系曲线

2)对总布置和建造工艺的影响

选择 C_p 时还必须考虑到对总布置和建造工艺的影响。当 C_p 较小时,船两端尖瘦,不利于布置,尤其是尾机型船,过小的 C_p 给机舱及轴系布置造成困难。

对双桨船,尾端过于尖瘦,尾轴过早穿出船体,悬臂轴很长,对强度和振动极为不利。

对小型船舶,C_p 太小,船体两端过分尖瘦,将给施工建造带来困难。

3)与其他参数和船体型线的协调配合

选择 C_p 时还应考虑与 C_b、C_m、L/B 的协调配合。对 L/B 小的船,如果 C_p 太小,则前体易产生突肩,出现附加横波系,从而使阻力增加。

对于设计船的 C_b 已达到 F_r 所允许的上限时,则应取尽可能大的 C_m,以减小 C_p。图 6-5 为 C_b、C_m、C_p 的关系曲线,设计时可参考。

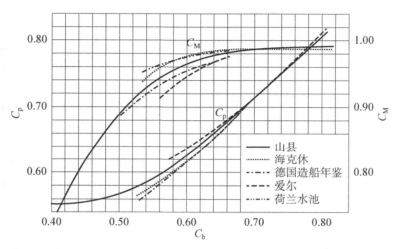

图 6-5　C_b、C_m、C_p 的关系曲线

C_p 的选取还应考虑到船舶的经济性。对中低速运输船而言,具有最低剩余阻力的 C_p 与从经济角度选用的 C_b 是无法配合的,因为即使将 C_m 取到最大,实际的 C_p 也难以达到理论上的最佳值,所以选用经济的 C_b 及与之对应的 C_m 所得到的 C_p 较为适宜,这样既不会增加太多总阻力,又相应地可减少船的尺度,减轻船体重量,从而降低造价。对于高速船,C_p 则选用阻力最佳的值。

2. 浮心纵向位置

在一定的 C_p 下,浮心纵向位置表示了船的排水体积在中前和中后的相对量,即反映中前和中后的相对丰满度。它对船的阻力和纵倾调整都有很大的影响。通常浮心纵向位置主要从对阻力有影响的最佳浮心位置和总布置所确定的重心纵向坐标两方面来考虑。

1)对阻力的影响

当 X_B 向首部移动时,船首愈加丰满,会使兴波阻力增加,而船尾瘦削有利于降低漩涡阻力;当 X_B 向尾部移动时则产生相反效果。所以对于某一特定的 C_p,必有一 X_B 对应于最小总阻力,也就是通常所说的最佳浮心纵向位置。

对于 C_b 较大的低速船,由于兴波阻力所占比例较小,故 X_B 在中前为宜,以便加长去流段,削瘦船体后端,从而减小形状阻力。

对于中高速船,其 C_b 均较小,一般不致于产生大量漩涡,但兴波阻力所占比例渐渐增

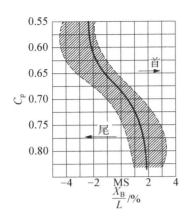

图 6-6 较佳浮心纵向位置范围

加,故 X_B 以在中后为宜,以使船前端变得较为尖瘦,从而减小兴波阻力。

对于某一 F_r 或确定的 C_p 值,存在最小阻力所对应的最佳 X_B 值。船模试验表明,X_B 在如图 6-6 所示的阴影部分移动时,对阻力的影响不超过 1%。

双桨船的最佳浮心位置通常要比相应的单桨船靠后 1% 左右,快速双桨船的最佳浮心位置在中后($2.0\% L \sim 3.5\% L$)。此外,从推进效率角度看,实际浮心位置稍后于阻力上最佳位置,如向后($0.2\% L \sim 0.3\% L$)是有利的。

2) 有利于纵倾调整

浮心纵向位置的选取要保证与船舶重心位置配合,使船不致产生首倾和不允许的尾倾,尤其对尾机型船更要认真对待,因为这类船阻力和纵倾调整对浮心的要求往往是矛盾的。例如,对于快速货船,阻力上适宜的浮心位置偏后,但船的重心则在中前,因此设计时不得不适当损失快速性去兼顾布置上的合理性,即根据纵倾调整要求将浮心向船首做必要的移动。

3) 与船舶型线的配合

浮心纵向位置的选取,必须考虑与船舶型线的配合协调。对于浅水隧道型船舶,由于尾部排水体积损失较多,浮心位置不宜取得太后,否则难以设计型线,同时造成螺旋桨和舵的来流不畅,甚至倒车性能也得不到保证。

3. 平行中体和最大横剖面位置

平行中体就是指船中部设计水线以下横剖面面积大小和形状完全一样的部分,其长度用 L_P 表示。平行中体的前、后部分分别称作进、去流段,分别用 L_E 和 L_R 表示。在一定的 F_r 范围内,船体采用适量的平行中体无论是阻力性能还是使用和建造方面都是有利的。因为尽管采用平行中体可使横剖面面积曲线形成两肩形,但两肩附近引起的波浪与船两端产生的波浪会形成干扰现象。如平行中体长度大小和位置恰当,则可形成有利干扰,对阻力有利。

1) 平行中体的长度和位置

平行中体的设置,可使排水体积适当地向船中部集中,从而可削瘦船舶首尾两端。对于前体,可降低兴波阻力;对于后体,有利于减小黏压阻力。此外,设置平行中体的船舶,中部船舱方整,除便于装卸货物外,还可简化建造工艺,降低建造成本。

当然,平行中体也不宜过长,否则船首会产生明显突肩,引起额外的兴波阻力;尾部造成水流分离,引起形状阻力的增加。通常平行中体适用于 $C_b \geqslant 0.62 \sim 0.66$ 的船舶,相应的 $F_r \leqslant 0.24 \sim 0.26$,其长度和位置可参见图 6-7。

此外,在选取平行中体长度和位置时,应注意避免后体过渡区反曲过大,水流过早分离而产生漩

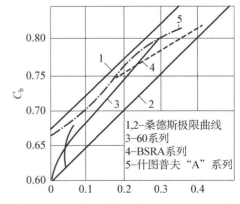

图 6-7 平行中体相对长度($l_p = L_P/L_{pp}$)

涡,去流段长度不宜过短。按贝克理论,最短的去流段长度为

$$L_R = 4.08\sqrt{A_M} \tag{6-2}$$

式中,A_M 为设计水线下的最大横剖面面积,m^2。

对于 L/B 大的船舶,满足上述条件一般不困难;对于 L/B 小,特别是 C_b 又大的船舶,采用平行中体后,常会使去流段难以满足上式要求,此时应对其作适当修正。

2)最大横剖面位置

当 $F_r > 0.26$ 且 $C_b < 0.62$ 时,通常不设平行中体。对于无平行中体的船舶,最大横剖面位置决定了进流段和去流段的长度。由于前体兴波阻力随 F_r 的增大而增加,所以最大横剖面位置应随 F_r 的增大而后移。

一般情况下,当 $F_r \leqslant 0.30$ 时,最大横剖面位置可在舯后 $0 \sim 3\% L$;当 $F_r > 0.30$ 时,最大横剖面位置可在舯后 $3\% L \sim 4\% L$;对于高速船,最大横剖面位置甚至更后。

4. 横剖面面积曲线端部形状

横剖面面积曲线的端部是指进流段前部和去流段后部,其中首端的形状对兴波阻力有较大的影响,尾端的形状影响着形状阻力和推进效率。即使 C_p、A_M 和 L 不变,横剖面面积曲线端部形状也可以有很大的变化,如图 6-8 所示。

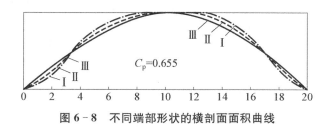

图 6-8　不同端部形状的横剖面面积曲线

对于 $F_r \leqslant 0.20$ 的低速船,首波发生在首柱附近,固然希望面积曲线有较尖的首端,如凹形的首端,但是必须考虑到这种低速船的 C_b 和 C_p 均较大,通常都有较长的平行中体和较短的进流段,这样势必导致进流段和平行中体相接处出现较大的“肩”点,从而引起额外的兴波阻力。所以对于这类船舶,面积曲线进流段端部还是以直线形为宜。

当 F_r 为 $0.20 \sim 0.30$ 时,由于兴波逐渐加剧,首波发生点后移。为避免过大的兴波阻力,进流段宜增长,平行中体宜缩短或取消,横剖面面积曲线的首端宜取凹形或微凹形。

对于 $F_r > 0.30$ 的船舶,首波范围增大且后移。为适应这种情况,进流段应更加长,甚至可以考虑将最大横剖面位置移到舯后,这时的面积曲线首端宜取微凹形甚至直线形。

需要说明的是,很多船舶采用球首,进流段面积曲线形状会有所变化,所以在型线设计过程中,首端形状应根据母型或系列船型资料,并结合设计水线的形状、首端轮廓的形状、端部横剖面形状的选择,统一加以考虑,做到适宜配合。横剖面面积曲线的尾端常采用直线或微凹形,使去流段曲度变化均匀,以避免水流分离而产生漩涡阻力。

6.2.3　设计水线及其形状特征参数

设计水线是指船舶达到设计吃水时的水线面形状。在横剖面面积曲线确定以后,适宜

的设计水线与之配合,是设计优良型线的重要保证。设计水线形状通常由水线面系数 C_w、平行中段长度 l_P、半进流角 i_E、半去流角 i_R、浮心纵向位置 X_F 以及首尾端形状所决定。此外,设计水线的形状特征和参数还必须与横剖面型线的 UV 度结合起来考虑。

1. 水线面系数的选择

水线面系数 C_w 的选取与船的相对速度、稳性和布置有关。设计时应考虑以下因素的影响。

1)对稳性的影响

水线面系数 C_w 和 B 一样,增大 C_w 可提高初稳性高度,同时水线以上部分也相应加宽,使储备浮力有所增加,从而对抗沉性和大倾角稳性均有利。

2)对布置的影响

从总布置角度看,大的 C_w,配以 V 形横剖面,可以加大甲板面积和设计水线以上的容积,有利于甲板设备和舱室的布置。

3)对耐波性的影响

增大 C_w 对纵摇有较强的阻尼作用,如再配以 V 形横剖面和适度的首外飘,有利于减小纵摇幅值,并减小船的甲板上浪。

4)对快速性的影响

从减小静水阻力的角度考虑,C_w 过大是不利的,C_w 应随 F_r 的增大而减小。但对于浅水阻力而言,C_w 大则垂向棱形系数下降,使排水体积集中于船体上部可以增加船底与河床之间的间隙,从而可减小回流速度及浅水阻力。

船舶设计中,C_w 的选取一般从快速性出发,然后校核稳性、总布置和型线各方面是否合适。通常 C_w 与 C_p 有以下关系:

$$C_w = (0.97 \sim 1.01)C_p^{2/3} \tag{6-3}$$

图 6-9 给出了几个系列船型的 C_w 与 C_p 的关系曲线。

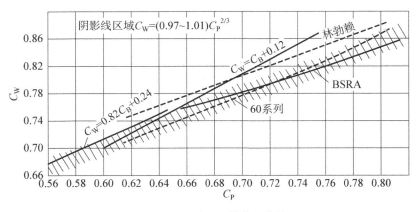

图 6-9 C_w 与 C_p 的关系曲线

2. 设计水线首端形状与半进流角

从阻力方面看,设计水线首端形状对兴波阻力的影响,与横剖面面积曲线首部形状相类似。而半进流角对首部形状起决定性作用。为了获得较小的阻力,设计水线首部应尽可能瘦削,而尾部应很好地平滑过渡。

对于低速船,由于兴波阻力所占比重较小,因此通常以获取较大的载重量为优先目标,从而导致船首部并不瘦削,否则船中部较肥、首部较尖,势必形成严重的水线突肩。

实践表明,F_r 较小的低速船,其横剖面面积曲线往往有较长的平行中体和较大的前体棱形系数,因此设计水线的首部只能采用比平行中体还要长的平行中段、较大的进流角、凸形的端部水线和较大的前体水线面系数,与之对应的就是首端形状做成近似于直线的凸形。

随着 F_r 的增加,兴波阻力不断增加,其高压区不断后移。为了减小兴波阻力,往往需要首部水线拐点相应后移些,因此希望设计水线采用较小的前体水线面系数和半进流角,首部水线由直线形过渡到微凹形,甚至凹形。

对于高速船,兴波高压区将近扩展到船中区域。为了减小兴波阻力,希望整个水线前半部变瘦,因而首部水线常采用直线形,使整个进流段保持缓和的曲度。

综上所述,适宜的首部水线形状大体如下:$F_r \leqslant 0.20$,由凸形到直线形;$0.2 < F_r < 0.3$,直线形或微凹形;$F_r > 0.30$,直线形。

从耐波性方面看,设计水线首段适当丰满一些有利,而成前凹后凸的 S 形的则不利。对于小型船舶,从稳性和总布置方面考虑,需有较丰满的首部水线。

设计水线的半进流角对船首部兴波阻力有重要影响。根据船模试验,适宜的半进流角 i_E 主要与 F_r 有关;其次还与前体棱形系数 C_{pf}、前体水线面系数 C_{wf}、L/B 等有联系。半进流角 i_E 的选取不仅要考虑与兴波阻力的关系,还要考虑船体几何特征上的协调性,设计时可参考图 6-10。

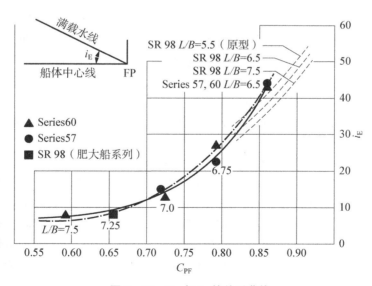

图 6-10　C_{pf} 与 i_E 的关系曲线

3. 设计水线尾端形状

从阻力来看,设计水线尾端对总阻力的影响通常次于首端,其主要影响表现在形状阻力方面。为减缓水流分离,设计水线尾端不宜成凹形,尾部的纵向斜度应小于30°。特别是对于中速船,尾端应尽可能变瘦些以免产生大量漩涡;对于高速船,由于水流大多沿着纵剖线流动,因此尾端反而可以做得丰满些。

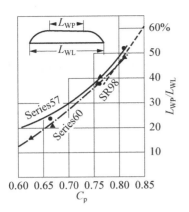

图 6-11 l_{WP} 与 C_P 的关系曲线

此外,对于单桨船,螺旋桨区的尾部水线应力求平直,终端(尾柱处)不应钝阔,纵向斜度不要超过 20°;水线反曲处也应避免斜度过大,且注意顺滑过渡。对于双桨船,尾部设计水线应盖住螺旋桨和舵叶,以利于螺旋桨和舵的安全,同时避免桨叶工作时吸入空气,影响效率。

后体设计水线面系数与船的稳性、总布置及尾部型线特征有关,设计时还可参照母型船来选取。

4. 设计水线平行中段长度

设计水线平行中段长度取决于水线面系数大小和水线首尾端形状。通常对于单桨船平行中段长度 L_{WP} 约为横剖面面积曲线平行中体长度 L_P 的 2 倍;对于速度较高、方形系数较小的船舶,尽管没有平行中体,但设计水线中偏后仍然存有平行中段。图 6-11 给出了相关船型的 L_{WP} 与 C_p 的关系。

⚓ 6.3 轮廓线与甲板线

6.3.1 轮廓线

型线轮廓线分正面轮廓线、侧面轮廓线和平面轮廓线,其中正面轮廓线指最大横剖线(中横剖线)、侧面轮廓线包括首部轮廓、尾部轮廓、龙骨线等;平面轮廓线通常就是指甲板边线。正面轮廓线和侧面轮廓线是船体型线最基本的边界线,也是船体形状特征的重要控制要素之一。

中横剖线
(微课)

1. 中横剖线(最大横剖线)

当横剖面面积曲线和设计水线确定以后,就可着手确定中横剖线(或最大横剖线)。

中横剖线的形状主要与剩余阻力有关,其形状通常由中剖系数 C_m、龙骨半宽 f 和舭部半径 R 等参数所决定。对于中剖面系数较大者,常设计成平底、直舷、带圆舭的中横剖面线;对于中剖面系数较小者,常设计成斜底(即有舭部升高 h)、舷侧外倾(即设计水线宽 B_S 小于型宽 B)且圆舭半径 R 较大的中横剖线(见图 6-12),这样可改善船底水流的流动状态,使水既可以沿水线,又可以沿纵剖线和斜剖线流动,从而降低形状阻力。此外,该中横剖线形状在浅水航道中还可以缓和吸底现象,有利于航向稳定性及舱底排水。

1) 中横剖面系数 C_m 的选择

中横剖面系数对阻力的影响很小,因此该系数的确定主要考虑与其他系数的配合。对中低速船,如果 C_b 与 F_r 配合偏大时,应尽量采用较大的 C_m,以降低 C_p;如 C_b 和 L/B 的值较小,C_m 也应适当减小。对于高速船,由于型线较瘦,为使中部不致过分凸起而造成明显的突肩,宜采用较小的 C_m,从而使棱形系数 C_p 接近最佳值。

船型系数

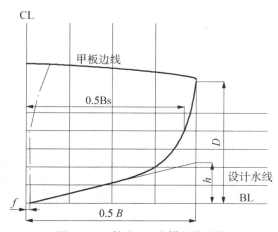

图 6 - 12　较小 C_m 中横剖线形状

2）其他要素的确定

对于中横剖线形状，其舭部升高 h 和舭部半径 R 应配合起来选择。C_m 较大的船，h 值常很小，一般只有 $0.1\sim0.3$ m，且有将 h 值取消的趋势，以简化工艺。对于 C_m 值小的船，h 应取大些。对设计双层底的船舶，h 和 R 的配合应结合规范对双层底高度的要求，从施工方便和内底对舭部的保护等因素来确定。舭部半径等特征参数还与横摇性能、舭龙骨等高度相关。

对于图 6 - 13 所示的圆舭形中横剖线，可从其几何关系得出半径 R：

$$R=\left[\frac{BT(1-C_m)-(B/2-f)h}{0.43-h/(B/2-f)}\right]^{1/2} \quad (6-4)$$

如 $h=0$，则 $R=\left[\dfrac{BT(1-C_m)}{0.43}\right]^{1/2}$ 　(6-5)

式中，B 为型宽，m；T 为设计吃水，m；h 为舭部升高，可根据实船资料统计表 6-1 或母型船来选取，m；f 为龙骨墩半宽，根据建造工艺要求来考虑，一般按型宽的 $1\%\sim2\%$ 来选取，m。

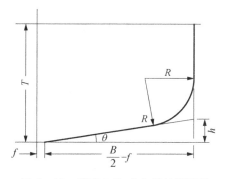

图 6 - 13　带有 h 和 f 中横剖线形状

表 6 - 1　舭部升高与中剖面系数的关系

中剖面系数	0.99	0.98	0.97	0.93
$2h/B$（%）	0.8	1.6	2.6	7.0

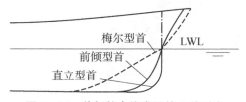

图 6 - 14　首部轮廓线常见的几种型式

2. 首部轮廓线

首部侧面轮廓线取决于首柱的型式。图 6 - 14 是常见的不带球鼻艏的首部侧面轮廓线。

目前最常见的是图中所示的前倾型首（见图 6 - 15），其首柱呈直线前倾或微带曲线前倾。

相对于直立型首而言,前倾型首一是设计水线以上较为尖瘦,具有劈水作用,可减少波浪对船体的冲击;二是可以改善迎浪中的纵摇和升沉运动,增加储备浮力和甲板面积;三是具有较好的防撞作用,且外形较为美观,有快速感。一般军船多采用直线前倾型首,民船上常用微带曲线前倾型首。当然,带有球鼻艏的前倾型首轮廓线在中低速运输船上得到了广泛应用,其主要考虑因素就是改善船舶的流体动力性能,降低阻力。球鼻艏的形状及参数将在特殊型线中给予介绍。

（a）   （b）

图 6-15 前倾型首
(a)圆弧过渡型;(b)球首型

对于前倾型首设计水线以上的首轮廓线,通常设计成前倾 15°～30°,但如追求美观前倾角甚至达 45°左右。从经济和实用性角度来讲,前倾也不宜过大,否则会增加船长和造价,增大吨位,增长泊位,降低船舶进出港的安全性。

对于设计水线以下部分,其形状需注意从水线和横剖线形状的配合上来考虑。前倾大的首轮廓线常与 V 形横剖线配合;前倾小的首轮廓线一般与 U 形横剖线相结合。为了便于施工,改善回转性能,往往削去其尖瘦的前踵。

直立型首目前主要应用在超大型运输船上,如图 6-16 所示。首轮廓线一般与 U 形横剖线相结合,且削去尖瘦的前踵。

图 6-16 直立型首

梅尔型首常见于破冰船船首,如图 6－17 所示,其设计水线以下的首柱呈倾斜状,与基线约成 30°夹角,以便冲上冰层。

图 6－17　梅尔型首

此外,一种新型的飞剪型首(见图 6－18)在远洋航行的大型客船(邮轮)和一些快速货船上得到应用,其首柱在设计水线以上呈凹形曲线,首部不易上浪,且较大的甲板悬伸部可以扩大甲板面积,有利于布置锚机和系泊设备。

图 6－18　飞剪型首

3. 尾部轮廓线

船尾轮廓线形状选择主要考虑舵和螺旋桨的布置及其与横剖线的配合。目前船舶应用较多的是巡洋舰尾和方尾,如图 6－19 所示。

巡洋舰尾:现代单桨运输船舶所采用,其特点是尾悬体沉入水中一定的深度,从而起到延长水线,改善尾部流场的作用。此外,能有效使舵桨免遭水上漂浮物的碰撞。为了盖住舵的后缘,在设计水线尾垂线后的长度为 $0.025 \sim 0.035L$,而甲板的尾悬体长度一般为 $0.035 \sim 0.045L$。为简化工艺,目前将尾部做成"切平的"巡洋舰尾,即尾封为一后倾 $10° \sim 15°$ 的平面。该尾型如图 6-19(a) 虚线所示,主要用于单桨货船。

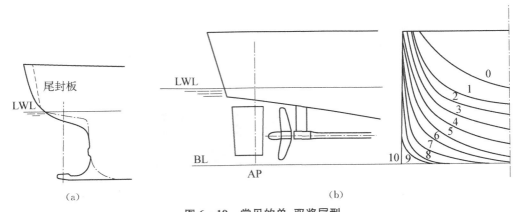

图 6-19　常见的单、双桨尾型
(a)单桨船的巡洋舰尾;(b)常规双桨船方尾

此外,巡洋舰尾的尾框型式有开式和闭式之分,如图 6-20 所示。开式尾框可适当增大螺旋桨直径,便于采用不同型式的特殊尾型来均匀伴流。此外,去掉舵托可节省铸件用料,因此近来应用较多。

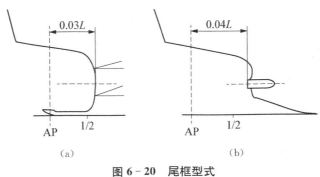

图 6-20　尾框型式
(a)开式;(b)闭式

方尾:一般为中高速双桨船采用,其具有宽而平坦的船底,平直的尾部纵剖线。该尾型(见图 6-19)可使尾部水流平顺地离开船体,减小了尾流的能量损失,形成了相当于增加船长的"虚长度",为此方尾浸水面积一般不小于中横剖面的 0.15 倍,设计吃水处的尾封宽度一般为船宽的 $80\% \sim 90\%$。

尾部轮廓形状的设计与桨和舵的数目、外形尺寸及它们之间的间隙有密切关系。设计时可先估算桨和舵的尺寸,对它们的位置作粗略安排,且保证桨边缘与船壳、舵(或舵柱)之间的间隙(见图 6-21)。

对于单桨船,通常间隙 c 对船体激振力影响最大。增大 c 对减振有利;间隙 b 和 f 小有利于船身效率;间隙 c 和 d 小且桨径不变时可增大尾悬体浸深,对改善阻力性能有利;间隙

a 小可使舵回收更多的螺旋桨尾流中的旋转能量,但要考虑螺旋桨的拆装。对于双桨船,要注意桨盘面与所在位置处横剖线的间隙 e。

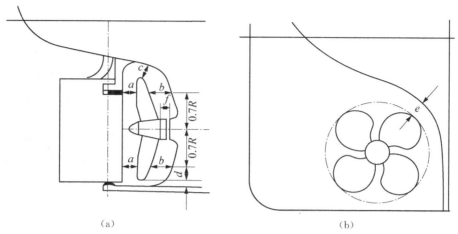

（a）　　　　　　　　　　　　　　　　（b）

图 6-21　桨、舵与尾轮廓的相互间隙

　　为了防止螺旋桨对船体产生过大的激振力,各大船级社规范对相关间隙提出了最小值要求。表 6-2 是相关设计手册和中国船级社(CCS)海规中的建议值。

表 6-2　螺旋桨与船体间隙

船舶类型与建议值	各参数与螺旋桨直径之比				
	a/Dp	b/Dp	c/Dp	d/Dp	e/Dp
一般船舶	0.10~0.12	0.15~0.22	0.12~0.20	0.03~0.05	0.16~0.20
快速船	0.15~0.30	0.18~0.25	0.14~0.22	—	—
CCS 建议值	0.12	0.20	0.14	0.04	—

注:Dp 为螺旋桨直径

　　对于内河船舶,CCS 规范要求单桨船叶梢与船壳板的间隙不小于 0.1Dp;对双桨船则可依据相关公式计算后再确定。

　　在保证上述相关间隙要求基础上,尾轮廓还应顾及桨和舵的纵向布置的需求,以及其对舵后缘的保护。在舵和桨的尺寸尚未确定情况下,通常可参照母型船选定。

　　此外,在考虑尾轮廓时,还要注意螺旋桨要有一定的浸深。通常螺旋桨叶梢距设计水线的距离分别为:单桨船(0.25~0.30)Dp;双桨船(0.45~0.50)Dp。对于转速高、负荷大的双桨双舵船,其舵的位置可偏离桨轴一定的距离(外旋桨外移、内旋桨内移),以避开螺旋桨的涡流区,获取较大的尾流,同时便于桨及其轴的拆卸。舵桨偏移量一般为(0.05~0.10)Dp。

　　4. 龙骨线

　　龙骨线通常就是船底板的上缘线。一般船舶的龙骨线与设计水线(或基线)平行,也有设计成带原始倾斜的(常用于拖推船),其目的一方面是增加尾吃水以容纳较大直径的螺旋桨;另一方面可减小船首水下侧投影面积,改善船舶的回转性能。

对于设有原始纵倾的船舶,通常用首尾垂线处龙骨线距基线的高差(即初始纵倾值)来反映,其值的大小可根据相关需要或参照母型船来选取。

6.3.2 甲板线

甲板线包括甲板边线和甲板中心线。甲板边线通常是一条空间曲线,在侧视图上反映其高度,在平面图上表示出其宽度。甲板中心线则是一平面曲线,在侧视图中反映其高度。通常甲板边线的高度根据型深和首尾舷弧来确定,而其宽度则根据总布置的要求结合设计水线以上横剖线的形状来决定。甲板中心线高度由对应的甲板边线高度与梁拱高度来确定。

1. 舷弧的选择

舷弧是指首、尾垂线处甲板边线高度减去型深后的值,且分别称为首舷弧 S_F 和尾舷弧 S_A,如图 6 - 22 所示。船舶设有舷弧的目的一是为了增加露天甲板在首尾处的干舷高度,减少甲板上浪;二是保持船首上翘以增加船舶的美感。

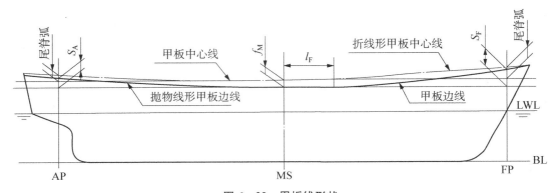

图 6 - 22　甲板线形状

船舶的首尾舷弧值一般可参考母型船来选取,当然也可结合载重线规则或公约中的标准舷弧值或其面积要求来考虑。如国际载重线公约(ICJJ 66)中

标准首舷弧:
$$S_F = 50(L/3 + 10) \tag{6-6}$$

标准尾舷弧:
$$S_A = 25(L/3 + 10) \tag{6-7}$$

式中,L 为最小型深 D 的 85% 处的水线长的 96% 与沿该水线从首柱前缘量至舵杆中心线长度的大者,单位为 m;S_F 和 S_A 单位为 mm。

对于大型船舶由于干舷较大,甲板不易淹湿,因此常取消舷弧,以方便建造。

此外,对于中小型船舶,应同时注意规则或公约对最小船首高度的规定,以减小甲板上浪。最小船首高度 H_A 指首垂线处自相应于核定夏季干舷水线,量至船侧露天甲板上缘的垂直距离,其高度应不小于:

$$H_A = 54L\left(1 - \frac{L}{500}\right)\frac{1.36}{C_b + 0.68} \tag{6-8}$$

式中,L 同上,m;C_b 为方形系数,取值不小于 0.68。

2. 侧视甲板线形状

侧视图上甲板线形状包含甲板边线和甲板中心线。通常甲板边线采用抛物线形状,如

图 6-22 所示。以前半体为例,在距船中 X 处($X > l_F$)的甲板边线距基线的高度 D_S 为

$$D_S = D + A_F \left(\frac{X - l_F}{0.5L_{PP} - l_F} \right)^2 \tag{6-9}$$

式中,D 为型深,m;A_F 为前体舷弧面积,m²;l_F 为首部舷弧起点距船中距离,m。

对于小型船舶,甲板边线起弧点常在船中或中偏后;对大中型船舶,前半体甲板边线可根据 A_F 的大小和甲板布置情况常取中前某一点(图 6-22 所示距船中 l_F 处)起弧。同样,后半体甲板边线形状也可按上述方法处理。

需要注意的是,甲板边线确定后一定要结合梁拱来检验甲板中心线的形状,以防出现"首跌落"即下弯现象,如图 6-23 所示,否则要适当加大首舷弧。

为了简化建造工艺,对于货运船舶,有时也将甲板中心线升高的形状设计成折线(见图 6-22),此时甲板边线高度由甲板中心线高度减去梁拱所得。

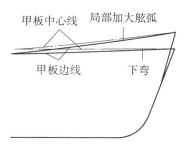

图 6-23　甲板中心线下弯现象

3. 平面甲板线

平面甲板线是指甲板边线的水平投影线,它反映了甲板面积的大小和首尾部分的形状,因而与总布置有关。

第一,对于载重型货船应结合货舱口尺度、设备的布置、甲板作业的要求等加以考虑。对于布置地位型船,甲板宽度要满足布置地位的要求。

第二,甲板宽度还必须与横剖线形状在几何上相互协调配合,特别是在首端,除满足锚泊设备布置外,还应考虑横剖线有适当的外飘及必要的宽度,以保证锚链筒出口距船中心线有必要的距离,防止起锚时锚爪碰伤船壳或钩住船底。此外,首部甲板线应考虑减少甲板上浪和过度外飘造成的波浪砰击。

尾甲板线的宽度主要是考虑布置系泊设备和作业空间等的要求。对于双桨船还应考虑到对螺旋桨的保护及舵机舱的布置。

4. 梁拱

梁拱是指在横剖面上甲板中心线相对于甲板边线的高差 f。通常不同船宽处梁拱不一样。对于一艘船来讲,常称最大船宽处所对应梁拱为最大梁拱 f_M。根据中国船级社(CCS)规范要求,一般 f_M 取为 $B/50 \sim B/100$(B 为型宽)。

梁拱线的形状可分为圆弧形和折线形(见图 6-24)。对于小型船舶,大多采用圆弧形,圆弧半径:

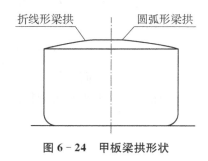

图 6-24　甲板梁拱形状

$$R = [f_M^2 + (B/2)^2]/(2f_M) \tag{6-10}$$

式中,B 为船宽,m;f_M 为最大梁拱值,m。

为了施工方便,通常整个甲板的梁拱取为同一形状(同一样板),即根据不同处的船宽来确定相应的梁拱。有时为了进一步简化建造工艺,也有取消露天甲板梁拱的,但对小船仍应保留,以保证甲板成形美观,且防止因甲板变形后积水。

排水体积和浮　设计水线特征
心纵向位置计算　与设绘(微课)

6.4　设计考虑要点

6.4.1　横剖面面积曲线的设绘

设计船的横剖面面积曲线应满足已确定的船舶主尺度和船型系数,即满足已定的排水体积 ∇、垂线间长 L_{pp}(或设计水线长 L_{WL})、船宽 B(或设计水线宽 B_S)、设计吃水 T、方形系数 C_b、棱形系数 C_p、中剖面系数 C_m 和浮心纵向位置 X_B。针对不同的船型情况,新船横剖面面积曲线设绘可按以下方法进行。

1. 梯形法

对于有平行中体的中低速船,其横剖面面积曲线通常可根据确定的棱形系数 C_p 和浮心纵向位置 X_B,先作出满足这两个参数的梯形,如图6-25所示。

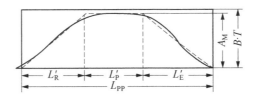

图6-25　横剖面面积曲线梯形凑绘法

图中:

$$L_E' = L_{PP}(1 - C_p) - \frac{6C_p}{4C_p - 1}X_B \qquad (6-11)$$

$$L_R' = L_{PP}(1 - C_p) + \frac{6C_p}{4C_p - 1}X_B \qquad (6-12)$$

式中, L_{PP} 为垂线间长,m; C_p 为棱形系数; X_B 为浮心纵向坐标,m。

在此基础上结合弗劳德数 F_r,参照优秀母型船的横剖面面积曲线形状,按面积相等原则凑绘光顺的面积曲线,使其首尾端部形状及平行中体长度等满足要求。

2. 三角形法

对于无平行中体的中高速船,其横剖面面积曲线同样可根据确定的棱形系数 C_p 和浮心纵向位置 X_B,先作出满足要求的三角形,如图6-26所示。图中三角形顶点纵向位置应在船长中点与浮心的延长线上,其顶点高度按式6-13计算。

$$h = 2C_p C_m B_S T \qquad (6-13)$$

式中, B_S 为设计水线宽,m; T 为设计吃水,m; C_p、C_m 分别为棱形系数、中剖面系数。

需要说明的是,图6-26实线所示的最大横剖面所在位置与其弗劳德数大小有关,具体可参照母型船来选取。

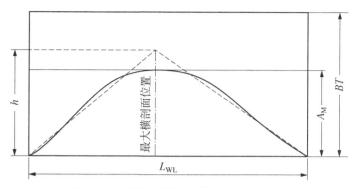

图 6 - 26 横剖面面积曲线三角形凑绘法

横剖面面积曲
线改造(微课)

6.4.2 横剖面面积曲线的改造

由于母型船的棱形系数 C_p、浮心相对纵向位置 x_b 和平行中体相对长度 l_p 往往与设计船不一致,因此需要将母型船的横剖面面积曲线加以改造。横剖面面积曲线改造时需将横剖面面积曲线无因次化,并保持中横剖面系数 C_m 不变。改造的方法则可根据具体需要采取以下不同的方法。

1. 改变 C_p 增减法

在设计船与母型船中横剖面系数 C_m、浮心纵向相对位置 x_b 不变的前提下,仅改变 C_p 可以直接用图 6 - 27 所示作图法对母型船的横剖面面积曲线进行改造。具体以船前半部分为例加以说明。

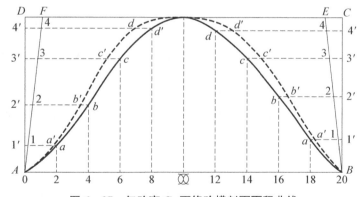

图 6 - 27 仅改变 C_p 而修改横剖面面积曲线

首先在无因次的母型船横剖面面积曲线图(实线部分)中作 △ BCE,使其面积等于 $1/2(C_p-C_{p0})$;其次在各站作垂线交 a、b、c、d 等点,分别过交点作水平线并与 BE 相交 1、2、3、4 点,与 BC 相交 $1'$、$2'$、$3'$、$4'$ 点;再次在各水平线上取 a'、b'、c'、d' 点,使 $aa'=11'$、$bb'=22'$、$cc'=33'$、$dd'=44'$;最后光顺连接 a'、b'、c'、d' 等点即得到设计船的横剖面面积曲线。如 C_p 小于 C_{p0},则 a'、b'、c'、d' 应向右侧平移。

该方法将改变平行中体相对长度 l_p,但其中点位置不变。对于无平行中体的新船,其最大剖面位置将保持不变。

2. 改变 x_b 迁移法

当仅改变浮心相对纵向位置 x_b 而不改变棱形系数 C_p、中剖面系数 C_m 时，可将横剖面面积曲线向前或向后推移（见图 6-28），保持曲线下面积不变，使其形心纵向位置满足新船的要求。

迁移法的形变函数为

$$\delta x = by \tag{6-14}$$

式中，y 为面积曲线在 x 处的竖向坐标；b 为系数，$b = \dfrac{BB_0}{KB_0} = \tan\theta$，$BB_0 = \delta x_b$。

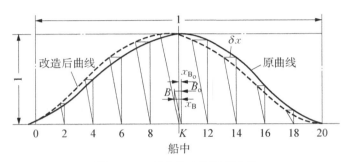

图 6-28 迁移法改造面积曲线

KB_0 为曲线下面积形心竖向坐标，可用计算方法求得，或近似估算为

$$KB_0 = \frac{C_p}{1 + C_p} \tag{6-15}$$

或

$$KB_0 = 0.3C_p + 0.21 \tag{6-16}$$

横剖面面积曲线经迁移改造后，平行中体长度保持不变，但其中点位置发生了变化。对于无平行中体的设计船，其最大剖面位置将发生变化。

当然，在保持中剖面系数 C_m 不变情况下，也可采用上述增减法和迁移法先后来改造棱形系数 C_p 和浮心相对纵向位置 x_b，从而得到新船所需要的横剖面面积曲线。

3. $(1 - C_p)$ 法

$(1 - C_p)$ 法采用不同的修改函数 $\delta x = f(x)$ 可以用来改造 C_p、l_p 和 x_b。这里仅介绍修改 C_p 的情况。事实上，前后体棱形系数不同的变化也就影响着 l_p 和 x_b。

将横剖面面积曲线在船中剖面处分成前后半体，分别无因次化，如图 6-29 所示（图中为前体，后体与前体相似）。若将母型船的前半体棱形系数 C_{pf} 改变 δC_{pf}，可将这种改变看成是母型船的横剖面面积曲线在各 x 处平移一段距离 δx。

如仅修改 C_p，$(1 - C_p)$ 法所采用的修改函数是线性函数

$$\delta x = a(1 - x) \tag{6-17}$$

该函数满足 $x = 1.0$ 时，$\delta x = 0$ 的端部边界条件。由约束条件

$$\delta C_{pf} = \int_0^1 \delta x \, \mathrm{d}y = \int_0^1 a(1 - x) \, \mathrm{d}y = a(1 - C_{pf}) \tag{6-18}$$

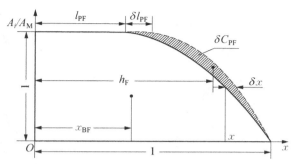

图 6 - 29　前半体横剖面面积曲线的无因次化表示

得

$$a = \frac{\delta C_{pf}}{1 - C_{pf}}$$

则

$$\delta x = a(1-x) = (1-x)\frac{\delta C_{pf}}{1 - C_{pf}}$$

在应用上式时，C_{pf} 可通过母型船横剖面面积曲线积分求得，而设计船的前体棱形系数是 C_p 和 x_b 的函数。此时，可先利用下式估算出母型船前后体棱形系数

$$C_{pf} = C_p + (1.4 + C_p)x_b \tag{6-19}$$

$$C_{pa} = C_p - (1.4 + C_p)x_b \tag{6-20}$$

再分别对前后体进行改造，并对得到的面积曲线加以核算和修正。如果棱形系数相差仍较大，则需在此基础上重复上述改造过程，直至满足要求。

$(1 - C_p)$ 法改造面积曲线方法实际是通过调整相对平行中体长度来修改棱形系数，且最大移动量出现在平行中体的端部 δl_{pf}，故不能用于母型船无平行中体时减小 C_p 的情况。

上述横剖面面积曲线设绘方法各有特点，可视具体情况选择使用。梯形法和三角形法使用条件最为宽限，但其他参数和形状特征还得参照母型船来确定，如平行中体长度、首尾端部形状。增减法和迁移法应保证舯剖面系数不变，但修改过程简洁明了，且相关形状特征及参数能较好把控。$(1 - C_p)$ 方法有一定的局限性，且一般通过计算机编程来生成新船型线。

6.4.3　横剖线形状的考虑

横剖线主要包括首部横剖线和尾部横剖线。就首尾部横剖线形状来说，可分为 U 形、V 形和介于两者中间的中 U 形和中 V 形，如图 6 - 30 所示。通常，由于 U 形剖面排水体积可集中于下部，故与较瘦削的设计水线相对应；而 V 形剖面排水体积集中于上部，因而对应于较丰满的设计水线。

横剖线设绘
（微课）

设计船端部的横剖线形状很大程度上取决于横剖面面积曲线和设计水线端部的配合情况。

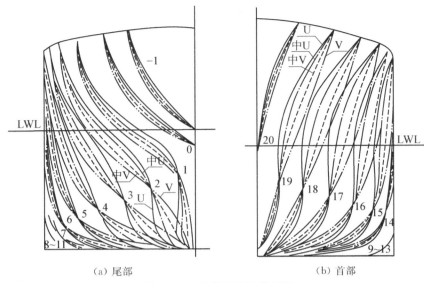

(a) 尾部　　　　　　　　　　　　(b) 首部

图 6-30　不同形状的横剖线

1. 首部横剖线

从静水阻力方面考虑,V 形横剖线可减小湿面积,降低摩擦阻力,同时它的舭部较瘦,有利于减少丰满船($C_b \geqslant 0.75$)在舭部产生涡流。但 V 形横剖线由于设计水线首端丰满,半进流角大,因而兴波阻力较大。U 形横剖线船的排水量相对集中在下部,设计水线瘦削,半进流角较小,有利于减小兴波阻力,但湿面积较大,造成摩擦阻力大。由此可见,从总阻力来看,对应不同的速度,首横剖线存在一个对阻力有利的形状。图 6-31 是瑞典哥德堡船舶研究院对某无球首船前体不同 U、V 横剖线形状研究出的阻力曲线。该研究表明:在低速和高速情况时,V 形阻力明显优于 U 形;在 $0.18 < F_r < 0.25$ 范围内,U 形阻力性能较好。

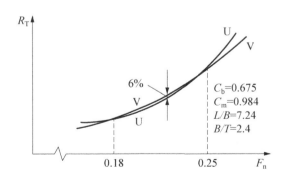

图 6-31　某无球首船前体 V 形和 U 形横剖面的阻力曲线

从耐波性角度看,对于 V 形横剖线,当首部下沉进入波浪中时,浮力和纵摇阻尼力矩逐渐增大,从而能减小纵摇及升沉运动,缓和船底砰击(尤其是波长船长比 $\lambda/L = 1.0$),但会增加波浪中的航行阻力(尤其是 $\lambda/L < 1.2$ 左右)。对于大船则不用过多地考虑耐波性问题。

从稳性角度看,V 形剖面设计水线处的局部宽度较大,与之相关的水线面惯性矩和浮心高度也较大,因此在稳心半径相同的情况下,V 形横剖线为主的船应较 U 形横剖线船有较大的初稳性高度,但对大倾角稳性则很难断定,设计时应全面考虑。

综合静水阻力和耐波性两方面,对于低速船,其首部横剖线采用 V 形较为有利;船长较大的中速船(F_r 为 0.23 左右),航行中较少遇到超过船长的波浪,可侧重考虑静水阻力,宜采用 U 形横剖线形状;对于小型船舶,应偏重耐波性考虑,且从几何关系处理上也应采用较 V 形的横剖线形状。

2. 尾部横剖线

常规单桨运输船的尾部横剖线也有 V 形、U 形、中 V 形、中 U 形,如图 6-30 所示。通常船尾水下型线从阻力、伴流方面来考虑,同时兼顾水流分离和螺旋桨供水情况。

从阻力上看,船舶后体的型线应力求避免水流分离。V 形横剖线除湿面积较小外,还能使进入去流段的水流顺畅地向后沿斜剖线流动,因此阻力性能较好。U 形横剖线容易形成舭涡且湿面积较大,在各种 F_r 下的阻力性能均稍差于 V 形横剖线。

从尾部伴流考虑,U 形和 V 形横剖线对船尾伴流场的影响是不同的,对于肥大型船影响更为显著。V 形横剖线尾不仅轴向伴流的脉动量大,而且径向伴流也不均匀。U 形横剖线尾的轴向伴流分布较为均匀,不仅能提供推进效率,而且能减少螺旋桨叶梢部分的空泡和激振力。对于 $0.60 \leqslant C_b \leqslant 0.70$ 的船舶,U 形横剖线尾和 V 形横剖线尾对伴流影响的差别要小些。

从水流分离方面看,减小水流分离就是要避免船体型线出现过突的尾肩和沿水流方向过度的弯曲。如水流在流动方向上与船体表面的夹角达到 15°,水流就开始分离。通常船尾水流是向后并向上向内流动的,因此型线沿流线的斜剖线曲率变化应缓和,避免出现 S 弯,且斜度尽量控制在 20° 以内。对于 B/T 较大的船舶,尾部水流更多地沿纵剖线流动,因此船尾底部的纵剖线的倾斜度应尽量小,且形状以接近直线为好。

从螺旋桨供水方面考虑,螺旋桨前端应尽可能尖削,水线形状以直线或微凹为好,以便于螺旋桨吸水,减小推力减额,提高推进效率。对于尾部较丰满的船尾,则应尽可能将螺旋桨后移,并适当加大与船体间的间隙,以便提高船身效率。

综合以上几方面,尾部横剖线形状可将提高推进效率和减小振动放在首位考虑,再兼顾阻力的影响。所以,中低速船尾部大多采用 U 形横剖线,甚至加设球尾;中高速船和双桨船常采用阻力性能优良的 V 形横剖线。对于有些要兼顾阻力性能或布置要求的中低速船,也有将 V 形横剖线形状在接近螺旋桨处逐渐过渡到 U 形的设计,如图 6-32 所示。

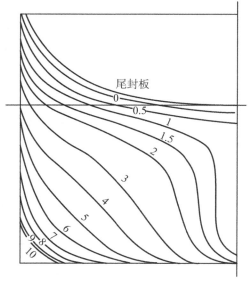

图 6-32　船尾横剖线由 V 形过渡到 U 形

中间型值生成
（微课）

6.5 型线设绘

6.5.1 型线自行设绘

当选取和确定了设计船的型线特征及参数后，就可以进一步来进行型线的设绘。通常型线设计可采用下列步骤：首先设绘特征参数符合设计船要求的横剖面面积曲线、设计水线和中横剖线；次之确定设计船的轮廓线；再次进行各站横剖线的设绘，同时计算并控制好排水体积、浮心纵向位置等重要参数；最后进行各水线和纵剖线的设绘，并检验其投影一致性、光顺性。

下面就着重讲述在横剖面面积曲线、设计水线、轮廓线和甲板线已确定的情况下，如何进行横剖线、水线和纵剖线的设绘和生成。

1. 横剖线设绘

横剖面面积曲
线设绘（微课）

横剖线包括中横剖线（最大横剖线）和各站横剖线。当横剖面面积曲线、设计水线、轮廓线、甲板线等确定以后，实际上已制约了各站横剖线，所要考虑的就是各站横剖线的 UV 度形状。中横剖线的设绘相对简单，一般参考相近船和设计船特点就可以确定。对于其他各站横剖线的设绘相对要复杂些，但可选择下述方法来进行。

绘制各站横剖线所需的设计水线半宽及设计水线下的面积，可分别从设计水线和横剖面面积曲线上获得。除此之外，还可根据甲板线、船底线和特征线的宽度值和高度值，得到各站横剖线的两个端点和特征点。至此，就可以凑画出各站横剖线。

需要说明的是，各站横剖线的 UV 度可参考型线特征相近的优秀船型，图 6-33 中(a)、(b)、(c)所示的办法分别适合 U 形、中间形和 V 形横剖线，A_i、y_i 分别为第 i 站设计水线以下横剖面面积和设计水线半宽，上下阴影部分面积应相等。绘制时注意各相邻横剖线形状恰当过渡，趋势匀称。如对所绘的横剖线不满意时，可以适当调整设计水线甚至轮廓线和甲板线。

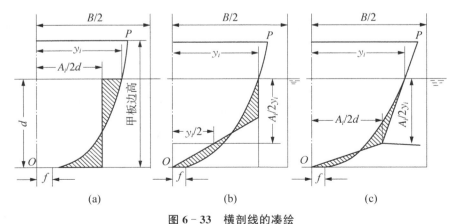

图 6-33 横剖线的凑绘
(a)U 形横剖线；(b)中间形横剖线；(c)V 形横剖线

此外,设绘时,可先隔站进行,待水线光顺后,再从水线半宽图上插绘出其他各站横剖线,以易于各横剖线的协调和光顺。

2. 水线和纵剖线生成

1) 水线生成

从横剖线图中,量取该水线各站的半宽,并移植到水线半宽图对应站上,再用样条曲线分别进行首尾段连接即可。

设绘水线时,其首尾端点应与侧面轮廓线投影一致。水线端部的形状和尺寸应符合首尾柱的结构型式和尺寸。此外,水线端部的弧形(常用圆弧)与水线的切点或交点应成一条光顺的曲线(常称之为首柱转圆线),且在另两个投影面上也应保证光顺。

2) 纵剖线生成

一般而言,绘制纵剖线和斜剖线主要是为了检验型线的三向光顺性,否则还需调整水线和横剖线。

绘制纵剖线时,其坐标点来自横剖线图上纵剖线与各站横剖线交点的高度值,及水线图上纵剖线与每条水线交点的纵向坐标值。在侧视图上,将这些坐标点连接即得纵剖线。如纵剖线不够光顺,一般可先检查不光顺处水线的光顺性,然后再去检查其与横剖线的交点,并作局部修改,直到 3 个投影点吻合,曲线光顺为止。需要说明的是,当水线间隔画了几根后,就可以试绘纵剖线。

通常为了检查船体曲度较大的舭部的光顺性和协调性,还需在侧视图上加绘斜剖线。首先,在横剖线图做一根尽可能垂直于各横剖线或过舭部中点的直线,沿该直线量取与各横剖线交点至斜剖线与中心线交点的距离,其次,将此距离标在纵剖线图对应各站上并连成曲线。该曲线也应光顺。

在投影一致性和光顺性都满足要求的前提下,还需对设计船的型线精度进行复核计算。通常情况下,可以先量取各水线的半宽,计算出各站横剖面设计水线以下面积,再利用纵向积分法来计算设计船的排水体积 ∇、浮心纵向位置 X_B 等。如满足要求,则可编制型值表,并在图中标注必要的尺寸,完成型线图的设绘。否则视计算结果偏差大小,对型线进一步修改完善。

需要特别说明的是,在型线光顺之前就需对排水体积、浮心纵向位置做到心中有数,以便在光顺过程中有的放矢,提高设计效率。

6.5.2　型线母型改造

母型改造法通常是船舶型线设计初学者最喜欢选用的方法。采用该方法的要点一是要选择适合的母型船;二是要对设计船与母型船在型线方面的差异有较好的掌握和了解。为此,在选择母型船时,不仅要考虑母型船型线的优良性能,而且还要注意到设计船与母型船的诸要素如 F_r、C_b、x_b、L_{pp}/B、B/T 等的接近程度。否则,改造量太大,就很难保证设计船的优良性能。

由于具体设计任务和要求不同,设计船与母型船在主尺度及船型系数上并不都一样,因而必须对母型船的型线进行不同程度的改造以满足设计船的要求。

1. 主尺度改造法

当设计船与母型船的船型系数及浮心相对纵向位置 ($x_b = X_B/L_{PP}$) 完全相同,只是

L_{PP}、B、T 不同时，常可作主尺度线性变换。

1）船长的变换

如主尺度仅是垂线间长 L_{PP} 不同，则只需将设计船的船长按母型船（下标"0"者）的站数分站，其站距为

$$\Delta L = \frac{L_{PP}}{L_{PP0}} \Delta L_0 \qquad (6-21)$$

式中，ΔL，ΔL_0 分别为设计船、母型船的站距，m；L_{PP}、L_{PP0} 分别为设计船、母型船的垂线间长，m。

然后将母型船各站横剖线完全不变地分别移至设计船相应的站号上，即可得到设计船的型线图。

2）船宽的变换

如主尺度仅是型宽 B 不同，则设计船各站水线半宽 y_{ij} 可按下式计算：

$$y_{ij} = \frac{B}{B_0} y_{0ij} \qquad (6-22)$$

式中，i，j 分别代表站号和水线号；B、B_0 分别为设计船、母型船的型宽，m。

由于上式右边 3 项均已知，故根据算得的半宽值即可绘制出设计船的横剖面型线及型线图。

3）吃水的变换

如主尺度仅是设计吃水 T 不同，仅需将设计船吃水分成与母型船同样数目的水线数，设计船的吃水间距为

$$\Delta T = \frac{T}{T_0} \Delta T_0 \qquad (6-23)$$

式中，ΔT、ΔT_0 分别为设计船、母型船的水线间距，m；T、T_0 分别为设计船、母型船的设计吃水，m。 然后将母型船各站在各水线处的半宽值移至设计船对应的水线上即可。

上述为每个主尺度独立变化时的修改方法。若 L_{PP}、B、T 均不同或其中有两个不同，只要用上述方法逐一进行变换即可。

对于高速船，船长常用设计水线长 L_{WL} 来替代 L_{PP}。

2. 横剖面面积曲线改造法

利用母型改造法设计型线时，如果各站横剖线形状和中剖面系数 C_m 不作修改，则横剖面面积曲线修改后，就可以利用插值的方法生成型线；如果横剖线形状或 C_m 也需修改，而修改后的 C_p、x_b 等不符合设计船要求，则可将修改后的型线作为新的母型，并对其横剖面面积曲线采用上述相应方法进一步修改，使其满足设计要求。下面以前半体为例来介绍横剖面面积曲线修改完成后产生型线的步骤。

首先，将母型船和改造后的设计船横剖面面积曲线无因次化绘于一起，找出与设计船某站横剖面面积相同的母型船对应剖面的位置。图 6-34 中母型船 $A-A$ 剖面为对应于设计船第 16 站的横剖面位置。

其次，从母型船的水线半宽图上，量取 $A-A$ 剖面位置上各水线的半宽值，作为设计船

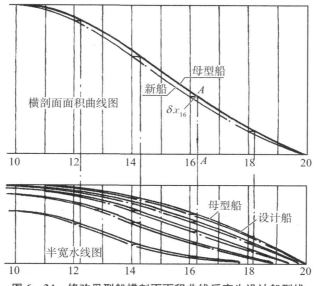

图 6 - 34　修改母型船横剖面面积曲线后产生设计船型线

第 16 站横剖线上各水线半宽。如设计船与母型船宽度不一样,则应乘以 B/B_0,得到水线半宽。

再次,按设计船要求确定轮廓线和甲板边线,进而绘制出第 16 站横剖线和其他各站横剖线。

最后,由横剖线绘制水线和纵剖线,并检查型线的光顺性和投影一致性。如设计船与母型船吃水不一样,则需要在横剖线图上重新确定设计船新的水线间距(适合的整数值)后再绘制最终的各水线。

需要说明的是,船尾框尺寸需按设计船舵桨布置要求参照母型船形状自行设计,必要时对尾部型线还需作适当修改。甲板边线高度需满足设计船型深和舷弧要求;甲板边线宽度需满足总布置的要求,通常也可参照母型船形状进行。

3. 中剖面系数改造

在前面所述的对横剖面面积曲线进行改造中,设计船(新船)与母型船(型船)需满足 $C_m = C_{m0}$,且仅对 C_p 和 x_b 进行改造。如果设计船的 C_m 与母型船 C_{m0} 不同,则需对母型船的中横剖线(或最大横剖线)进行改造。一般情况下,可在按图 6-35 所示方法求得各站横剖线型值后,再对其 C_m 进行改造,其步骤如下。

首先根据设计船 C_m 的要求,参照母型船中横剖面形状的特征,绘制出设计船的中横剖线;

然后,根据两船中横剖线对应水线的半宽 y_{mj} 和 y_{mj0} 与其他各站半宽成正比的关系,求得其余各站的水线半宽型值即可,即:

$$y_{ij} = y_{ij0} \frac{y_{mj}}{y_{mj0}} \qquad (6-24)$$

式中,y_{mj} 和 y_{mj0} 分别为设计船和母型船中横剖线各水线半宽。

当然,对 C_m 的改造,在水线数相等的情况下,也可用作图法来完成,具体可参见图 6-35

所示。图中 OA 为设计船中横剖面满载水线半宽,$OA'=OA_0$ 为母型船中横剖面满载水线半宽。此时使 $OB'=OB_0$,$OC'=OC_0$,……,且 $BB' /\!/ AA'$,$CC' /\!/ AA'$,……,则可得到 B、C 等满载水线在各站的半宽点。对于其他水线也可用类似的方法进行,其时设计船中横剖线各水线宽度与母型船中横剖线对应水线宽度之比值不变。

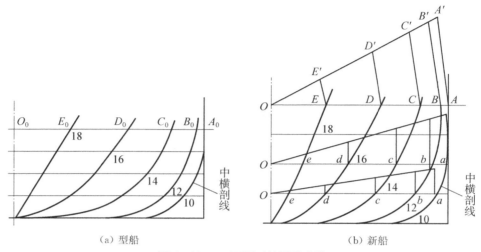

(a) 型船　　　　　　　　　　(b) 新船

图 6 - 35　C_m 不同时的型线改造

需要说明的是,如果设计船与母型船差异较大,大多数情况下可直接采用自行设绘法更快捷且有把握。所以不要盲目地使用母型改造法,否则效果适得其反、事倍功半。

⚓ 6.6　系列船型与特殊型线

6.6.1　系列船型

选用某一优秀系列船型的型线资料,按其所规定的方法,可直接得到设计水线以下及其以上部分水线的各站半宽,再加绘甲板线后,就可得设计船的型线。采用这种方法所得的型线既简单又可靠。但应注意不同的系列型线有不同的适用范围。

需要说明的是,各个系列规定的查取型值的方法由给出资料的形式不同而有所区别,具体方法可从各系列的型线资料中找到。下面对几个常用的系列船型资料作简单介绍,供选用时参考。

1. 陶德系列 60

系列 60 是美国海军部泰勒水池进行的单螺旋桨运输船系列船模试验。该试验范围较广,资料较完整,其型线具有独特风格,在国际上广泛应用。

1) 型线特征

系列 60 船模的型线是由 5 条母型(方形系数分别为:0.60,0.65,0.70,0.75 和 0.80)为基础变化而来。图 6 - 36 为 $C_b = 0.70$ 的横剖型线和首尾轮廓,其尾轮廓为巡洋舰尾,首柱在满载水线以下部分几乎垂直。该系列型线的横剖线形状为 U 形,中横剖面没有底升高,中剖面系数和浮心位置均与方形系数之间呈线性关系。

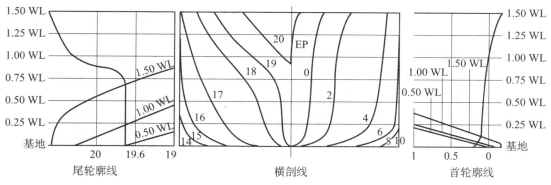

图 6-36　系列 60 母型 $C_b＝0.70$ 型线

2) 系列船型参数变化范围

方形系数 $C_b＝0.60～0.80$；

宽度吃水比 $B/T＝2.5～3.5$；

长宽比：C_b 和 B/T 小时，$L/B＝6.5～8.5$；

　　　　C_b 和 B/T 大时，$L/B＝5.75～7.75$；

弗劳德数 $F_r＝0.12～0.30$；

浮心相对纵向位置 $x_b(\%)$：$C_b＝0.60$；$x_b＝-2.48～0.52$；

　　　　　　　　　　$C_b＝0.65$；$x_b＝-2.46～1.37$；

　　　　　　　　　　$C_b＝0.70$；$x_b＝-2.05～2.55$；

　　　　　　　　　　$C_b＝0.75$；$x_b＝0.48～3.46$；

　　　　　　　　　　$C_b＝0.80$；$x_b＝0.76～3.51$。

2. BSRA 系列

BSRA 系列船型是由英国造船研究协会在第二次世界大战结束时开始研究并由 3 个独立系列发展而来的,其对应的方形系数分别为:0.65,0.70 和 0.75。后来又将试验范围扩大到 C_b:0.55,0.60 和 0.80,0.85,并增加了球鼻首。该系列船型适用于单桨船。

1) 型线特征

BSRA 系列的基本母型虽然是相互独立的,但其横剖线形状基本一致,属中 V 形,且船底略有升高;侧面轮廓尾部为巡洋舰尾,首柱在水下切除较多。图 6-37 是首尾轮廓的基本形状和横剖线图($C_b＝0.70$、$C_m＝0.98$)。

2) 参数变化范围

方形系数 $C_b＝0.55～0.85$

宽度吃水比 $B/T＝2.0～4.0$

弗劳德数 $F_r＝0.12～0.27$

浮心纵向位置 X_B:在标准浮心位置前后 ±2% L

排水量长度系数 $L/\nabla^{1/3}＝4.30～6.25$

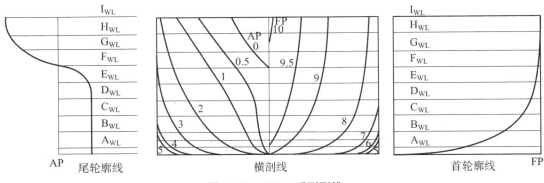

图 6 - 37　BSRA 系列型线

3. SSPA 系列

SSPA 系列船型是瑞典国家船模试验池的货船系列,其中方形系数为 0.675 的母型船的形状和尺度代表了载重量为 10 000 t 左右的中速定期货船。本系列适用于中低速($F_r \leqslant 0.30$)单桨运输船。

1) 型线特征

横剖线:当 $C_b = 0.525 \sim 0.600$ 时为偏 V 型;$C_b = 0.600 \sim 0.750$ 时为中 U 型。尾部轮廓为巡洋舰尾,首部轮廓是由前倾的首柱和向后延伸很长的水下部分组成。图 6 - 38 为 $C_b = 0.675$ 的型线。

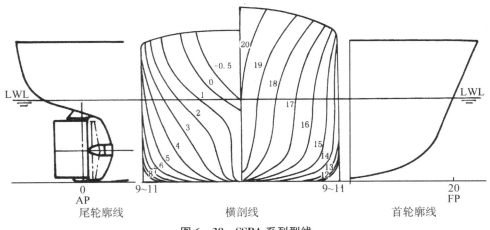

图 6 - 38　SSPA 系列型线

2) 参数变化范围

方形系数 $C_b = 0.525 \sim 0.750$

长宽比 $L/B = 6.18 \sim 8.35$

宽度吃水比 $B/T = 1.5 \sim 3.0$

弗劳德数 $F_r = 0.16 \sim 0.30$

4. 泰勒系列

美国泰勒水池以双桨的巡洋舰"巨鲸"号为基本船型,并进行了一系列船模试验。该船型阻力性能好,其船型特征如图 6－39 所示。

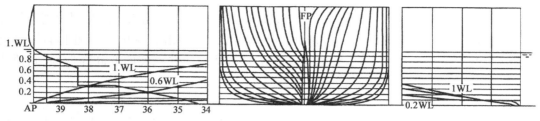

图 6－39　泰勒标准系列型线

船型参数范围:长宽比 L/B＝4.0～15.1;宽度吃水比 B/T＝2.25～3.75;排水量长度系数 $L/\nabla^{1/3}$＝5.2～10.0;方形系数 C_b＝0.44～0.80;棱形系数 C_p＝0.48～0.86;浮心位置在船中。

5. 长江系列

交通运输部上海船舶运输科学研究所进行了长江客货船系列船型试验,其船型特点为无舭部升高的中 U 形剖面,倾斜首柱,巡洋舰尾,尾长为 3.5% L。图 6－40 为 C_b＝0.58 的横剖线。该系列船型适用于双桨船。

船型参数范围:长宽比 L/B＝4.6～7.0;宽度吃水比 B/T＝3.6～6.0;方形系数 C_b＝0.52～0.64;弗劳德数 F_r＝0.20～0.32。

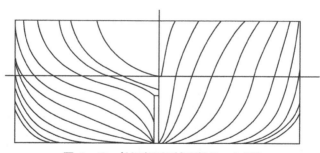

图 6－40　长江船系列船型(C_b＝0.58)

6.6.2　特殊型线

为了减小船舶阻力,提高其推进效率,改善船尾激振,相继研发了一些较有特点的船体型线,如球首、球尾、不对称尾型(单桨船)、双尾型、双尾鳍型、双涡尾型和隧道尾型等。此外,为了简化建造工艺,降低建造成本,发展了以折角型线为代表的简易型线。

1. 球鼻首

由于球鼻首可明显地改善船舶的阻力性能,因此在现代运输船舶得到了较为普遍的应用。选用球鼻首时,必须综合考虑快速性、耐波性、操纵性、各种载况时的纵倾调整、结构强度及建造工艺等影响。当然,降低阻力的大小是选用和设计球鼻首船型时应考虑的主要因素。

1）球鼻首的减阻机理

对于不同速度和形状的船舶,球鼻首的减阻机理是不一样的,但可从兴波阻力、舭涡阻力、破波阻力 3 个方面给予分析。

（1）减少兴波阻力。

对于中高速船（$F_r = 0.27 \sim 0.34$），安装球鼻首可减小兴波阻力。这是因为当球鼻首的大小和位置恰当时，在一定的速度范围内，球鼻产生的兴波由波谷开始，而船体首波系由波峰开始，两波系发生有利干扰（波峰与波谷重复），从而使合成波的波高降低，起到消波作用。

（2）降低漩涡阻力。

低速肥大型船（$F_r = 0.16 \sim 0.20$、$C_b > 0.76$）在航行时，通常在船首底部发生大量漩涡（舷侧的水流绕过舭部斜向进入船底，与船底原来向后的水流交叉相混而成），并有埋首现象，从而增加阻力。

安装具有整流作用的球鼻首后，可以改善首部的流场，从而使首部船底不发生或少发生漩涡，降低阻力。

（3）减小破波阻力。

肥大型船在航行时，首部水流情况容易恶化，所以破波阻力相当明显。安装球鼻首后，使首部船体前伸，从而使横剖面面积曲线的陡度和首部半进水角减小，改善了首柱附近的水压分布，因而缓和了船首破波情况。

可见，球鼻首影响阻力的机理很复杂，其程度既与各种载况的航速有关，又与船型有密切的联系。因此，设计不同船型的球鼻首时主要着眼点也应有所区别。

2）球鼻首的形状特征及其参数

（1）球鼻首的形状特征。

球鼻首的种类很多，图 6-41 为典型的几种形状。

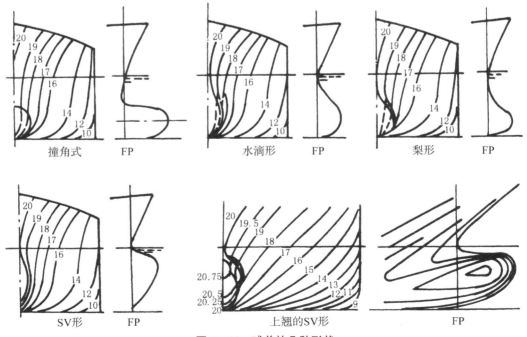

图 6-41　球首的几种形状

① 水滴形球首。该型出现最早,应用最普遍,其特征是体积小,且集中于近龙骨处。一般用于船型较尖瘦的中高速船上。

② "SV"形球首。该型的特征是首柱(从侧面看)呈"S"形,球首下部的横剖面形状呈"V"形。适用于首部横剖面形状为 V 形的船舶。实船及船模试验表明,在较宽广的速度范围内(F_r=0.15 ～ 0.38)均能降低船体阻力,同时提高推进效率,减少首部砰击,节省12%～18%主机功率。此外,该球首还具有破冰的挤压性能。

③ 撞角式球首。该球首介于水滴形和"SV"形之间,其特点是球首前伸较长,前端较尖,其形犹如一角,横剖面大致呈椭圆形。该球首通常用于低速丰满船型,在满载和压载航行状态下降阻效果较好。

④ 圆筒形球首。该球首的特点是前端呈半球形,之后横剖面逐渐由圆到椭圆与船体相接。其中球首体积较大,前伸较长,在老旧船上加装此形状的球首是比较简单有效的。

⑤ 圆柱形球首。此球首的特点是首垂线处自设计水线至基线呈一等半径的圆柱体。该型较适合 C_b=0.825 ～ 0.850 的丰满船舶。设计时应考虑削减肩部的排水量并使之首移,但应注意与该球首相配合的首部横剖线对耐波性产生不利影响。

(2)球首的特征参数。

球首的几何特征通常用以下参数来表示,如图 6 - 42 所示。

① 横剖面积比 f_{BT}:球鼻横剖面积比 f_{BT} 为首垂线处的球鼻首横剖面面积 A_{BT} 与船中横剖面面积 A_M 之比,$f_{BT}=A_{BT}/A_M$。

② 侧面积比 f_{BL}:球鼻侧面积比 f_{BL} 为首垂线前球鼻侧面积 A_{BL} 与船中横剖面面积 A_M 之比,$f_{BL}=A_{BL}/A_M$。

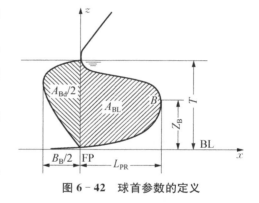

图 6 - 42　球首参数的定义

③ 体积比 f_{VPR}:球鼻体积比 f_{VPR} 为首垂线前球鼻体积 ∇_{FR} 与排水体积 ∇ 之比,$f_{VPR}=\nabla_{FR}/\nabla$。

④ 球首长度比 f_{LPR}:球鼻相对长度 f_{LPR} 为球鼻前端点距首垂线的距离 L_{PR} 与船长 L_{pp} 之比,$f_{LPR}=(L_{PR}/L_{pp})$。

⑤ 球首宽度比 f_{BB}:球鼻首宽度比 f_{BB} 为首垂线处的球鼻横剖面的最大宽度 B_B 与船宽 B 之比,$f_{BB}=B_B/B$。

⑥ 球首高度比 f_{ZB}:球鼻首前端点至设计水线面的距离 Z_B 与设计吃水 T 之比,$f_{ZB}=Z_B/T$。

3)球鼻首的设计

针对采用球鼻首的设计船,其球鼻采用什么形状、参数如何确定是一个比较复杂的问题。一般来说球首主要从减小阻力方面来考虑,但也应考虑到其对适航性、建造工艺和营运等方面的影响,其形状和参数主要取决于船本体型线特征和船型参数与航速的配合。

具体设计时,选择球鼻形状和要素的关键是使球鼻与船体有适当的配合。一般的做法是参考优秀的母型船,并结合设计船的特点,设计几个方案,通过船模试验来选择或改进。

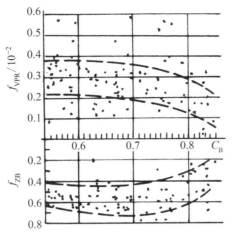

图 6 - 43　球首体积比与高度比和 C_b 的关系

（1）球首设计参数选择。

船舶本体型线的船型参数（如方形系数）与航速之间的配合是影响球首形状参数的主要因素。对于快速船，球首的主要作用是产生一个有利干扰的波系，其长度参数主要影响球首波系的相位，而横剖面积参数和体积参数决定球首波系的强度。一般来说，航速越高，兴波阻力越大，因而通常设置能产生较强波系的球首。对于低速肥大型船，球首的参数选择主要依据本体型线的特征，使设置的球首能有效地改善船首流场。随着弗劳德数增加，肥大型船球首长度系数可适当取大些，以便减小破波阻力。

在进行球首设计时，图 6 - 43、图 6 - 44 和图 6 - 45 可供参考。对于货船，其球首参数选择也可参照表 6 - 3 进行。

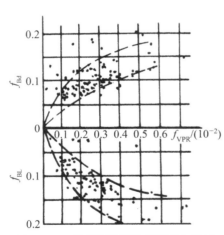

图 6 - 44　横剖面面积和侧面积与体积
参数的关系

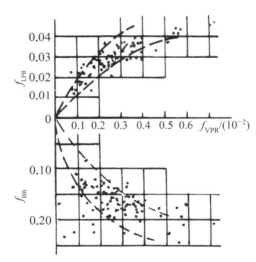

图 6 - 45　长度和宽度参数与体积参数的关系

表 6 - 3　货船球鼻首要素范围

球首参数	弗劳德数<0.22	弗劳德数=0.22～0.26	弗劳德数=0.27～0.38	说明
	方形系数≥0.8	方形系数=0.67	方形系数≤0.58	
体积参数	0.002～0.005	<0.014		小船取小值
侧面积参数	0.12～0.15	<0.11	0.06～0.09	中高速船取大值
长度参数	*	0.030～0.035	0.025～0.050	
高度参数	* *	SV 形:0.40～0.50	* * *	

* :圆柱形球首，其中心应在首垂线前 1.0%L～1.5%L；SV 形和水滴形，其长宽比（L_{PR}/B_B）为 1.0～1.4。

* * :水滴形为 0.65～0.70；SV 形为 0.55～0.65。

* * * :水滴形为 0.75；SV 形为 0.35～0.40；圆柱形 0.65～0.70。

（2）球首形状的选择。

在选择球首形状时,通常要考虑以下因素。第一,在结合上球首应与本体型线有合理的配合和衔接。如 V 形和 SV 形球首与前体 V 形横剖线较易配合;水滴形和梨形与前体 U 形横剖线配合较好。第二,从减阻机理和对性能的影响来考虑球首的形状。如球首横剖线下部尖瘦可减小砰击;侧视形状下部前伸,可使船在压载航行时起到加长船长的效果;球首浸水部分尖瘦,破波阻力相应较小。

4）球鼻首应用准则

在进行船型考虑时,是否采用球首,不能单从性能上的得益来考虑,还必须结合经济性方面来分析,即将球首所能得到的功率节省与球首的投资增加联系起来考虑。为此,可参照以下方法来初步判别。

如果已知设置球首所能节省的功率,通过阻力的比较分析,就可以确定无球首船要达到与有球首船相同快速性时必须增加的船长(假设其他参数不变),从而得到"功率等效船长"(见图 6 - 46)。

此外,根据设置球首后所增加的钢料可以推算出无球首同等钢料时的船长(假设其他要素不变),同样可得到"钢料等效船长"(见图 6 - 47)。根据以上两个等效船长,可粗略地在经济性方面做出设置球首是否有利的判断。

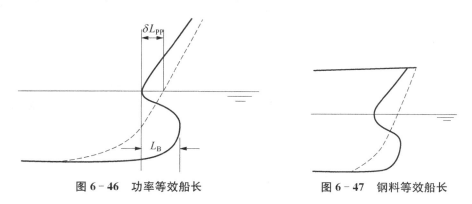

图 6 - 46　功率等效船长　　　　　　　图 6 - 47　钢料等效船长

需要说明的是,对于傅氏数大于 0.3 的船舶,从阻力方面来看,增加船长可能无法达到球首的作用,此时可采用无球首船增加主机功率的方法来比较球首的作用。

2. 球尾

与球首相比,球尾的研究要少些,因为它所涉及的阻力和推进的因素更多、更复杂,从而在快速性方面的收益也就难以肯定。近些年来,由于快速货船及巨型运输船轴功率的增大,推进效率尤其是螺旋桨空泡和激振力问题日益突出,球尾的研究得到了相当的重视,成为船舶在水动力方面节能的一个重要措施。

球尾之所以能节能,是因为球尾和 U 形尾一样,在船尾部一般要产生舭涡。舭涡的存在虽然使阻力增大,但由于舭涡的运动吸引了界层中低动能的水分子,并将其送到桨盘面处,因而增大了伴流分数,提高了船身效率。同时,舭涡还可以使伴流分布均匀,从而减小激振力。

在设计球尾时,应选择适宜的球尾特征参数(见图 6 - 48),包括 a/b 和 h_b/h_s。其中 a 为特征站(距尾垂线 0.05L)横剖面最窄处(一般距基线 0.62T 处)的半宽;b 为最窄处以下的

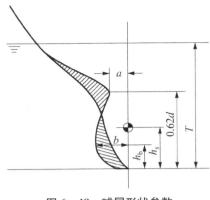

图 6-48　球尾形状参数

最大半宽，故 a/b 表示球体的大小。h_b 为球心在基线以上的高度，即半宽 b 所在处的高度；h_s 为桨轴距基线的高度，故 h_b/h_s 表示球尾位置的高低。

目前，国内外有关球尾的资料并不多，而且缺乏系统性。上海船舶设计研究院和上海交大曾对大型散货船（$C_b=0.8$）和集装箱船（$C_b=0.7$）球尾型线进行过研究，并表明：

第一，对低速肥大型单桨船和高速单桨货船，如选取适当的球尾参数，其满载和压载阻力可较常规型线有所下降。一般而言，方形系数小的型线在满载时有所得益。大方形系数在压载时有所得益。

第二，在大多数情况下，球尾的推进因子较常规型线有所改善。推力减额分数下降，满载时伴流分数增大，从而导致船身效率提高 4%～10%，同时相对旋转效率也上升。小方形系数型线在满载时收到功率节省达 8%，大方形系数在压载时节省功率可达 6%。

第三，球尾参数对节能效果的影响：大方形系数船型球体的大小以小者为优；小方形系数船型球体高度以高者为优。

第四，通过对伴流的测量，球尾型线尾部伴流均匀，因此可降低螺旋桨的激振力，对减少船体尾部振动有益。

下面介绍几种典型的球尾，供设计时参考。

1）雪茄形球尾

雪茄形球尾又称霍格纳球尾（见图 6-49），该尾型最早用于快速运输船上。荷兰船模试验表明，在阻力方面较普通尾形还有所增加，但可使螺旋桨来流较均匀，从而对减少螺旋桨的空泡和激振力有利。

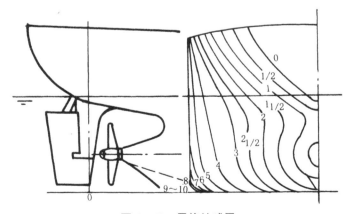

图 6-49　霍格纳球尾

2）同心球尾

该球尾由英国研究，并用于渔船系列船型（见图 6-50）。研究表明，与普通尾形相比，在试验速度范围内可降低 2% 阻力，主机功率可减小 3%。

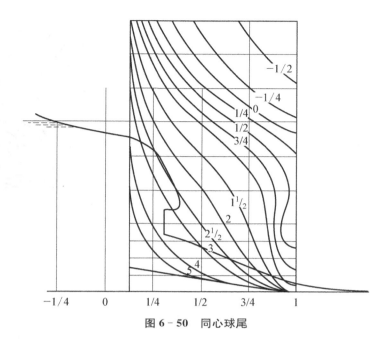

图 6 - 50　同心球尾

3）其他球尾

有关文献介绍的一般球尾（见图 6 - 51）可使满载航速提高，也体现了较好的节能效果。

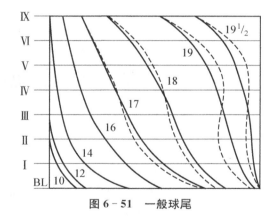

图 6 - 51　一般球尾

3. 双尾鳍和双尾型线

对于 L/B 小、B/T 大的船舶，为了降低螺旋桨负荷，提高推进效率，改善操纵性能，一般都采用双桨。国内外实船和船模试验均表明，双尾及双尾鳍船型与常规双桨船相比，推进效率有较大提高，而阻力则不增加或增加甚微。

1）双尾鳍

自 20 世纪 70 年代瑞典船模试验池 SSPA 发表了双尾鳍船模试验文章后，各主要造船国家相继进行了试验研究。我国于 1978 年设计建造了首艘双尾鳍散装运煤船，其型线如图 6 - 52 所示，尾鳍的形状可根据螺旋桨的旋向作相应变化。

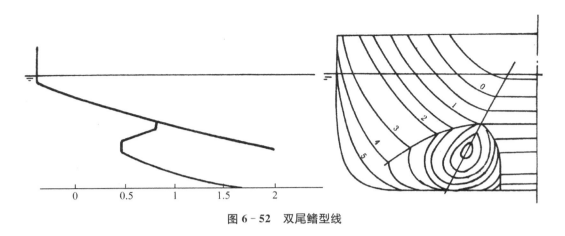

图 6 - 52　双尾鳍型线

2）双尾

双尾船型在船尾形成两个尾体，如图 6 - 53 所示。两个螺旋桨的工作环境类似于单桨船。

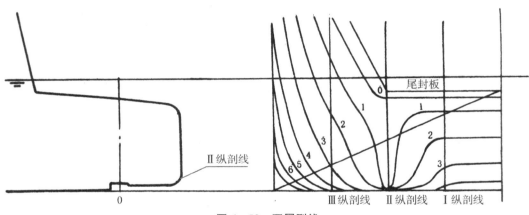

图 6 - 53　双尾型线

3）对比分析

双尾、双尾鳍船型与单桨船相比，有如下优越性。

（1）浮心位置偏后，相当于加长了进流段的长度，对高速船降低兴波阻力有利；去流段平顺，减小了尾部水流的分离，从而降低了形状阻力。

（2）螺旋桨负荷大为减小，即使与敞水效率较高的单桨船相比，双尾船桨的敞水效率也可望提高 5％～15％。同时，由于尾鳍（或片体）与中间隧道的良好配合，具有较大的伴流和较小的推力减额分数，使船身效率显著提高。

（3）尾部具有较大的水线面积，对船舶稳性有利。

但是，双尾和双尾鳍船型也存在湿面积增大；尾部施工复杂等不足，特别是对内河小型船舶更为突出。

4. 涡尾与不对称尾

1）涡尾

涡尾是由意大利学者托马西（Tommasi）于 1960 年开发的一种新船型。该船型是将船体尾部设计成如同涡轮机叶片形式的轴包架,以取代常规船型的人字架,其主要缺点是船体建造复杂。

涡尾的作用原理是由于船涡尾槽的诱导作用,使来流在螺旋桨前方形成一个与螺旋桨旋向相反的预旋流,从而减少了由于螺旋桨工作时形成漩涡而引起的能量消耗,提高推进效率。此外,该船尾伴流均匀,改善了船尾振动。

我国造船工作者在吸取国外涡尾船优点的基础上,开发了纵流涡尾船型(见图 6-54)。

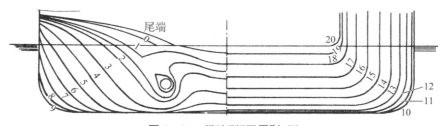

图 6-54　纵流型"涡尾"船型

2) 不对称尾

20 世纪 60 年代中期,德国的楠尼克提出把单桨船尾柱设计成扭曲的形状(见图 6-55),并经过船模试验获得了 5%～7% 的节能效果。中国船舶及海洋工程设计研究院用一艘对称尾型线的集装箱船为母船,设计了两个不对称尾。经船模试验,不对称尾在满载和压载可分别获得 8%～11% 和 6%～8% 的节能效果。

图 6-55　不对称扭曲尾型

不对称尾有如此诱人的节能效果,其原因如下。

(1) 流线试验结果表明:采用右旋桨的单桨对称船型,在螺旋桨桨盘前左上方的船体表面往往有较明显的分离流动出现,而在船尾右舷侧由于右旋桨的作用,流动分离不易产生。分离区出现的大量漩涡将使能量消耗显著增加。分离流动还使螺旋桨进流变得更不均匀,从而使螺旋桨推进效率下降。螺旋桨尾流也有大量的旋转能量白白浪费,而没有得到充分利用。

（2）不对称尾主要调整上述船舶尾部和螺旋桨前后流场。对于右旋桨,不对称尾采用螺旋桨上方船中线向左侧扭曲,减小水线去流角,使桨左上前方船体表面沿水线面向尾部方向的逆压梯度减小,从而使该区域的分离流动减弱,分离区缩小,减少无益能耗。另一方面,上述的扭曲还使得螺旋桨轴上方进流叠加一个向左的切向分量。为了进一步使螺旋桨进流产生预旋,再把螺旋桨轴下方的船尾中线向右扭曲,结果又使得桨轴下方的进流叠加一个向右的切向分量。上下的扭曲结果使螺旋桨进流产生了一个与螺旋桨旋向相反的预旋,这样可使得桨尾流中的旋转能量损失减小。同时,由于螺旋桨前面的分离减弱,分离区减小,使得螺旋桨进流变得更加均匀。

（3）不对称尾没有附体,因而对减小阻力有利。

5. 隧道尾型

航行于浅水河道以及螺旋桨直径受到限制的船舶,常采用隧道船型,以便装置直径较大的螺旋桨,提高推进效率。

1）隧道型线的形式

从隧道纵剖线来看,隧道有开式（见图6-56）和闭式（见图6-57）之分;从横剖线来看,有深隧道和浅隧道（或称全隧道和半隧道）;从隧道个数来看,有单隧道和双隧道。

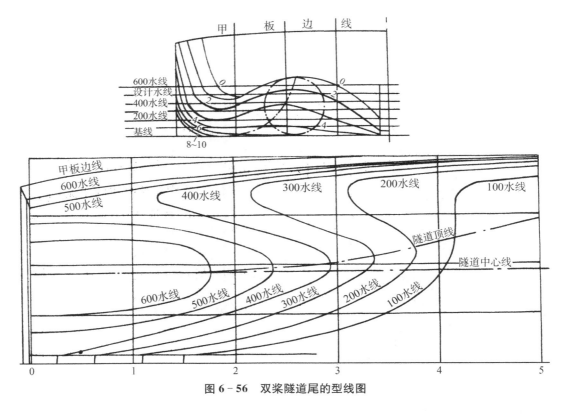

图6-56 双桨隧道尾的型线图

（1）闭式隧道。隧道本身曲面与尾封板在设计水线以下封闭,其阻力比开式大,但倒车性能较开式好,适用于径深比为1.0~1.1的浅隧道,且双桨船多采用。

（2）开式隧道。开式隧道的尾顶端露在设计水线之上,因而航行时阻力较小,但倒车时因尾端未封闭而吸入空气,使倒车性能变坏。为弥补这一缺点,可在尾部加活动舌板,这样可兼顾开式和闭式的优点。

开式适用于径深比较大的深隧道,多用于单桨船。当船航行于极浅的航道时,由于单桨深隧道船的水流基本上是由船底沿着隧道流向螺旋桨,螺旋桨会引起抽空现象,使船尾下沉加大。

2) 隧道型线形状参数的选择

决定隧道形状的主要参数如图 6-57 所示。

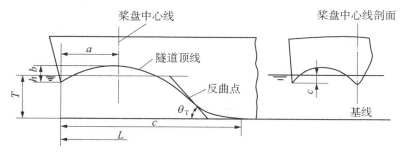

图 6-57　隧道型线的主要参数

(1) 隧道长度 c:一般 $c = 1/3L$,过长时尾部削去太多,对航向稳定性不利;过短时对推进效率不利。随着顶推运输的发展,为适应布置导管、正倒车舵和大径深比螺旋桨的需要,隧道的相对长度有所增大:俄罗斯建议为 $0.33 \sim 0.45$;德国建议为 $0.42 \sim 0.58$。

(2) 隧道顶线反曲点处切线夹角 θ_T:高速船 $\theta_T < 15°$,一般不超过 $\theta_T < 12°$;低速船 $\theta_T < 18°$。随着隧道长度的增加,该角有增大趋势,休斯建议 θ_T 为 $15° \sim 25°$。

(3) 隧道顶线最高点位置:隧道顶线最高点位置在桨盘处,其至设计水线的距离 b 约为 $0.06T \sim 0.20T$;至尾垂线距离 a 约为 $1.2 \sim 1.5$ 螺旋桨直径 D_p,以保证有足够的长度使隧道顶线向尾徐徐下降,从而减小正航时的阻力。

(4) 闭式隧道的尾下沉深度 h:h 一般为 $(0.05 \sim 0.10)D_p$,至少为 $50\,mm$,以免倒航时空气吸入而使螺旋桨效率降低,但也不宜过大,否则造成涡流阻力。

闭式隧道船尾应采用方尾或带折角线尾型,而不用圆形尾。因为圆形尾不能有效地压住螺旋桨打出的水流(沿着圆弧向上翻滚),使效率降低。同时还增加施工难度。

(5) 桨盘处隧道侧壁下沉深度 e:e 一般为 $(1.5 \sim 1.65)b$,至少应为 $50 \sim 70\,mm$,以免航行时空气从船舷边波谷处吸进空气而使螺旋桨效率降低,推力减小。

(6) 隧道进口宽度:其值与航道深度吃水比 h/T 有关。h/T 小者应取大值,否则取小值。对于单桨船一般为 3 倍螺旋桨直径 D_p,双桨船为 $2 \sim 2.5$ 倍 D_p。

对于浅水双桨船,为使螺旋桨能更好地获得两舷来的水流,应使隧道顶线弯向两舷(约 $3° \sim 5°$)。此外,双桨浅水船的桨轴中心距一般为 $B/3$(B 为船宽),如机舱条件许可,可适当加大至 $40\%B$,内河推船可达 $50\%B$。这样既对舷侧来流有利,又可改善船舶的操纵性能。

6. 简易船型

简易船型是指船体型线整体地或部分地简化成易建造施工的简单形状的船型,如肋骨简化成直线的折线型,船体表面设计成简单平面或可展曲面,加工设备较为简单,同时建造周期短,但阻力性能较差。

"先锋"号集装箱船是一艘有代表性的简易商船,试验表明其阻力比曲线化的船要高7％,而且其阻力性能对吃水变化较敏感。

简易船型在小型船舶上应用研究较多,如艇设计中所用的"锥式"简易船型(见图 6-58),其特点是各横剖线均呈直线,中间有双折角。我国在内河简易船型方面做过应用研究,有关这方面资料和设计经验可参考相关文献。

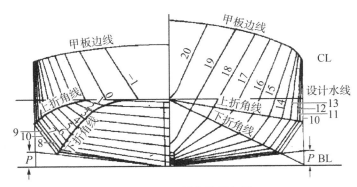

图 6-58 双折角简易船型

复习思考题

1. 型线设计应考虑哪些方面,通常包含哪些方法?

2. 横剖面面积曲线有哪些形状特征和参数,设计时如何考虑?

3. 型线设计时,选择棱形系数和浮心纵向位置应考虑哪些因素?

4. 设计平行中体有什么优点,设置的条件如何?

5. 设计水线有哪些形状特征和参数,设计时如何考虑?

6. 中横剖面线主要包含哪些特征参数,中剖面系数如何确定?

7. 首部横剖线形状对船舶的性能有哪些影响?

8. 尾部横剖线形状如何考虑?

9. 首尾轮廓线通常有哪些,设计时如何选择?

10. 舵桨布置时与尾部轮廓线的间隙如何考虑?

11. 甲板边线、甲板中心线和梁拱相互间的关系如何?

12. 何谓自行设计法,其步骤如何?

13. 何谓母型改造法,母型船如何选择,主尺度改造时应满足哪些条件?

14. 横剖面面积曲线改造的条件是什么,通常包括哪些方法?

15. 利用改造后的横剖面面积曲线如何得到设计船的型值?

16. 球首的减阻原理是什么,主要包括哪些形状特征参数?

17. 设置球尾的设置对阻力和推进如何影响?

18. 隧道船型包括哪些型式,各参数如何选择?

第7章 总布置设计

总布置设计是船舶设计中非常重要的设计内容,它贯穿船舶设计的各个阶段。它不仅对船的使用效能和航行性能有十分重要的影响,而且是后续设计和计算的主要依据。

⚓ 7.1 总布置设计概述

总布置设计涉及船舶设计的各个方面,是一项解决各种矛盾、协调各部分设计的综合性工作,因此总布置设计者不仅要掌握船舶设计总体设计的知识,而且还必须熟悉其他各专业的相关知识。为此,总布置设计时要进行相关调研:一是了解船舶使用者的意图和要求;二是掌握同类型船的特点及发展情况;三是弄清各功能舱室及主要设备的布置要求,同时进一步熟悉相关规范和法规的设计要求。

在新船设计的初始阶段,为了便于把握主尺度与舱容和布置地位间的关系,通常在方案构思、主要要素确定时,就需对总布置做出粗略设想,绘制总布置草图,以配合有关性能的验算和型线设计。随着设计的深入和总布置方案的全面分析比较,同时做到取长补短、合理取舍,最终创造性地完成总布置设计。

7.1.1 设计工作内容

总布置设计,简单地说就是在满足营运要求和保证航行性能及安全的前提下,合理地确定船舶的整体布置,设计出详细的总布置图。通常设计者要进行以下工作内容。

总布置图

(1)划分船舶主体和上层建筑:包括纵、横向水密舱壁和垂向甲板及平台的设置,机舱、货舱、油水舱、居住及工作舱的划分,还有水上部分和上层建筑的造型等。

(2)纵倾调整和重心控制:妥善考虑船的各部分重量沿船长方向的分布,保证船具有适宜的首尾吃水;注意控制船舶重量的垂向分布,兼顾稳性和横摇对重心高度的不同要求。

(3)舱室与设备布置:包括居住、生活、工作舱室的内部布置和舱内及露天甲板上各种设备的布置。

(4)规划通道和出入口:包括全船上下左右的通道、梯子、舱口、门等。

对于不同类型的船舶,总布置设计时考虑的工作重点也有所差别。如液货船的安全性要求分舱时减小液面对结构和稳性的影响;矿砂船所载货物积载因数小,需关注稳性与横摇性能间的矛盾;散货船应注意货物移动对安全性的影响;邮轮应解决好舒适性和稳性间的矛盾;拖船应处理好急牵稳性与舱室布置间的矛盾等。

对同类型船,也因使用要求不同而带来布置上的差异。如杂货船和大件运输船对货舱及舱口尺寸的要求不同;不同载重量级的油船对货油舱的区划和保护要求不一样等。有时在同一船舶总布置设计时,对同一问题处理方法不同,也会产生不同的影响。如在货舱总长度不变的情况下,货舱数量不一样,对装卸时间、横向强度、抗沉性乃至造价都会造成不同的影响。

因此,如何把握和解决主要矛盾,同时能兼顾考虑次要矛盾,是进行总布置设计的关键。通常,各类船在总布置设计时可按一定的原则来进行。

7.1.2 设计遵守原则

不同类型的船舶,其总布置特点也不一样。但是设计时都应遵守下列基本原则。

1. 满足和提高使用效能

满足和提高使用效能是考虑问题的基本出发点。例如:运输船舶应该先合理地利用舱容,提高装卸效率;邮轮则需合理地分区和布置游客舱室,保证游客的舒适、安全、方便;拖船应以安全性为重点,合理地考虑拖曳设备的布置和上层建筑的型式等。布置居住舱室时,要注意考虑工作的需要,又力求缩小差别。

此外,总布置时要注意避免任何装载工况下产生初始横倾的情况。

2. 保证船舶具有良好的航海性能

设计时应采取适当的措施,减小受风面积,降低重心高度,注意开口位置的设置,以保证船舶有适宜的浮态和稳性;合理布置水密舱壁,改善船舶的抗沉性和结构强度;保证良好的驾驶视野和航行信号的布置,以减少航行事故。此外,在布置上还要考虑船员和游客的方便逃生和施救。

3. 注意船体结构的合理性和工艺性

设计时应力求减小总纵弯矩和剪力,避免主要构件的不连续性和纵向构件断面的突变,注意开口对强度的不利影响。确定结构空间时要注意焊接和装配、检查和维修的方便性。

4. 满足法规和规范的要求

比如,法规对主船体首尾舱长度的要求,法规对消防和救生及其布置的要求,破舱稳性对分舱的要求等。

5. 力求美感(外部造型和内部装潢)

在经济适用的前提下,特别是对于豪华邮轮,应充分利用建筑美学的各种手法,做好外部造型和内部装潢,给人以舒适和美感,改善船员和游客的工作和生活条件。

6. 人因工程

设计中贯彻"以人为本"的理念,力求给船员提供更为人性化的工作生活环境。

7.1.3 设计步骤

通常,初步设计阶段总布置设计分三步来进行:

第一,在调查研究和分析母型船的基础上,根据新船的使用特点和技术任务书的要求,先拟定一种能反映总布置大体轮廓和布局的草图。该草图一方面要反映出主船体区划出的不同用途舱室的位置和大小,另一方面还需表示出上层建筑外形尺寸及其内部主要舱室和通道布局的方案。

第二,根据草图对某些典型载况的浮态和稳性、大船的静水弯矩等性能进行校核,并根据核算结果对布置作适当的调整。经过这样多次反复、逐步接近直到满足总布置要求为止。

第三,经过上述核算分析,且解决了总体布局以后,参照有关规范和标准进行各种设备和舾装的选型,并结合型线设绘出正式的总布置图。

随着各专业设计的深入,为了解决和协调出现的新问题,往往还会对初步设计的总布置图进行修改和完善,直至船舶建造完成为止。

⚓ 7.2 主船体区划

主船体是指船的连续露天甲板(通常为上甲板)以下部分。所谓主船体区划,就是根据船舶的技术特点和使用要求,参考有关型船资料,对主船体空间进行纵向和垂向的区划。有些船舶需设纵向舱壁将船体在横向分隔成边舱、中舱等。

主船体纵向划分(微课)

总布置设计时,首先要确定水密舱壁、甲板、机舱位置、边舱以及双层底的设置等,同时着重考虑以下因素:

(1) 满足规范、法规和公约要求,如建造规范(水密舱壁数量及位置、肋距、双层底高度等)、法定检验技术规则(分舱、消防、防污等安全要求)、SOLAS 公约和 MARPOL 公约等,客船还需满足安全返港(SRTP)。

(2) 船舱大小满足使用要求。

(3) 各种载况下有适宜的浮态及稳性。

(4) 考虑总纵强度、局部强度和结构建造的工艺合理性等。

7.2.1 纵向区划

纵向区划是以横舱壁沿船长方向划分船舱,如货舱、机舱、首尾舱等。纵向区划的目的是隔开不同用途的船舱,保证船舶具有足够的横向强度和破舱后的抗沉性,防止船舶因某一舱发生意外而波及全船。

对于普通货船来说,船主体首尾两端是首尖舱和尾舱,中间是货舱和机舱,各舱由横向水密舱壁分隔。横向水密舱壁的数量和位置结合规范和总体布置要求确定,且舱壁位置与肋距有关,同时舱壁必须在肋位上。

1. 肋骨间距

确定肋骨间距,在船长范围内划分肋位,是进行绘制总布置图和船体构件计算的基础工作。

根据中国船级社(CCS)《国内航行海船建造规范》(2021 年)规定,肋骨标准间距为

$$S_B = 0.0016L + 0.5 \tag{7-1}$$

式中,L 为船长,m。另外,S_B 不大于 0.7 m,在首、尾尖舱应不大于 0.6 m。

对于大型船舶,首尾部的肋距常常与中部不一样,具体数值可根据标准肋距及船长来凑配;对于中小型船舶,往往全船取同一肋距。

根据 CCS《钢质内河船舶建造规范》(2016 年)规定,船长小于 50 m 时,肋骨间距应不大于 600 mm;船长大于等于 50 m 时,肋骨间距应不大于 700 mm,且强力甲板及其以下主体部分的肋骨间距与板厚之比应不大于 120。

在进行主船体区划前,除了确定肋距外,还必须进行肋位的编号。一般来讲,船舶肋位号从尾垂线编起,0 号肋位通常在舵杆中心线或其前后适当位置(小于 0.5 倍肋距)。

2. 水密舱壁的数量

根据 CCS《国内航行海船建造规范》(2021)规定,所有船舶应设置水密防撞舱壁、水密尾尖舱舱壁、水密机舱端壁。水密舱壁的数量与机舱位置和货舱数有关,具体数量可根据使用要求并参照母型船来确定。表 7－1 为《国内航行海船建造规范》对水密舱壁总数要求。

表 7－1　海船应设置水密横舱壁的最小数目

垂线间长 L/m	$L \leqslant 60$	$60 < L$ $\leqslant 85$	$85 < L \leqslant$ 105	$105 < L$ $\leqslant 125$	$125 < L$ $\leqslant 145$	$145 < L$ $\leqslant 165$	$165 < L$ $\leqslant 190$	$L > 190$
中机型船	4	4	5	6	7	8	9	另行考虑
尾机型船	3	4	5	6	6	7	8	另行考虑

根据 CCS《钢质内河船舶建造规范》(2016)相关要求,船舶应在船首设置水密防撞舱壁和在船尾设置水密尾尖舱舱壁。船长大于 30 m 的船舶的机舱前后壁以及船长小于等于 30 m 的船舶的机舱前壁应为水密舱壁。

对于内河船舶,其强力甲板下横向舱壁的间距应满足相关规定,一般不大于 6D。

3. 首尾舱壁的位置

1) 首防撞舱壁

水密防撞舱壁距首垂线的距离应符合船旗国主管机关的有关规定。根据 CMSA《国内航行海船法定检验技术规则》(2020),货船的水密防撞舱壁距首垂线的距离一般不小于 5%L 或 10 m 处(取其较小者);客船的水密防撞舱壁距首垂线的距离不小于 5%L,也不大于(5%L＋3)m。对于船舶水线以下设有球鼻首等凸体应另行考虑。

根据 CMSA《内河船舶法定检验技术规则》(2019),对于船长 $L > 30$ m 的船舶,其防撞舱壁一般在距首垂线(0.05～0.10)L 范围内;对于 $L \leqslant 30$ m 的船舶,其防撞舱壁一般应不大于 3 m。

2) 尾尖舱舱壁

一般来讲,尾尖舱舱壁的位置应尽可能保证尾框架的布置和尾轴管置于其中。

对于海上航行船舶,尾尖舱的长度可以参照母型船来选取。据统计,一般干货船首尾尖舱的长度之和占垂线间长的 9%～12%。

对于内河航行船舶,尾尖舱舱壁距尾垂线的长度应不超过 0.1L,否则对该区域要进行破舱性能核算。

4. 机舱位置及长度

机舱位置及其长度影响到其他水密舱壁的布局以及上层建筑的型式,因而总布置设计时必须认真考虑。通常,按机舱的部位可把船分为尾机型船、中尾机型船、中机型船等。总布置设计时,应根据新船的具体任务书与使用特点,选择合理的机舱部位,并确定其长度。

1) 尾机型船

现代运输船大多采用尾机型(见图 7-1),其中油船全为尾机型,而货船(包括杂货船、散货船、集装箱船等)也达 70%～80%。尾机型得到广泛应用,是因为其有如下优点。

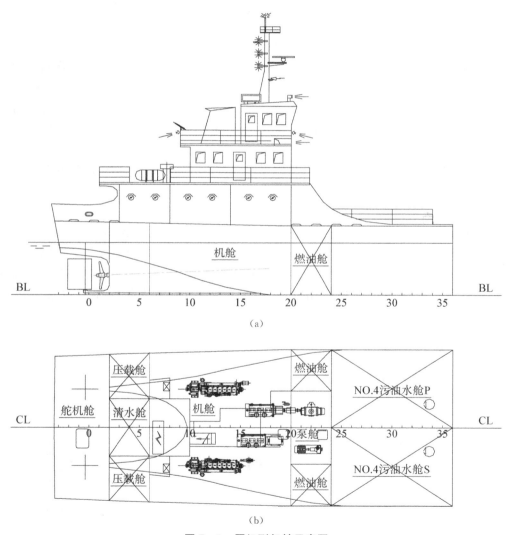

(a)

(b)

图 7-1　尾机型船舶示意图

(1) 对于干货船,尾机型可使中部货舱方整,便于装货理货。对于散货船,有利于货舱口的布置,以提高装卸效率。所以尾机型船舶,对于货船经济效益的提高非常有益。

(2) 尾机型可缩短轴系长度,提高轴系效率,降低造价,且不需设轴隧而使舱容有所增加。

（3）尾机型有利于结构的连续性和工艺性。对于油船可使货油舱毗邻设置，便于管路布置，有利于防火安全。

但是尾机型船也存在许多不足。

（1）浮态调整比较困难。由于机舱的单位体积重量比货物轻，船满载时重心偏前，易出现首倾；而压载时又重心偏后，易出现尾倾。

（2）驾驶视野和适居性较差。因为上层建筑一般位于机舱之上，驾驶室离船首较远，且尾部振动、纵摇与升沉幅值及加速度大，使船员易感到不舒适。

（3）机舱布置相对困难。对于型线较瘦的集装箱船等快速货船，机舱布置较困难，特别是双机船。

（4）对抗沉性要求高的船舶，因机舱相对较长，不易满足相关要求。

尽管尾机型船有上述缺点，但由于提高舱容和装卸效率、改善船体强度是货船考虑的首要问题，因此大多数货船仍采用尾机型。为克服尾机型船（尤其是尺度不大者）在纵倾调整、抗沉性及布置方面的困难，设计时应先对主机选型、型线设计加以分析考虑，力求压缩机舱长度，把浮心位置适当前移，尾舷弧适当放大，尾部横剖线适当取 U 形。在不得已时，在船首设置空舱以解决浮态调整问题。

此外，驾驶视线、振动和噪音问题，可以采取驾驶室适当加高、选用振动噪音较小的设备且进行合理舱室分隔等措施来改善。

2）中尾机型船

当船的主机功率加大或采用双机双桨时，尾机型船布置上的困难就比较突出。如果过分加长机舱，又浪费舱容。因此常将机舱及上层建筑前移，尾部保留一个货舱，构成中尾机型船（见图 7-2）。如大型集装箱船，考虑提高装箱数、改善驾驶视野等需要，机舱大多在船中后部。对于双桨高速船舶，由于方形系数较小，考虑机舱布置也常采用中尾机型。

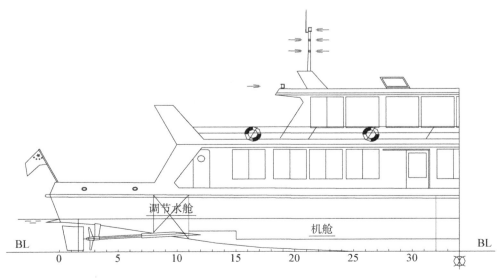

（a）

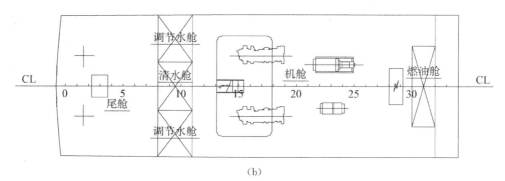

(b)

图 7 – 2　中尾机型船示意图

3）中机型船

中机型船的优缺点几乎与尾机型船相反，多为载客船所采用。根据舱面作业上布置的需要，考虑纵倾调整，拖船、渔船一般也采用中机型（见图 7 – 3）。

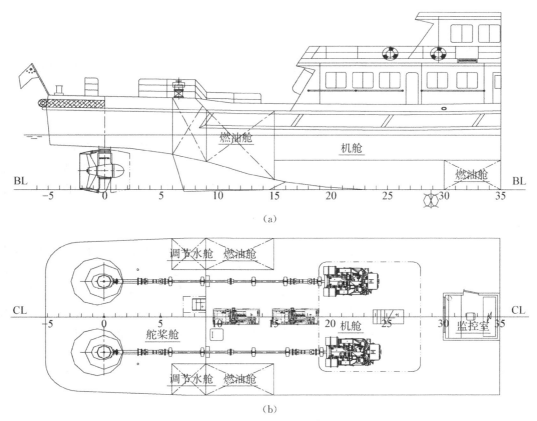

图 7 – 3　中机型船示意图

4）中前机型船

对于中小型尾滑道拖网渔船，因其使用要求和布置地位的需要，有采用中前机型的。有的小艇因考虑轴系布置等因素，将机舱布置在艇首的较前部位。

船舶的机舱长度由机舱布置所需的面积和空间来决定，其与机舱的位置、主

机舱布置图

167

机类型及功率、螺旋桨数目等因素有关。通常对于中大型船舶机舱布置,应尽可能立体布置以减小机舱长度;对小型船舶,机舱长度只能根据机舱所在位置及设备布置需要来考虑。

在总布置设计时,如主机采用低速柴油机,则机舱长度 L_M 可按主机长度 l_M 来估算:

$$L_M = l_M + C \tag{7-2}$$

式中,系数 C 可按母型船来选取,或对尾机型船取 $10\sim 12$ m,对中尾机型船取 $4\sim 6$ m。对主机功率大于 $5\,000$ kW 的单桨船,其机舱长度可按以下统计公式进行估算:

$$L_M = 15 + 0.607 P_{MCR} \times 10^{-3} \tag{7-3}$$

式中,P_{MCR} 为主机持续功率,kW;L_M 单位为 m。

对于采用中高速柴油机的小型船,其机舱长度参考相近的母型船来选取较合适。对于内河客船,其机舱长度 L_M 应尽可能小于下式计算值,否则机舱需满足破舱稳性的相关要求:

$$L_M = 0.75\left(1 - \frac{T}{D}\right)L \tag{7-4}$$

式中,T 为吃水,m;D 为型深,m;L 为船长,m。

综上所述,机舱长度应根据新船具体使用要求与特点,参照相近的母型船的使用情况,权衡利弊,以使机舱布置紧凑而又能满足操作和维修的要求。

5. 货舱和客舱划分

1)干货船货舱

当确定了首尾尖舱舱壁的位置及机舱的部位和长度后,接着需要考虑的是货舱的数目及各舱的长度。货舱的分舱要求因船舶类型而异,但考虑的主要因素不外乎:货舱的型式、尺度以及货舱口的大小必须适宜货物装卸;必须满足有关规范对分舱和破舱稳性的要求;必须考虑起货设备的选型和布置。

(1)散货船。

散货船的货舱数目和长度的选择要考虑货物的合理配载,以免船体产生过大的弯矩和剪力。一般情况下,货舱的数目与船长相关,对于好望角型、巴拿马型和灵便型散货船,其货舱数一般分别为9、7和5个;对于中小型散货船,其货舱数为 $2\sim 4$ 个。散货船两端货舱可适当长些外,其他各舱以等舱长划分为宜。对设置起货设备的船,要结合起货设备的配置使舱长和船宽保持适当的比例,以便于装卸;对于无起货设备的船,可根据港口的装卸条件来考虑货舱长度。

此外,对于散货船,舱数多时可减少装卸时间,但会带来清舱量大,同时使船体重量增加。

(2)集装箱船。

集装箱船的货舱数目和长度与集装箱布置有关,通常该船的货舱长度和宽度根据所载集装箱的行数和列数来确定。一般来讲,每个货舱纵向布置两个货舱口(单元货舱),每个单元货舱布置 4 行 TEU(1CC)或 2 行 FEU(1AA),其开口尺寸要求详见第三章相关内容。

需要说明的是,对于集装箱船货舱的位置还应与局部型线及集装箱排列方案结合起来考虑。

2) 油船油舱。

油船的水密舱壁数量同样要满足规范规定的数目,同时货油舱尺度还应考虑到:设置一道纵舱壁时,舱长不大于 10 m 和 $0.15L$ 中之大者;设置两道及两道以上纵舱壁时,舱长应不大于 $0.2L$。此外,规范还规定:货油舱与机舱、锅炉舱等之间应设隔离空舱,但泵舱和压载舱一般兼作为隔离舱。

3) 客船客舱

客船主体内船舱的划分,其舱长除应满足使用要求外,还应满足法规对抗沉性的规定。对于国内航行客船,主船体相邻两主舱壁间的距离一般要求小于 $(3+3\%L)$m 或 11 m 之小者。

防火主竖区

此外,客船主船体和上层建筑均应以防火隔堵分成防火主竖区,其水平长度一般不超过 40 m。

7.2.2　垂向区划

垂向区划则是以内底、平台、各层连续甲板将船体予以分隔,以保证航行安全(如设内底)和船体强度,同时也能满足载货、设备布置的需要。

用于船舶主船体垂向分隔的甲板和平台,涉及层数和层高两个方面。

1. 层数

设计船所设甲板层数的多少,主要从使用要求和装载所需要的甲板地位上考虑。根据不同的船类,主船体甲板层数一般为:油船、散货船、集装箱船等——单甲板;多用途货船——两层或三层甲板;滚装船、车客渡船——多层甲板;客船、邮轮——根据旅客舱等级和旅客数量设定,可为两层或多层甲板。

平台用于船舶局部性的分隔,如首尖舱平台、舵机舱平台、机舱平台等。平台的设置一方面出于充分利用空间和利于设备布置的考虑,另一方面出于局部强度的改善和提高。平台的垂向位置一定要注意与纵向强构件的连续贯通。

此外,中间甲板或平台现多趋于不用梁拱和舷弧,以利于施工和使用。

2. 层高

对于货船,主体部分的甲板间高主要根据货种及作业条件等使用要求来定。例如,多用途船考虑装载集装箱时,双层间高除了容纳集装箱本身的高度外,还必须考虑机械作业、舱口纵桁材高度等因素;滚装船装载车辆和滚装货物时,其甲板间高需根据所载单元货的高度结合结构件高度来确定;客船甲板间高则需根据"法规"要求的旅客起居处所最小净高度来考虑。

一般而言,多用途货船甲板间高一般在 2.45 m 以上,且目前此高度有加大之势,有的高达 2.75 m,甚至 3 m 左右;滚装船甲板间高一般在 3~6 m,且考虑装载不同单元高度货物,各层间高不一定相等,如层间高为 3.2 m 时可用于装载小汽车或集装箱拖车等,层间高达 6.3 m 时可通行双层集装箱 LUF 系统;对设双层铺的客船,甲板层高为 2.4~2.5 m。

对于客船,主船体内设有用于布置客舱的平台甲板,但最底层平台高度不得低于满载水线以下 1.2 m。

3. 双层底

船舶无论从使用和安全方面考虑,都需要设置双层底。从使用方面看,货船装载干货时,为便于储货和清舱,货舱区域常设双层底,并且其内可用来装载压载水或储存油水。从安全方面来看,船舶触礁、搁浅等海损事故中,船底是最易受损部位。为提高其抗沉性,CCS建造规范对海船双层底的设置范围作了相关规定:

(1) 船舶尽实际可能从防撞舱壁至尾尖舱壁设置双层底;

(2) 双层底应延伸至船舷两侧,以保护船底至舭部弯曲部位。

此外,规范和法规对双层底的高度给出了明确的规定。除油船外,CCS建造规范要求双层底结构的中桁材高度 h_0 不得小于 760 mm,且不小于按下式计算所得值:

$$h_0 = 25B + 42T + 300 \qquad (7-5)$$

式中,B、T 分别为船宽和吃水,m;h_0,mm。

对于内河船舶,船长 L 大于 40 m、航行于 J 级航段的自航船应设置双层底,且其高度 h_0 不小于 700 mm,也不必大于 1 500 mm。

在进行总布置设计时,双层底的高度确定时应考虑以下因素:

(1) 对内底的保护,提高搁浅和触礁时的安全性;

(2) 便于人员的施工,满足管线安装和检修的要求;

(3) 计及油水舱容积的需要;

(4) 双层底高对重心高度和结构重量的影响。

通常,对中小型船舶,双层底高度一般在 0.9~1.5 m。如果双层底过高,将增加结构重量,减小货舱容积。因此,对一般船舶来说,双层底的高度以满足规范要求,同时兼顾施工及油水舱容积的需要为宜。有时为了配合主机的安装、首尾狭窄部分的施工以及油水舱容量等方面的需要,可适当局部增高双层底的高度,但必须注意各区段结构过渡的连续性。

对于不同的船型,双层底的型式有所不同。散货船常做成向两舷升高型式,并与外板和船底板边纵桁一起构成底边舱,如图 7-4(a)、(b)所示,以便减少清舱工作;矿砂船因货物积载因数小,为避免货物重心过低,初稳心过高,在货舱底部一段宽度内,双层底常抬高较多,且舭边舱内不设内底[见图 7-4(c)];集装箱船货舱内考虑装箱需要通常设为平坦的内底,有时在舭部设置局部平台,以便于集装箱装载,同时可提供较多的压载空间。

图 7-4　散货船横剖面型式

7.2.3　横向区划

船舶横向区划一般用纵舱壁、舷舱壁来进行。对于散货船,大都采用舷顶边舱和底边舱(见图 7-4),这样一方面便于清仓,另一方面船在横摇时能避免因货物移动而产生较大的横倾力矩。此外,舷舱还可用来装压载水,提高重心高度,从而改善船的横摇性能。

随着船舶安全意识的不断提高,国际船级社协会(IACS)推出了双舷侧散货船共同建造规范,其主要要求就是在普通单舷侧的基础上增设内舷纵舱壁,具体要求可参照相关规范。

集装箱船设有舷边舱,这样一方面可以充分利用不便装箱的区域来装压载水,调整不同装载时船的浮态和重心高度,改善稳性或横摇性能;另一方面,双舷结构对船体的总纵强度和大舱口扭转强度均有益。舷舱宽度一般不小于 $0.075B$。

从防止油类污染角度考虑,油船大多要求设置舷舱,且对于载重量 5 000 t 及以上油船,其舷舱宽度至少为 1 m;对于载重量 5 000 t 以下油船,其舷舱宽度不小于 0.76 m。

⚓ 7.3　上层建筑设计

上层建筑是指上甲板以上各种围蔽建筑物的总称,通常分为船楼和甲板室(见图 7 - 5)。船楼是指在上甲板以上伸至两舷或至舷边距离不大于 4% 船宽的上层建筑,依其位置可分为首楼、桥楼及尾楼。设置船楼的优点是可增加内部面积,有利于舱室的布置,也有助于提高安全性。

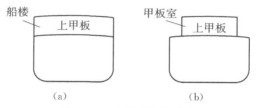

图 7 - 5　上层建筑的型式

甲板室:是指两舷留有外走道的上层建筑。对于客船则便于旅客观光。图 7 - 6 是某内河客船,其主甲板和上甲板两侧均设有外走道。

图 7 - 6　内河客船

对于上层建筑层数较多时,一般采用船楼与甲板室相结合;对于大型海船和内河船往往仅设甲板室。图 7 - 7 是某超大型货船,其尾部上层建筑主甲板两侧设有外走道。

图 7-7 超大型货船

在总布置时,上层建筑的设计主要对其型式、尺度、层数、外部造型及其内部舱室划分和布置等给予考虑。

7.3.1 上层建筑设置与划分

1. 首楼

首楼的设置主要考虑船迎浪航行时甲板的上浪,因为甲板严重上浪时将威胁着甲板上船员、货物、设备和甲板开口的封闭装置等的安全,因此载重线规范对船首的最小高度进行了规定,同时要求自首垂线算起的首楼长度应不小于 $0.07L$。此外,首楼甲板的长度和宽度还应顾及锚泊和系泊设备等布置的需要。

一般海船都设有短首楼,内部布置有锚机控制室、灯具间、油漆间、缆索及索具间等。有些船舶如海洋拖船等,为改善航行中的飞溅和使拖钩布置在船中附近,通常将首楼延伸到船中部上层建筑。也有少数货船,为弥补货舱容积不足,将首楼一直延伸至第一个货舱的后端,如图 7-8 所示。

图 7-8 长首楼示意图

据统计,一般海船首楼长度为船长 $8\%L \sim 10\%L$。对于小型海船常采用加大首舷弧来替代首楼。对于高型深的大型船舶(如 VLCC 等)则不设首楼。内河船一般不采用首楼,但有时采用首升高甲板型式。

2. 中部及尾部建筑

对于"中机型"和"中尾机型"船舶,其上层建筑往往设置在船中部,用于布置相关工作和生活舱室,同时对机舱开口给予保护。中部上层建筑分桥楼和甲板室两种,对甲板作业频繁的船舶大多采用甲板室(两侧留边走道);对舱室面积和防浪有较高要求的小型船舶则常采用甲板室。对于客船及其他需要较大舱室地位的船舶,上层建筑通常从首部延伸至尾部,以满足布置地位的要求。

对于机舱在尾部的船舶,其上层建筑通常设在机舱上部的区段,用于船员生活舱室、工作舱室等布置用。其优点是容易解决内部通道、管路、电缆的布置;能节约地位和造价,方便船员工作与生活;同时有利于机(炉)舱棚的布置和进出通道的安全。对于货船更有利于加大货舱口尺度,提高装卸效率。

在有些尾机型大船或水上建筑高度受限制的内河船舶上,因尾部视线不佳,有在中部或首部另设较短的上层建筑,如图 7-9 的超大型集装箱船。

图 7-9　超大型集装箱船船楼示意图

7.3.2　外形与尺度

1. 外形

设计上层建筑造型时,应使船舶轮廓鲜明、主次分明,并具有稳定向前的动感。各单体之间要表现出平衡、协调、紧凑。做到整体与局部、局部与单体、由首至尾、由上至下比例匀称,变化富有韵律性和节奏感。

在进行布局时,应根据不同类型的船舶,把主体、上层建筑、烟囱、桅杆、救生艇等单体结合起来一并考虑,做到货船外形简洁、朴实;客船轻快、平稳(见图 7-10);拖船勇敢顽强(见图 7-11)。

2. 尺度

1) 上层建筑尺度的考虑

上层建筑的尺度包括其长短、层数等。通常,确定时应考虑以下因素:

(1) 舱室布置:船员及旅客的居住、生活、工作等舱室一般布置在上层建筑内,这是决定

图 7-10　邮轮外部造型

图 7-11　拖船外部造型

上层建筑尺寸的主要因素。

（2）重心高度和受风面积：上层建筑的发达程度，将影响船舶的重心高度和受风面积大小，从而对船的稳性和操纵性造成影响。重心高度 Z_G 过高，受风面积增大，将使船稳性下降；船舶水上部分侧投影面积与水下部分侧投影面积之比过大，势必受横风作用时漂移严重，直接影响船舶靠离码头的安全性。这类船总布置设计时应权衡利弊。

（3）驾驶视线：船上的驾驶室通常设在上层建筑的最高层，其高度和位置关系到驾驶视线的好坏。从驾驶安全角度，应尽可能缩短盲区，盲区是指驾驶员眼睛到船首舷墙顶点所引直线延长线与水面的交点至首柱的区域（见图 7-12）。

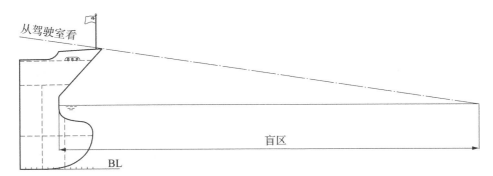

图 7-12　船舶盲区示意图

（4）其他：上层建筑高度还受到桥梁高度的限制；上层建筑长度受露天甲板上设备及船员作业需要地位的影响，如救生艇设备的布置要求有足够宽敞的地位；货船上层建筑前端壁应尽可能少跨出货舱舱壁等。

2）上层建筑高度

一般来讲，上层建筑高度高，对驾驶视线有利，但也影响船舶的重心高度和受风面积，对稳性不利。

由于船型、用途和载况不同，各种船舶的盲区长度往往相差较大。通常客船的盲区长度为 $0.6L\sim0.7L$；货船和油船的盲区长度满载时为 $1.25L$ 左右，压载时约为 $2L$；集装箱船盲区长度要求不大于 $2L$。在总布置设计时，可参照母型船资料来确定，并尽可能使盲区减小，以保证航行和靠离码头时的安全性。

上层建筑的高度由其层数和层高来决定。对于小船，层数一般为 1～2 层，且考虑受风面积和重心高度，层高往往降到 2.1 m；对于中型船舶，层数一般为 3～4 层，层高为 2.3～2.6 m；对于大型船舶，层数为 5 层或更多。总布置设计时具体可参照母型船选取。

7.4　设计考虑要点

7.4.1　压载水舱布置

压载水舱一般设在双层底、首尾尖舱、舷边舱及顶边舱等处，其位置应根据压载量及保证不同装载情况的适宜浮态和稳性来加以确定，同时还需从纵倾调整和强度两方面加以考虑。

对于集装箱船，货舱区域双层底和两舷深舱一般均作为压载舱用，但边舱中的一对压载舱往往作平衡舱用（通常各装 5% 的压载水）。此外，为保证尾部螺旋桨和首部侧推装置有足够的浸深，首尾尖舱也用作压载舱，且可以调节合适的浮态。

对于散货船，常常是单向运输，因此在空载航行时需要较多的压载量。一般情况下，对于大多数散货船均利用首、尾尖舱、顶边水舱、底边水舱和双层底舱作压载舱。有时为了增加压载水量和改善压载航行时的较大中拱弯矩，也有部分散货船将中部的货舱兼作压载舱。甚至少数散货船将中部的一个货舱设置两道纵舱壁，使其边舱作为压载舱。

油船常设专用的压载舱。对于双壳油船，其专用压载水舱通常采用以下几种分隔型式（见图 7-13）：

（1）L 型舱是传统的双壳双底组成型式。

（2）U 型舱是把 L 型舱的双层底中纵桁材打通，采用此型式具有布置简单、管系少、容易安排通道与通风等优点，但是会产生很大的自由液面。特别是在装卸油和加压载水同时作业时，如产生大自由液面，很有可能使船因初稳性不足而产生大角度横倾。

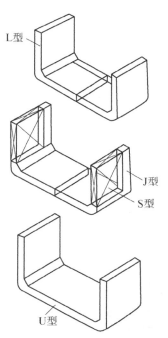

图 7-13　双壳船压载水舱型式示意图

（3）边纵舱壁通至基线，组成边舱，内底板与纵舱壁相连接组成双层底舱。双层底舱左右打通，以解决上述两型舱的不足之处。但在船底擦破位于边舱内的情况下，若产生很大的横倾外力矩，会有许多装载情况都不能满足 MARPOL 公约的破损要求。

（4）内底通至舷侧，边纵舱壁位于内底之上，以解决上一种型式的缺点，但是进入双层底舱的通道与通风需经过边舱，并且两者之间的水密分隔较为困难。

（5）J 型舱与 S 型舱的组合解决了 L 型舱与 U 型舱两者的不足，且具有两者的优点。其思路是：当船底撕裂时，舷边舱进水减少，S 型的边舱起储备浮力作用；同时避免了第三、第四种分隔的缺点——即通入双层底舱需要打开两重水密盖、通风与通道等困难。但结构较为复杂。

7.4.2　油水舱布置

船主体舱室划分时，还应对燃油舱、滑油舱、清水舱等舱柜进行划分和布置，其布置原则如下：

1. 燃油舱

一般情况下，船上燃油装置所用的燃油分为轻柴油和燃料油（重柴油）。通常燃料油布置在机舱前端或两侧的深舱内；轻油大部分布置在双层底内。日用油柜则需布置在较高的部位（如机舱平台上），以便利用重力直接向主辅机供油。

对于国内航行海船，燃油舱总容积大于 600 m^3 时，其与船底壳板必须隔离，且每个油舱容积不得大于 2500 m^3。对于内河船舶，单个油舱大于 30 m^3 时，其与船体外板必须保持 760 mm 以上的距离。

2. 滑油舱柜

滑油舱柜包括滑油储存舱柜、滑油循环舱柜等。通常滑油循环舱布置在主机机座下的双层底内；滑油舱柜须用隔离空舱与其他液舱进行分隔。

3. 淡水舱

淡水舱包括锅炉水舱、食用淡水舱、洗涤用水舱等。它们一般布置在首、尾尖舱和双层底内。容积较小的日用水柜可设在机舱棚顶或烟囱内。

需要注意的是，划分油水舱时，在油舱与清水舱之间、燃油舱与滑油舱之间、不同滑油舱之间应设置隔离空舱。燃油舱的透气管不要通过生活舱室，燃油舱应尽可能避免与客舱直接相邻。

此外，在布置油水舱时，应尽可能缩短管路，防止油管穿过生活水舱。油水舱布置时，应尽可能使它们的公共重心接近船中，降低油水消耗后对浮态产生大的变化。油水舱尽量布置在不宜装货和布置设备的狭窄区域，且不宜集中布置，以免该处破损后失去供应。

7.4.3　纵倾调整

纵倾调整（微课）

纵倾调整的目的是保证船在各种载况下有适宜的浮态，即有合适的首尾吃水和纵倾值。一般情况下，要求满载出港工况为正浮；其他载况时首吃水为 $(2.5\% \sim 3\%)L$，尾吃水为 $(4\% \sim 5\%)L$，且尾吃水应浸没螺旋桨，纵倾值不大于 $1.5\% L$。

通常纵倾调整是在型线设计和总体布局区划的基础上进行的。首先要计算各载况的浮态,并视计算结果对总布置进行调整,即改变各部分重量的纵向分布,直到浮态满意为止。浮态调整要在总布置可能调整的范围内进行,否则就要通过其他方法如改变浮心纵向位置来进行,这往往是设计者不愿意采用的。

下面首先简要介绍浮态核算的步骤,然后讲述浮态调整的方法。

1. 浮态核算

浮态核算是在型线和总布置设计基础上进行的,首先要解决的问题就是进行重量和重心的计算,包括空船、载货量、油水、人员、食品等重量。关于空船、人员和食品等重量重心可按照第二章相关方法进行。对于载货量和油水的重量、重心则必须按总布置的区划,依据型线图进行详细计算,即需对各舱的舱容及其形心位置进行计算。

1) 各载况重量重心计算

各载况的重量重心计算按第二章所述相关表格进行。需要说明的是:各货舱载货量由相应舱的型容积乘以折扣系数和积载因数得到;燃油、滑油、清水等重量由相应舱的型容积乘以折扣系数和密度后得到;压载水重量和重心则需结合各压载舱的容积并考虑浮态和稳性的实际压载需要来确定。

2) 各载况浮态计算

在各载况重量和重心确定后,就可以按照表7-2对浮态进行核算。表7-2中相关静水力参数可根据型线图按《船舶静力学》中相关方法进行计算。

表 7 - 2　各载况浮态计算表

序号	项目	单位	符号及公式	满载出港	空载到港
1	排水量	t	Δ		
2	吃水	m	T		
3	每厘米纵倾力矩	t·m·cm^{-1}	M_{CM}		
4	浮心纵坐标	m	X_B		
5	漂心纵坐标	m	X_F		
6	重心纵坐标	m	X_G		
7	纵倾值	m	$t = \dfrac{(X_G - X_B)}{100 M_{CM}} \cdot \Delta$		
8	尾吃水增量	m	$\delta_A = -\left(\dfrac{L_S}{2} + X_F\right)\dfrac{t}{L_S}$		
9	首吃水增量	m	$\delta_F = \left(\dfrac{L_S}{2} - X_F\right)\dfrac{t}{L_S}$		
10	尾吃水	m	$T_A = T + \delta_A$		
11	首吃水	m	$T_F = T + \delta_F$		

2. 浮态调整的方法

船舶在不同的载况有不同的浮态。一般情况下,船舶考虑的典型载况有满载出港、满载到港、空载(压载)出港和空船(压载)到港,通常要求满载工况保证平浮或略有尾倾,其他载况则需保证一定的首尾吃水。对于尾机型运输船,为了减少管系,油水通常布置在船尾部,其满载出港工况可稍有尾倾,以防油水消耗后产生首倾。

对于货船来讲,一般以满载出港时的浮态作为纵倾调整的基础状态。如出现较大首倾或尾倾时,可用以下方法进行调节。

1）改变油舱和淡水舱的布局

船舶燃油、清水等舱沿纵向移动,可以起到一定的浮态调整作用,但须注意油水消耗后浮态的变化。例如,船舶首倾时可适当将油水舱朝船尾移动,但到港即油水消耗后,船舶的浮态可能会出现首倾。

对主机功率大和续航力大的船舶,其装载的油水较多,其时可将油水分布在船首和船尾,以减小油水消耗后对船舶浮态的影响。

对速度较高的中小型船舶,尽管装载的油水并不多,但考虑到对空船重量的控制,及减少油水管系对其他舱室的影响,往往将油水集中布置在船中,以保证在不设水压载的情况下,船舶均有较好的浮态。

2）调整机舱位置或压缩机舱的长度

改变机舱位置或缩短其长度对船舶浮态的调整十分有效,其原因一是机舱重量较大,对空船重心纵向坐标影响较大;二是机舱位置和长度的改变,必然引起货舱位置的改变,即货物纵向位置也发生变化。如尾机型运输船机舱缩短一个肋距,则在货舱前端壁不变的情况下,货物重心纵向坐标差不多改变 0.5 个肋距。

对于中机型和中尾机型船舶,采用改变机舱位置或长度来调整浮态是最有效和方便的方法。对尾机型运输船,因实际布置需要尾尖舱和机舱都不能改变,当船舶具有首倾,且货舱容积有余时,仍可通过缩短货舱长度来进行浮态调整。

3）改变浮心的位置

在对总布置的合理性影响不大的情况下,可以采用调整油水舱甚至改变机舱位置来调整船舶浮态。但是有时即使舍弃部分合理性,仍然无法从根本上解决各载况的浮态,尤其当总布置由于种种因素的限制和考虑,难以较好解决船舶浮态问题时,改变浮心位置更直接有效。需要注意的是,该方法一般在船舶满载工况浮态无法解决时才考虑采用,否则引起的型线修改工作量较大,且对阻力性能有一定的影响。所以在型线设计选择浮心纵向位置时一定要考虑船舶重心位置,同时建议对速度较高的船舶,尽量少用改变浮心位置的方法来调整浮态。

4）调整压载分布

一般来讲,对于运输船满载时尽量少带压载或不带压载,但其空载时,往往需要压载一定的水来保证船舶具有良好的航行性能,所以在船首尾和载货区域均设有压载水舱。如果船舶具有足够的压载容量,此时只要根据各载况浮态的需要进行适当的压载分配即可,但需注意每个压载舱应压满,以减小压载水自由液面对稳性的不利影响。

对有些船舶,通常设置的压载舱容量不足,且浮态调整困难,有时不得已增加船长来设置专门的压载深舱,其时一定要注意压载对静水弯矩的影响。

主船体垂向
和横向划分
（微课）

⚓ 7.5　舱室布置

在进行总布置设计时,初步完成了对船主体舱室划分、上层建筑型式和尺度的确定后,就需对上层建筑内部的各种舱室进行划分,并对其内部进行布置。

船上的舱室可以分为工作舱室和生活舱室两大类。舱室设计的基本要求是在保证经济、适用的前提下,尽量改善人员的工作和生活条件,做到舒适、方便和安全。

下面就结合中华人民共和国海事局(CMSA)《国内航行海船法定检验技术规则》(2020)的相关规定,介绍总布置设计中舱室的相关要求。

7.5.1　生活舱室布置

生活舱室一般包括居住舱室、公共舱室和服务处所。其中居住舱室有分船员居住舱室和乘员居住舱室;公共舱室和服务处所包括厨房、餐厅、洗手间等。

1. 船员舱室

船员舱室的面积和配备标准通常根据船员等级、人数、船舶类型与吨位以及航线与航距等情况而定。

船员一般分高级船员和普通船员两个级别,在每个级别中再分若干等级,如表 7 - 3 所示。表中高级船员舱室配置的标准适用于大船,且尽可能做到一人一间。对于小型船舶,由于布置地位的限制,难以达到此标准。

表 7 - 3　船员等级表

级别		船员职务	舱室配置
高级	船长级	船长 轮机长 大副	大办公室、卧室、卫生间
	大副级	大管轮 报务主任 二副、三副	办公室、卧室、卫生间
	一般干部	二管轮、三管轮 电机员、事务长、医生 报务员、业务员、引航员	卧室、卫生间
普通	水手长级	水手长 厨师长、木匠	单人间、独用或双人卫生间
	一般船员	水手、机匠、电工 厨工、服务员	单人间或双人间

通常船员居住舱室布置应考虑便利各部门船员的工作,尽量靠近各船员的工作场所,且高级船员居于上层。对于尾机型船,船员舱室多布置在尾楼甲板以上的各层甲板;对于客船等船舶,往往由于布置困难,也有将部分船员舱室布置在主船体内。对于船员舱室来讲,船长室一般布置在驾驶室后部或下一层的右舷,且驾驶相关人员舱室与船长舱室要相近。轮机长布置在驾驶室下一层的左侧,且轮机人员舱室大多布置在左舷。各舱室面积通常按照表 7 - 4 相关标准来考虑。

表 7 - 4　船员人均卧室面积　　　　　　　　　　　　　　　　　　　m²

级别	总吨位		
	<3 000	≥3 000 <10 000	≥10 000
普通船员（单人间）	3.75	4.25	4.75
普通船员（双人间）	2.75	3.25	3.75
高级船员	6.50	7.5	7.5
普通船员及特殊人员 （客船、特种用途船）	2.35	3.75（1 人间） 3.00（2 人间） 3.00（3 人间） 3.00（4 人及以上）	

　　船员舱室的布置应根据舱室划分情况精心布置，不仅能充分利用布置地位，而且为船员创造优良的休息环境和生活条件（船员床铺尽可能沿船长方向布置）。图 7 - 14 给出了几个典型的舱室布置方案。

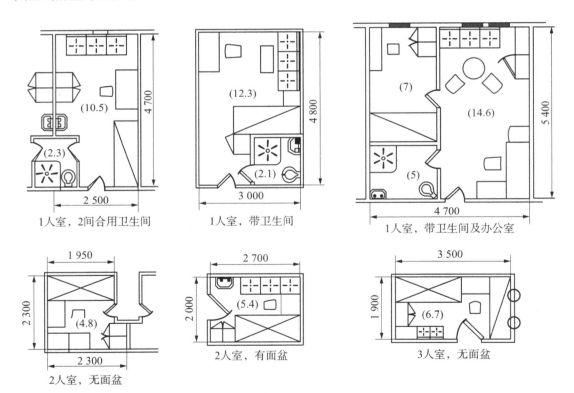

图 7 - 14　船员舱室布置方案示意图

　　此外，船员舱室卫生设施也可按照相关标准来配置。以国内航行海船为例，根据 CMSA《国内航行海船法定检验技术规则》（2020）对船员舱室设备的要求，对于吨位 $5\,000 \leqslant GT <15\,000$ 的船舶，至少应在 5 个高级船员的独立卧室内设置分隔的独立卫生间，其内配备 1 只抽水大便器、1 只浴缸或淋浴器、1 只有冷热水龙头的洗面盆；对于吨位 $GT \geqslant 15\,000$ 的船舶，

每个高级船员卧室均需配备上述独立的卫生间。除客船及特殊用途船外,对于吨位 GT ≥ 25 000 的船舶,每 2 个普通船员应有 1 间上述卫生间。对于不能按上述要求配置的船舶,应为高级船员和普通船员在适宜的位置按每 6 人设置 1 只抽水大便器、1 只浴缸或淋浴器,但对于 GT ＜ 3000 的船舶抽水大便器至少为 4 只、GT ≥ 3000 t 的船舶抽水大便器至少为 6 只。除客船外,对于 GT ≥ 5000 且船员舱室未设卫生间的船舶,应在其内设 1 只有冷热水龙头的洗面盆。对于内河航行船舶,则按 CMSA《内河船舶法定检验技术规则》(2019) 对船员舱室设备的要求来配设。

2. 乘员舱室

乘员舱室通常按照客船的类别、舱室的等级来设置。根据 CMSA《国内航行海船法定检验技术规则》(2020),客船类别根据航行时间分成 4 类:航行时间在 24 h 及以上的客船称为第一类;航行时间在 4～24 h 的客船称为第二类;航行时间在 1～4 h 的客船称为第三类;航行时间在 1 h 以内的客船称为第四类。

此外,乘员舱室等级分卧席客舱(1～5 等)和座席客舱(软、硬),其中一等客舱为单层软席卧铺,每一房间不超过 2 人;二等客舱为单层或双层软席卧铺,每一房间不超过 4 人;三等客舱为双层硬席卧铺,每一房间不超过 8 人;四等客舱为双层硬席卧铺,每一房间不超过 50 人;三等客舱为双层硬席卧铺,每一房间不超过 100 人。

不同客船种类和等级舱室乘客最小居住甲板和座位面积见表 7-5,乘客所需游步甲板面积见表 7-6。

表 7-5　每位乘客最小居住甲板/座位面积　　　　　　　　　　　　　m²

客船种类	客 舱 等 级						
	1 等	2 等	3 等	4 等	5 等	软座(宽×深)	硬座(宽×深)
第 1 类	3.50	2.20	1.40	1.20	1.20		
第 2 类	3.00	1.70	1.30	1.10	1.10		
第 3、4 类			1.20	1.05	1.05	0.50×0.45	0.50×0.45

表 7-6　每位乘客所需游步甲板面积　　　　　　　　　　　　　m²

客船种类	所需游步甲板面积	客船种类	所需游步甲板面积
第 1 类	0.40	第 3 类	0.20
第 2 类	0.30	第 4 类	0.15

乘员舱室与船员舱室要形成各自的独立区域。乘员舱室尽可能按照高级乘员舱室在上层建筑的高层,再逐级向下安排分级分区布置,同时应结合防火区域划分和梯道布置来综合考虑后确定。

以国内航行海船为例,根据 CMSA《国内航行海船法定检验技术规则》(2020),乘员舱室不应设在不应载运乘客的处所,如:船员居住处所及工作处所、层高不足 1.9 m 的舱室、防撞舱壁之前的处所等。此外,乘员舱室自舱室地板上表面至天花板下表面的高度应满足以下要求:第 1 类客船应不小于 2.1 m、第 2、3 类客船应不小于 2.0 m、设置单层铺的应不小于

1.9 m。乘员舱室铺位最小尺度和最小高度应不小于表 7-7 的规定。对于座席客舱中的座椅应沿船舶横向布置,以便乘客同向或面向而坐。

对于内河航行船舶,则按 CMSA《内河船舶法定检验技术规则》(2019)对乘员舱室设备的要求来考虑。

表 7-7 乘客铺位最小尺度

项 目		第1类/m	第2、3类/m
	床铺长度和宽度(量至床架内缘)	1.90×0.70	1.90×0.70
双层铺位设置的高度	自地板上表面至下层铺下表面	0.30	0.30
	自下层铺下表面至上层铺下表面	0.90	0.85
	自上层铺下表面至天花板下表面	0.90	0.85

7.5.2 公共舱室布置

公共舱室包括厨房、餐厅、会议室、阅览室、洗手间、浴室、医务室等。对于不同类型的船舶,其配备的数量和规模相差较大,在公共舱室布置时,应在了解法规相关要求的前提下,立足设计船上层建筑的实际情况,并参照同类船的布置经验来确定。下面就各公共舱室的布置简要给予说明。

1. 厨房和餐厅

为便于食物的取送,船上的厨房和餐厅一般相互靠近,且应远离洗手间、浴室等。为此,厨房和餐厅要求布置在同一层甲板。此外,与厨房有关的粮食库、冷冻库、配餐间等舱室也要与其紧邻,以便于原料的取用。

对于货船,为便于通风采光,一般将厨房布置在尾楼的后端部,餐厅则布置在机舱棚的侧面。如有布置条件,餐厅可分为高级船员餐厅和普通船员餐厅,其总面积应满足同时就餐人均面积 1 m² 的标准。

对于 1、2 类客船应设专门的乘客餐厅和厨房。厨房的面积根据客船的类别、乘客人数来定,所有的厨房设备的布置应达到操作方便、易于清洁的要求。乘客餐厅所能容纳进餐的参考人数及每位乘客所占用的甲板面积应符合表 7-8 的规定。

表 7-8 乘客餐厅进餐人数与应占甲板面积

客船种类	每批进餐乘客人数占总人数比例/%	每位乘客所需甲板面积/m²
第1类	≥25	≥0.8
第2类	≥20	≥0.8

2. 洗手间和浴室

洗手间和浴室的布置应方便人员到达和使用;应避免其气味渗入相邻的居所、餐厅、厨房等处所,同时其布置应避免在餐厅、厨房及与之相关的舱室之上。此外,各层甲板的洗手间应尽可能置于同一垂直区,避免其污水管路穿过居住舱室。男洗手间需配备一定数量的小便器。

此外,客船应设与船员独立的盥洗室,且盥洗室与洗手间应分开。客船还应设置与船员分开且足够的男女乘客洗手间,其大便器数量按表 7-9 配备,每个大便器所占面积不小于 $0.8\,\mathrm{m}^2$。对 1、2 类客船,除舱室内专用淋浴器外,还应配备乘客公用的淋浴器,其最低配备应符合表 7-10 的规定。

表 7-9　乘客大便器配备表

乘客总人数	至少应设置的大便器个数
≤500	乘客人数/40
>500 且≤1 000	13+(乘客人数-500)/60
>1 000	21+(乘客人数-1 000)/80

表 7-10　乘客淋浴器配备表

客船种类	客舱等级	
	2 等客舱	3~5 等客舱
第 1 类	每 40 人设 1 个	每 80 人设 1 个
第 2 类	以乘客总人数计算,每 80 人设 1 个	

3. 其他舱室

除了上述为船员和乘客最低生活要求配置的公共舱室外,一般还要根据初步的用途和船东要求,设置一些其他用途的公共舱室和服务处所,如会议室、阅览室、休息室、储藏室等。此外,对于类别不同客船,还要设置大小不等的游戏室、超市、酒吧、网吧等舱室。

7.5.3　工作舱室布置

船上工作舱室主要包含甲板部的驾驶室、报务室、理货室等;机电部的集控室、应急电源和消防室、空调机室和舵机舱等。对客船来讲,还包括业务部门的客运办公室、值班室、广播室等。这里仅对重要的舱室做介绍。

1. 驾驶室和报务室

驾驶室的布置应充分考虑驾驶人员的视野,所以通常布置在上层建筑的最高层或上层建筑的前高处。为便于驾驶人员瞭望,驾驶室的宽度一般小于船宽,且大多在驾驶室两侧设置至最大船宽处的瞭望平台或船桥。驾驶室内主要布置驾控台,此外还设有通向海图室和报务室的通道。

报务室通常设在驾驶室的左后部,其面积应不小于室内家具及无线电设备所占面积的 2 倍。海图室一般在驾驶室的右后部,也有直接布置在驾驶室右后位置的。

2. 应急电源室和应急消防泵舱

应急电源是船舶在发生海难时所采用的电源,通常包含应急发电机或应急电瓶及其附属设备。应急电源室要求布置在艇甲板等较高位置,以保证应急设备的使用。

为保证船舶任一舱室失火时消防仍能使用,通常还须在机器处所以外设置固定或移动的,且由动力驱动的应急消防泵。其舱室的大小根据所需排量的泵组来确定;其位置通常布置在远离机舱的船首主船体内。

应急电源室和应急消防泵舱布置时,可参考同类船进行。

3. 其他舱室

除了上述工作舱室外,船上一般在首楼内还设有灯具间、油漆间和帆缆间;在尾楼后部设有舵机舱;在机舱平台设有机修间和集控室;在上层建筑适当位置还设有电工间、理货室和消防控制室等。各舱室的具体要求可参照相关规范和法规。

⚓ 7.6 通道与出入口布置

一般来讲,在进行舱室布置时就要规划全船通道及出入口。通道的布局与舱室的布置密切相关,且只有当各舱室及通道布置妥当后,初步的总体布局才算基本确定下来。

船上的通道包括人行通道和货物通道,且在型式上有水平通道和垂直通道。人行水平通道包括内部走道和外部走道及相关出入口;垂直通道包括斜梯、直梯等。货物垂直通道是指货舱口盖、升降机等;水平通道是指滚装货物用的跳板等。本节主要介绍人行通道。

人行通道布置需遵守下列原则:一是满足使用和安全要求;二是符合法规和规范的规定;三是通行便捷并节省布置地位。下面就结合 CMSA《国内航行海船法定检验技术规则》(2020)的相关规定,介绍总布置设计中人行通道和出入口的设计。

7.6.1 内部通道和出入口

1. 正常通道和出入口

内部水平通道布置通常应尽可能直通,减少迂回曲折;垂直通道(扶梯)应尽可能上下对齐且重叠设置,梯道围蔽应满足结构防火要求。所有出入口出门的宽度应与通道或扶梯的宽度相适应,且不得小于 600 mm。所有通向露天甲板出入口的门应向外开启。

船上竖向各层甲板间应设有内部通道。船员居住区扶梯与地面最大倾角不大于 60°,乘客用扶梯与地面倾角一般为 45°左右,踏步间垂直间距不大于 250 mm。

对于货船,其通道和出入口应保证船员易于从舱室进出、易于通达开敞甲板和救生甲板。

一般情况下,船员卧室不应与货舱、机舱、厨房、公共盥洗室等有直接出入口,且对可能出现冷凝和过热的通道应作有效的绝缘。

对于客船,其通道和出入口布置应保证各舱室乘客易于从其居住舱室进出、易于到达露天甲板和救生甲板。由固定舱壁所围蔽的每一层客舱和公共处所应设置供乘客上下的扶梯,其数量及宽度应根据上下两层中载客较多的一层的乘客人数按表 7-11 来配置。

表 7-11 扶梯数及最小宽度

乘客人数	扶梯数及宽度	
	扶梯数	扶梯最小宽度/m
≤100	2	0.8
101~150	2/3	1.0/0.8
151~200	2/3	1.3/1.0
>200	2/3	1.5/1.0

此外,客船上乘客通道的最小宽度应不小于表 7 - 12 的规定。座席舱和公共舱室门的宽度不小于 800 mm。所有围蔽处所内客舱的门应向内开启,但乘客较多的客舱、餐厅及其他公共舱室的门应向外开或设置可向两面开启的活动门(不准设为滑动门)。

表 7 - 12　乘客通道最小净宽度　　　　　　　　　　　　　　　　　　m

项　　目	客 船 种 类	
	第 1 类客船	第 2~4 类客船
露天甲板两舷外通道	1.20	1.00
客舱/公共舱室通往露天甲板通道	1.00	1.00
客舱/公共舱室室内通道(≤50 人)	0.80	0.80
客舱/公共舱室室内通道(>50 人)	1.00	1.00
乘客铺位之间通道	0.80	0.80
乘客座椅之间通道(同向而坐)		0.50
乘客座椅之间通道(面向而坐)		0.75

2. 脱险通道与出入口

一般情况下,所有处所和处所群至少提供 2 条彼此远离且随时可用的脱险通道(电梯不能作为脱险通道)。除机器处所外,一切乘客和船员处所,应布置有梯道和梯子,以用作到达救生甲板的方便脱险通道,且应符合下列规定。

(1) 在舱壁甲板以下,每一水密舱室一般应有 2 条脱险通道,其中至少 1 条不得利用水密门。主脱险通道应是梯道,另一个可以是围壁通道。

(2) 在舱壁甲板以上,每一主竖区或类似限界的处所,至少应有 2 条脱险通道,其中至少有 1 条能通往形成垂直脱险通道的梯道。如内走廊仅有一个脱险通道,则其长度不得大于 7 m。

(3) 作为主脱险通道的梯道,其净宽应不小于 900 mm,且应设扶手和栏杆。

对于每一机舱处所,均应设置 2 条脱险通道,且应符合下列规定:

(1) 位于舱壁甲板以下的机器处所,2 条脱险通道尽可能远离,并经不同的出入口(门)通往相应的救生甲板;

(2) 位于舱壁甲板以上的机器处所,应设有相隔且尽可能远的脱险通道,并各自通往救生甲板;

(3) 作为机器处所脱险通道的通道净宽不得小于 600 mm。

7.6.2　外部通道

船舶室外通道包括水平外通道和上下的梯道,其布置主要考虑船员到达各层甲板和乘客游步甲板的交通。图 7 - 15 为货船主甲板尾部外部梯道示意图。外部通道布置在甲板室四周以便作业和观光。各甲板间梯道通常布置成斜梯以方便人员通行,其倾角一般不大于60°,宽度可按表 7 - 11 选取。进入货舱、空舱和深舱的梯道常用直梯,其宽度一般为 400 mm。

考虑船舶在锚地停泊时船员以及引航员的上下船需要,船舶在两舷通常设置舷梯。舷梯的高度一般要考虑其在倾角为 55°时,梯的下端距轻载水线以上约 700 mm 处。

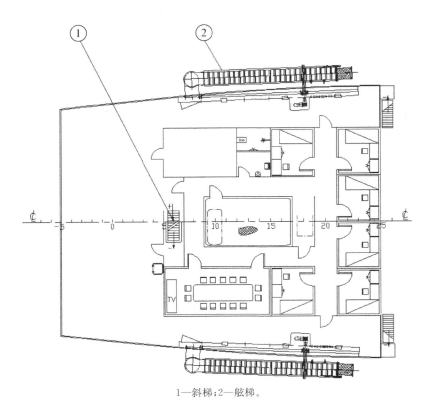

1—斜梯;2—舷梯。

图 7-15 典型货船外部通道示意图

⚓ 7.7 船舶设备设置

为了满足船舶在航行和停泊作业中的相关要求,船上还应配备各种必要的设备,如锚泊和系泊设备、舵设备、起货设备、救生设备、信号设备等。此外,对有特殊要求的船舶还需配备专门的设备,如拖船的拖曳设备等。在船舶初步设计时,船舶设备的选型和配置可参照相关设计手册及母型船资料进行,其除了满足设计任务书的使用要求,还必须满足相关规范和法规的配备要求。本节仅就货船上常见的主要设备作简单介绍。

7.7.1 锚泊和系泊设备

一般来讲,船舶的锚泊设备参数涉及所配锚的数量和重量、锚链规格和长度,其他相关设备则据此来配置;系泊设备参数主要包括系缆索数量、规格、长度及破断拉力等。而它们通常是根据相关规范对舾装数的要求来选择。

1. 舾装数的计算

船舶舾装数的计算可根据相关规范进行。CCS《国内航行海船建造规范(2021)》中规定一般海船的舾装数

$$N = \Delta^{2/3} + 2Bh + A/10 \qquad (7-6)$$

式中，Δ 为夏季载重水线下的排水量，t；B 为最大型宽，m；A 为夏季载重水线以上的侧投影面积，m²；h 为从夏季载重水线到最上层舱室顶部的有效高度，m，

$$h = a + \sum h_i \tag{7-7}$$

式中，a 为从船中夏季载重水线至上甲板的距离，m；h_i 为各层宽度对于 $B/4$ 的舱室在中心线处量计的高度，m。

另外，CCS《国内航行海船建造规范（2021）》对拖船舾装数有以下专门的计算公式：

$$N = \Delta^{2/3} + 2(aB + \sum b_i h_i) + A/10 \tag{7-8}$$

根据舾装数，各类船舶就可以根据表 7-13 和表 7-14 来配备锚泊和系泊设备。

表 7-13　各类船舶锚泊和系泊设备配置要求

船舶类型	要求配置的设备
货船、散货船、油船耙吸挖泥船、渡船等	按舾装数 N 选取
拖船	按 N 选取，拖索足以承受系柱拉力，其安全系数不小于 2
近海供应船	按 N 选取，但锚链按 N 增大 2 档选取
有人驳船	按舾装数 N 选取
无人驳船	按 N 选取，但首锚可仅配 1 只，锚链可仅配一半长度
起重船、打桩船或其他类似作业船舶	按 N 选取，但起重机、打桩机等得侧投影面积应计入 N。如作业锚满足要求可代替首锚。如用钢丝绳代替锚链，则其长度应不小于 1.5 倍锚链长度，其破断负荷应与锚链相当。

表 7-14　部分舾装数的锚泊和系泊设备配置对照表

序号	舾装数 N	首锚 数量	首锚 每只质量/kg	有档首锚链 总长度/m	直径(CCS)/mm AM1	直径(CCS)/mm AM2	直径(CCS)/mm AM3	拖索 长度/m	拖索 破断负荷/kN	系船索 数量	系船索 每根长度/m	系船索 破断负荷/kN
1	(50,70)	2	180	220.0	14.0	12.5	—	180	98.1	3	80	34
2	(70,90)	2	240	220.0	16.0	14.0	—	180	98.1	3	100	37
3	(90,110)	2	300	247.5	17.5	16.0	—	180	98.1	3	110	39
4	(110,130)	2	360	247.5	19.0	17.5	—	180	98.1	3	110	44
5	(130,150)	2	420	275.0	20.5	17.5	—	180	98.1	3	120	49
6	(150,175)	2	480	275.0	22.0	19.0	—	180	98.1	3	120	54
7	(175,205)	2	570	302.5	24.0	20.5	—	180	118.1	3	120	59
8	(205,240)	3	660	302.5	26.0	22.0	20.5	180	129.4	4	120	64
9	(240,280)	3	780	330.0	28.0	24.0	22.0	180	150.0	4	120	69
10	(280,320)	3	900	357.5	30.0	26.0	24.0	180	173.6	4	140	74
11	(320,360)	3	1 020	357.5	32.0	28.0	24.0	180	206.9	4	140	78
12	(360,400)	3	1 140	385.0	34.0	30.0	26.0	180	223.6	4	140	88
13	(400,450)	3	1 290	385.0	36.0	32.0	28.0	180	250.1	4	140	98
14	(450,500)	3	1 440	412.5	38.0	34.0	30.0	180	276.5	4	140	108
15	(500,550)	3	1 590	412.5	40.0	34.0	30.0	190	306.5	4	160	123

续表

序号	舾装数	首锚		有档首锚链				拖索		系船索		
	N	数量	每只质量/kg	总长度/m	直径(CCS)/m			长度/m	破断负荷/kN	数量	每根长度/m	破断负荷/kN
					AM1	AM2	AM3					
16	(550,600)	3	1 740	440.0	42.0	36.0	32.0	190	338.3	4	160	132
17	(…,…)											
18	(980,1 060)	3	3 060	495.0	56.0	50.0	44.0	200	603.1	4	180	230
19	(1 060,1 140)	3	3 300	495.0	58.0	50.0	46.0	200	647.2	4	180	250
20	(1 140,1 220)	3	3 540	522.5	60.0	52.0	46.0	200	691.4	4	180	270
21	(…,…)											

同样,对于内河船舶舾装数另有专门的计算方法,这里不再赘述。

2. 锚泊设备的布置

船舶的锚泊设备通常由锚、锚链、锚链筒、导链滚轮、掣链器、锚机、锚链管、弃链器和锚链箱等组成。图 7-16 是某船锚泊设备布置图。

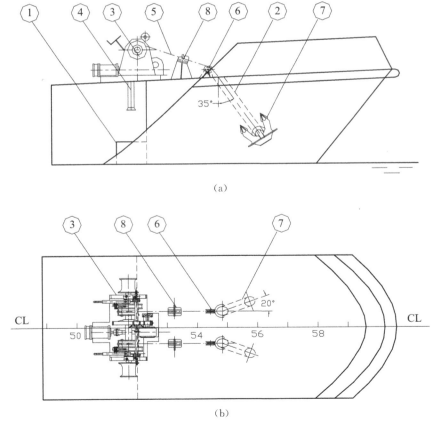

(a)

(b)

1—锚链箱;2—锚链筒;3—锚机;4—锚链管;5—锚链;6—导链轮;7—锚;8—掣链器。

图 7-16 锚泊设备布置图

(a)侧视图;(b)俯视图

在进行锚泊设备布置时,通常需考虑以下问题。

(1) 确定适当的锚链筒位置和安装角度,一方面使锚泊系统布置合理,另一方面保证抛起锚顺畅,且锚与壳板有较好的贴合和收藏。通常锚链筒中心线在甲板的投影线与船中心线的夹角应控制在 10°左右(带有球鼻首的船舶在 20°~25°);锚链筒中心线在侧面的投影线与垂线的夹角控制在 35°~45°(带有球鼻首的船舶在 40°~50°)。

(2) 对于大型船舶,锚机可采用两台独立的单链轮锚机(见图 7 - 17),同时注意其与系泊系统的相互配合。

(3) 船舶航行时锚尽量不要低于首波,且在收藏位置时能避免波浪冲击。

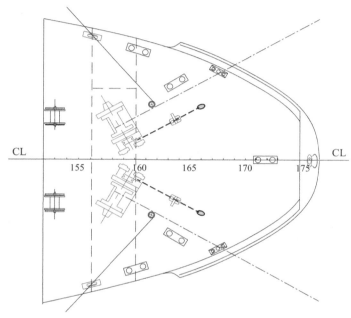

图 7 - 17　单链轮锚机布置

3. 系泊设备的布置

船舶的系泊设备通常由系船索、带缆桩、导缆孔、系缆绞车等组成。系船索的规格、数量同样根据舾装数大小来配备。系缆桩的规格则根据缆索直径从相关标准中选取,其数量一般根据使用要求结合母型船来配置。图 7 - 18 是某船系泊设备布置图。

在进行系泊设备布置时,通常需注意以下几点。

(1) 船首尾一般设置两只平行于船中心线的带缆桩(可兼拖桩用),其中首部带缆桩布置在锚机前外侧,尾部带缆桩布置在甲板系缆绞车的前侧部。

(2) 系缆用缆桩通常左右对称布置,且与舷边的距离一般不小于 1.5 倍。首部系缆用缆桩布置在锚机偏后的两舷,尾部系缆用缆桩布置在系缆绞车偏前的两舷。

(3) 船首尾分别设置系缆绞车和系缆卷车(用于储存缆绳)。通常船首系缆绞车由锚机系缆卷筒替代,而船尾往往设置专门的系缆绞车或系缆绞盘。

(4) 船舶通常设置与系缆桩相配合的导缆器(导缆孔、导缆钳、导缆滚轮等),其布置应结合绞缆卷筒和系缆桩的位置统一考虑。

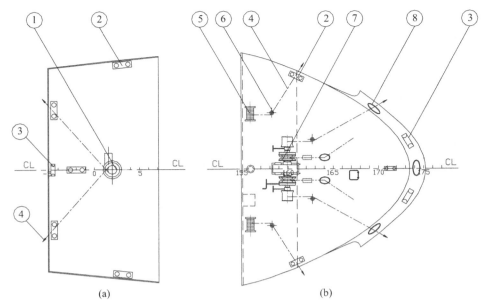

1—系缆绞盘;2—系缆桩;3—导缆钳;4—系船索;5—缆索卷车;6—导缆轮;7—锚机;8—导缆孔。

图 7-18 系泊设备布置图

7.7.2 舵设备

舵是船舶应用最为普遍的操纵设备。按舵面积沿舵杆中心线分布不同,可分为平衡舵、半平衡舵和不平衡舵;以舵在船尾的支撑方式,又分为悬挂舵、半悬挂舵和双支点舵。图 7-19 是舵的基本类型示意图。

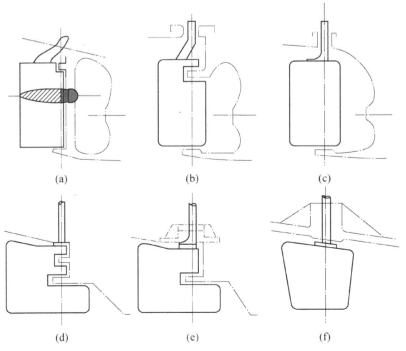

图 7-19 舵基本类型示意图

一般而言,悬挂式平衡舵适用于中小型船舶,尤其是双桨双舵船。双支点平衡舵常用于中低速单桨运输船(无舵柱)。半悬挂半平衡舵常用于中高速集装箱船。

通常情况下,舵的数量与螺旋桨的数目相同。对于吃水小而舵面积受到限制的船舶,也有采用较桨数要多的舵数;对多桨高速船也有采用较桨数少的舵数。

1. 舵面积选择

舵面积的大小通常根据船型及其航行区域对操纵性的要求来选择。在总布置设计时,一般是直接根据相关的统计资料,即选择适当的舵面积系数 μ,按下式来确定舵面积:

$$A = \mu L T \tag{7-9}$$

式中,μ 为舵面积系数,按表 7-15 选取;L 为船长,m;T 为设计吃水,m。

表 7-15　各种船舶舵面积系数

船 舶 类 型		面积系数 μ/%
海船	货船	1.6~2.1
	油船	1.4~1.9
	大型客船	1.2~1.7
	快速客船	1.8~2.0
	小型运输船	2.0~3.3
	双桨客船	2.1~5.0
内河船	货船	2.0~3.0
	驳船	2.5~3.0
	推船	6.0~11.0
	拖船	4.0~8.5
	艇	4.0~5.5

注:舵面积也可按照经验公式,或直接根据母型船有关资料来确定。

2. 舵几何形状确定

舵的几何形状需要与船尾框形状结合起来考虑。一般情况下,双支点舵大多采用矩形;悬挂式和半悬挂式常采用倒梯形(上宽下窄)。此外,舵的尺寸应考虑其后缘不超过船体尾部轮廓;上缘应尽可能接近船底板,以减小舵杆弯矩和上部绕流,从而提高舵效;下缘一般不超过基线。

舵的几何形状决定了舵的展弦比和平衡比(在舵杆中心线已定时),直接影响舵的水动力性能和受力情况。

舵的展弦比是舵的平均高度和平均长度之比,其值大时舵效要好。在舵面积确定的情况下,展弦比的选择受船尾框尺寸的限制。通常平衡舵展弦比在 1.5 左右,不平衡舵或半平衡舵展弦比在 1.8 左右。

舵的平衡系数是指舵杆中心线前部面积与整个舵面积之比,其选取的原则是尽可能减小舵杆扭矩,降低舵桨功率,并使正航和倒航时各舵角舵杆上的扭矩相差不太悬殊。通常舵平衡系数一般为 0.25~0.27。

3. 舵布置

舵与桨的相对位置对舵效有一定的影响。对单桨单舵船必须把舵布置在螺旋桨正后方,其间距应保证舵转至最大舵角时整流帽和螺旋桨的拆装。对双桨双舵船，为了充分利用螺旋桨尾流对舵的有利影响，可把舵布置在各桨的后方（视螺旋桨内外旋来确定舵偏内或偏外）。

7.7.3　货舱口及起货设备

1. 货舱口

1）货舱口宽度

货舱口的宽度应结合使用要求和舱盖结构强度来确定。

对于散货船，货舱口的宽度应结合货舱容积和边舱压载量的核算来初步确定。舱口过宽，压载水量不足，甲板增厚较多，从而增加焊接工作的困难。舱口小，将降低货物装卸效率，增加清舱的工作量。通常散货船的舱口可按船东要求或参照母型船来设计。

对于集装箱船，其货舱口宽度几乎与货舱同宽。为满足船体强度和甲板作业的需要，舷边甲板宽度不能太小，货舱口宽度大体在$(0.75\sim0.85)B$范围内。对于大型集装箱船，为解决舱口过大、重量过重和船体强度上的矛盾，视不同的情况而采用两或三排货舱口。

对于杂货船，其舱口宽度除从装卸效率、结构强度、舱盖重量上考虑外，一般为$(0.4\sim0.6)B$。选用标准舱盖时，舱口宽度应按舱盖尺度来决定。

2）舱口长度

舱口的长度常常受到起货设备占据位置、舱盖堆放位置、甲板纵桁的强度等因素的限制。长舱口会使甲板舱口纵桁深度增加较多，从而引起结构和重量上的问题，以及影响两舷舱容的有效利用。

各舱的舱口长度最好结合舱盖的片数和宽度加以协调，以减少舱盖的规格品种。对于两端都有起货设备的舱口，为避免起货设备之间的干扰，舱长一般不小于12 m。集装箱船的舱口长度大于等于舱内集装箱堆放的总长。

2. 起货设备

对于定航线的船舶，如各港口都有良好的码头装卸设施时，船上可不设起货设备。对于其他的船舶都应有起货设备。

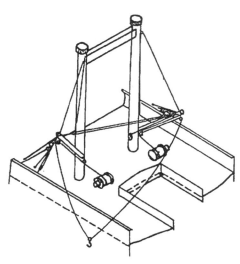

图7-20　双杆联吊示意图

船上常用的起货设备有起货吊杆和旋转式吊车（如克林吊）。克林吊的优点是占地小，可放长舱口；吊臂的仰角可自行调节，落舱点好。克林吊的缺点是速度较慢。目前，起货杆仍是一种主要的起货设备，其优缺点正好与旋转吊车相反。起货吊杆分单杆操作和双杆联吊两种方式，双杆联吊的起重能力较小，但速度较快。

1）起货设备的能力

起货设备的能力应根据货种和船的大小来定，起货设备的数量应从均衡装卸时间上考虑。

对于一般杂货船，常采用3 t/5 t安全负荷的吊杆（单杆操作为5 t，双杆联吊为3 t）或3～5 t的旋转吊车（见图7-20）；对于较大型船，一般配5 t/10 t起货吊杆，有时还配一副30～120 t的重型吊杆，以装卸某些重大件。

对于散货船,为提高吊卸货物的净重,宜用 5 t/10 t 吊杆或 8～15 t 的旋转吊车。

对于集装箱船,通常采用克林吊,其起重能力取 35～40 t,如图 7-21 所示。

图 7-21　某集装箱船克林吊

2) 起货设备的布置

起货设备的布置应考虑作业范围、舷外跨距和吊高等因素。对于吊杆装置,一般来说,在水平偏角 45°～60° 和仰角 30°～45° 时,轻型吊杆的吊钩能跨出舷外 3～5 m,重型吊杆为 5～6 m,吊钩至少能达到舱口长的 1/2～2/3 范围。吊钩能升到甲板以上 6～7 m。具体选定吊杆时可参照相关标准选取。

7.7.4　救生设备

在进行总布置设计时,救生设备主要考虑救生艇、救生筏、救助艇等的配置和具体布置。救生艇通常包含全封闭和部分封闭,其降落方式分吊放式和自由降落式。救生筏为气胀式,其降落方式为抛投式和吊放式。船舶使用何种救生设备应达到相关法规和公约要求。

救生筏与救生艇

1. 救生设备的配置

救生艇和救生筏的配置是按船舶类型、航区、吨位、人数等因素根据现行法规的规定来配备的。对客船来说,每艘配置的救生艇、救生筏、救助艇的乘员定额总数与船上总人数的百分比应符合表 7-16 的相关要求(船舶等级另见法规相关规定)。

表 7-16　国内航行客船救生设备配备要求

船舶等级	船长 L/m	救生艇/%	气胀救生筏/%	全船总容量/%	救助艇
1		≥30	≥95	≥125	1艘
2、3	≥85		110%	≥110	1艘
2、3	<85		≥110	≥110	1艘

对于远海航行油船、化学品船、气体运输船和船长 L≥85 m 的货船,每艘应按表 7-17

配置的救生设备;对于船长 $L<85\,\mathrm{m}$ 的货船,每艘应按表 7-18 配置救生设备($L\leqslant45\,\mathrm{m}$ 时可不配救助艇)。

表 7-17 国内远海航行货船救生设备配备要求

全封闭救生艇	气胀救生筏	救助艇	附加救生筏	全船总容量
每舷 100%	100%(可移) 每舷 100%	1 艘 不计入总容量	1/2 艘 不计入总容量	300% 400%
自由降落救生艇	气胀救生筏	救助艇	附加救生筏	全船总容量
100%	每舷 100%	1 艘 不计入总容量	1/2 艘 不计入总容量	300%

表 7-18 国内远海航行货船救生设备配备要求

气胀救生筏	救助艇	全船总容量/%
每舷 100%(可移)	1 艘	200
每舷 150%(不可移)	如为全封闭可计入总容量	300

对近海航行货船来说,每艘应按表 7-19 配置救生设备。

表 7-19 国内近海航行货船救生设备配备要求

航区	船长 L/m	救生艇	气胀救生筏/%	总容量/%	救助艇
近海	≥85	每舷 100%		200	1 艘
	<85		每舷 100	200	1 艘
	≤45		每舷 100	200	
沿海、遮蔽			每舷 100	200	

对国际航行船舶和内河航行船舶则另有规定。

2. 救生设备的布置

船舶所配救生艇、救生筏等应沿船长左右均匀分布(不超出船舷),且尽可能布置在靠近起居和服务处所,同时能保证乘员集合和登乘的地方有足够的场地(每人不小于 $0.35\,\mathrm{m}^2$)。吊放降落的救生艇应附连于独立的吊艇架上,存放在船舶推进器之前足够远处(艇尾端距推进器水平距离一般为 1.5 倍左右的艇长)。图 7-22 为一般货船救生设备布置情况。

救助艇应存放在驾驶室附近,便于降落和回收的处所。救生筏应布置在紧急时能即刻取用的处所(可吊式救生筏应成组地放在吊筏架附近)。

在安全可行的情况下,救生艇和可吊筏应尽可能存放在靠近水面处,但在满载时船纵倾至 10° 且向任何一舷横倾 20°,或横倾至露天甲板边缘入水等不利条件下,其存放处所应使其登乘位置在水线上不小于 2 m 高度。对于客船,吊架降落的艇筏处在登乘位置的吊架顶部至最轻载况水线之间的高度应尽可能不超过 15 m。

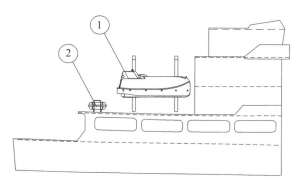

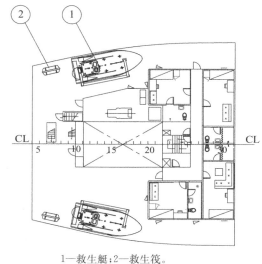

1—救生艇；2—救生筏。

图 7－22　救生设备布置示意图

复习思考题

1. 总布置设计包括哪些工作内容，设计时应遵守什么原则？

2. 总布置设计的步骤有哪些？

3. 总布置设计时，主船体区划有哪些，且应考虑哪些因素？

4. 肋骨间距和肋位编号通常如何考虑？

5. CCS 规范对首防撞舱壁和尾舱壁的设置有什么要求？

6. 尾机型船和中尾机型船各有哪些优缺点？

7. 货船分舱应考虑的主要要素有哪些？

8. 平台设置有什么作用？

9. 双层底设置有何作用，其高度如何考虑？

10. 对于运输船舶，设置边舱和舷舱有什么作用？

11. 油水舱的布置应遵循哪些原则？

12. 何谓上层建筑，通常包括哪些型式？

13. 确定上层建筑尺度应考虑哪些因素？

14. 从载重线规范考虑，对首楼尺度有什么要求，其通常用在哪些舱室的布置？

15. 船舶适合浮态对首尾吃水的要求如何？纵倾调整的方法有哪些？

16. 船舶舱室包括哪些？应急舱室布置时应注意什么？

17. 船舶通道包含哪些？人行通道的布置原则是什么？法规对脱险通道的设置有什么规定？

18. 船舶设计时，锚泊和系泊设备如何确定？其布置应注意哪些问题？

19. 舵设备通常包括哪些型式，设计时如何考虑？

20. 船舶设计时，救生和消防设备如何配置和布置？

第8章　船舶总体设计方案优选与设计系统应用

船舶设计方案的优化内容很多，主要包括主要要素、型线和总布置的优化等等。对于船舶主要要素的优化可以采用相关的优化方法来进行；对于总布置和型线的优化通常可使用分析比较的方法来优选。本章在介绍优化设计理论的基础上，着重就船舶主要要素的优化进行简要讲述，其后再对船舶总布置和型线设计系统给予简单介绍。

⚓ 8.1　设计方案优选

根据第 5 章相关内容可知，通常满足设计任务书中限制条件、使用和基本性能要求的可行方案有多个，且各主要要素方案各有优劣，因此往往还需要对主要要素方案进行进一步优选。

在船舶设计中，由于港口、航道限制或船东用户的明确需求，部分主尺度在大多数情况下是无法选取最优设计数值的。因此，在多目标优化求解时可以适当减少变量，从而更快、更好地得到满足限制条件的主尺度方案。

8.1.1　可行方案与最佳方案

设计船的主要要素方案不仅要满足设计任务书的要求，而且还受到各种因素的制约，例如航速、舱容不小于一个最低要求值，吃水不大于限制值，稳性、干舷不得小于某项规定等，这些要求和制约统称为船舶主要要素的约束条件。通常，约束条件可分成界限约束和性能约束两类。设计者在设计中通常有一定的选择余地，也就是说，在满足任务书的要求和法规及规范规定的前提下，会有多种方案。

所谓可行方案，是指满足约束条件的方案。就主要要素而言，不同的要素组合可以形成许多种设计方案，即处在约束条件范围内的可行方案不止一个。对设计船的约束条件越多越严，可行方案就越少。

所谓最佳方案，是指在众多的可行方案中技术经济综合性能最优的方案。针对不同的船型，要寻求出最优设计方案，可采用相应的优化方法。

8.1.2　设计方案优选

设计实际工作中，可根据设计船的特点，采用不同的具体步骤，获得最佳的主要要素组合。从原理上讲，寻找最佳方案的途径可大致分为两类：个别扩展寻优和一般作收缩寻优。

个别扩展寻优是指先突破一点，即先找出一个可行方案，并以此方案作为基础方案或母型，然后根据需要与可能，改变基础方案的主要要素，得出若干可行方案，再综合相关因素，从中找出最优方案。这种寻优方法对特种船舶或布置地位型船是十分有效的。

一般作收缩寻优是指寻求同类船舶的规律，并且能用比较可靠的数学模型来表达；对于约束条件可以用等式和不等式表达；可以给出选优的标准。在这种条件下，可以选用合适的数学优化方法，对主尺度进行选优。这种方法在有大量实船、且经济意义重大的常规船型要素确定时较常用。

这里主要讲述与上述两种优选途径所对应的优化方法：网格法和最优化设计法。

1. 网格法

网格法应用

网格法也叫变值法或参数分析法，是根据对船舶使用要求和对船舶主尺度要素限制条件的分析，在船舶主尺度要素允许变化范围内系统地改变各设计变量，按照全组合的方式组成一系列设计方案，对每个方案都进行技术经济性能计算，然后根据设计者选定的衡准指标，在比较的基础上进行设计方案的权衡选优。网格法的优点是方便简单，当变量少时，计算量也不大，而且整个网格上各节点处的情况均可了解。缺点是当变量增多时，计算量增加非常快。

应用网格法时，变值的范围不能太小，一般应使最大值与最小值相差 12%～15%，以免方案间的比较失去真实性；计算中所用关系式应有足够的准确性，以免失去可比性；变值参数的选择应结合设计船的特点，能反映其主要性能。

2. 最优化设计法

最优化设计法是利用近代数学中求多自变量目标函数的极值来求解最佳方案的一种方法，主要内容将在§8.2中进行介绍。

8.2 最优化设计法

最优化设计理论的基本思想是根据所研究学科领域的设计要求、设计规范及行业标准，把工程设计问题转化成一个能体现该设计问题核心内涵的数学模型，然后采用最优化理论与计算机技术相结合的方法找出最优设计方案。

优化设计的一般实施步骤可概括为：

（1）根据设计要求和目的确定设计变量、设计约束及优化目标函数；

（2）建立优化设计问题的数学模型，确定必要的数据和设计初始点；

（3）选用合适的优化计算方法；

（4）编写包括数学模型和优化算法在内的计算机程序，通过计算机的求解获取一组设计变量使目标函数达到最佳值；

（5）对结果数据和设计方案进行合理性和适用性分析。

最优化方法流程如图 8-1 所示。

其中，最关键的工作是：①将优化设计问题抽象为计算机可以接受与处理的优化设计数学模型，通常简称它为优化数学建模；②选用合适的优化计算方法在计算机上求出这个模型的最优解，通常简称它为优化计算。

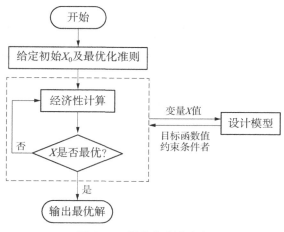

图 8-1 最优化方法流程

8.2.1 设计变量

在设计问题中,通常是用一组不同的设计参数来区别不同的设计方案。这些参数可以是表示构件形状、尺寸和位置等的几何量,也可以是表示构件质量、速度、加速度、力、力矩等的物理量。在构成一项设计方案的全部参数中,有一部分参数根据实际情况可以预先确定它的数值,使其在优化计算过程中始终保持不变,这样的参数称为设计常数;另一部分参数的数值在优化计算过程中是变化的,这类参数称为设计变量,这些设计变量相互之间是独立的。

一个优化设计问题如果有 n 个设计变量,而每个设计变量用 $x_i(i=1, 2, \cdots, n)$ 表示,则可将 n 个设计变量用列阵或行阵的转置来表示,即

$$\boldsymbol{x} = \begin{bmatrix} x_1 \\ x_2 \\ \vdots \\ x_n \end{bmatrix} = [x_1, x_2, \cdots, x_n]^{\mathrm{T}} \tag{8-1}$$

设计变量的数目越多,能够组成的设计方案的数量也就越多,因而设计的自由度也就越大,从而计算的复杂程度也就越大。一般来说,优化设计过程的计算量是随设计变量数目的增多而增加的。因此,对于一个优化设计问题来说,应该恰当地确定设计变量的数目,并且原则上讲,应尽量减少设计变量数,即尽可能把那些对设计指标影响不大的参数取为设计常数,只保留那些对设计指标影响比较显著的参数作为设计变量,这样可以使优化设计的数学模型得到简化。在船舶主尺度优化设计中,通常选用 L, B, T, D, C_b 作为设计变量。

8.2.2 目标函数

对任何一项工程或产品所做出的设计,总有优劣之分。判断优劣的标准,通常可用一项或若干项指标来表示,在设计中力争改善这些指标是设计者所追求的目标。根据指标的数量,优化设计问题可分为单目标优化设计问题与多目标

多目标优选
评判

优化设计问题。

单目标优化设计问题指选择一个指标,使其与设计变量间的关系能以一定的函数关系表达出来,则这项指标可作为优化设计中的目标函数,它的表达式一般为

$$f(x) = f(x_1, x_2, \cdots, x_n) \tag{8-2}$$

优化设计的目的就是要通过合理选择设计变量使目标函数达到最佳值,即使 $f(x) \to f_{opt}(x)$。由于常用目标函数值的大小来衡量设计方案优劣,故所谓最佳值就是指目标函数的最大值 $\max f(x)$ 或最小值 $\min f(x)$。单目标优化设计问题,由于指标单一,易于衡量设计方案的优劣,求解过程比较简单明确。由于目标函数是设计变量的函数,故给定一组设计变量值就对应地有一个函数值。这样,在设计空间内的每一个设计点,都有一个函数值与之相对应。具有相同函数值的点集在设计空间内形成一个曲面或曲线,称为目标函数的等值面或等值线。在具有 n 个设计变量的目标函数中,相同目标函数值的点集在 n 维设计空间内是个等值超曲面。

在存在多项设计指标时,若追求各项设计指标都达到极值,这就是所谓多目标优化设计问题。多目标问题比较复杂,因为如果具有两个以上的目标函数,倘若它们不是依赖完全相同的设计变量,又存在各自独立的约束条件,那么,要求这两个目标函数同时达到极值有时是比较困难的。目前处理这种多目标设计问题的常用方法是将它们组成一个复合的目标函数,例如采用线性加权和的形式,其作用是标志各项指标的重要程度以及平衡各项指标在量级上的差别。

船舶主尺度设计问题通常是多目标设计问题,但很多时候设计者希望目标函数数量尽量少,最好是单目标问题,这样可简化求解过程。因此处理多目标问题应本着尽量减少设计指标的准则,选择对设计质量有重大影响的代表性指标作为目标函数,其他指标可处理为约束条件或暂不考虑。

在船舶主尺度设计中,根据船舶的类型及不同的设计要求,设计指标可分为技术性指标和经济性指标两大类。技术指标如试航速度、稳性、耐波性等,经济性指标可取单位运输成本、运行利润、船舶造价等。具体选择哪个设计指标作为优化问题中的目标函数,需要船东与设计单位共同进行技术经济论证后确定。

在解决优化设计问题时,正确选择目标函数是非常重要的,它不仅直接影响优化设计的结果,而且对整个优化计算的繁简难易也会有一定的影响。

8.2.3 约束条件

优化设计问题不仅要使所选择的设计指标达到最佳值,同时还必须满足一些约束条件。给出这些条件的目的是对设计变量取值的相互关系及其大小加以限制,以便使所取得的优化设计方案达到工程应用的目的。

根据约束性质的不同,约束条件可以分为边界类约束和性能类约束两大类。边界类约束又称为实际约束,是按实际要求直接限定设计变量的取值范围,其表达式为

$$a_i \leqslant x_i \leqslant b_i, \ i = 1, 2, \cdots, n \tag{8-3}$$

例如,在某船主尺度设计时,根据设计任务书的要求,主尺度作为确定变量需满足 4 个

要求：垂线间长：$230\,\mathrm{m} \leqslant L_{\mathrm{PP}} \leqslant 260\,\mathrm{m}$；船宽：$34\,\mathrm{m} \leqslant B \leqslant 40\,\mathrm{m}$；型深：$12\,\mathrm{m} \leqslant D \leqslant 16\,\mathrm{m}$；方形系数：$0.75 \leqslant C_{\mathrm{b}} \leqslant 0.85$。

性能类约束又称为固有约束。因为在设计过程中必须遵守某些科学定律、性能要求，而设计变量可表示为这些科学定律某组成部分及设计对象性能的函数，从而这些科学定律、性能要求所产生的约束也可以看作对设计变量所导出的间接约束。这类约束可以表示为如下形式的等式约束及不等式约束：

$$h(x_1, x_2, \cdots, x_n) = 0$$
$$g(x_1, x_2, \cdots, x_n) \leqslant 0 \tag{8-4}$$

例如，在某船主尺度确定时总要求满足：重力与浮力大小相等；初稳性高 $\overline{h}_{GM}$ 不小于 $0.15\,\mathrm{m}$。

在解决工程问题时，约束条件是使优化设计结果获得工程可接受设计方案的重要条件，而在其中不等式约束及其有关概念在优化设计中尤为重要。一个优化设计问题的所有不等式约束的约束面将在设计空间内组成一个复杂的约束边界，在这个边界所围成的区域中所选择的设计变量值都是可接受的，称这个区域为设计可行域或简称为可行域。与此相反，除去可行域以外的设计空间是非允许设计区域，简称非可行域。据此，在可行域内的任一设计点都代表了一个可接受的设计方案，这样的点叫做可行设计点或内点。而可行域外的设计点为非可行点，该点是不可接受的设计方案，因为它违反了约束条件。

8.2.4　数学模型

数学模型是对所研究问题的数学抽象。在优化设计中，数学模型一词是反映设计变量、目标函数、约束条件之间内在联系的一种数学形态。优化设计的数学模型在形式上要求规范化，即要求把优化设计问题描述成为一个数学规划问题，通常可归纳为：在满足一定的约束条件下，选取设计变量，使目标函数达到最小值（或最大值），其数学表达式为

$$\min f(x), x \in \mathbf{R}^n$$
$$h(x) = 0, u = 1, 2, \cdots, m \leqslant n$$
$$g(x) \leqslant 0, v = 1, 2, \cdots, p \tag{8-5}$$

式中，m 和 p 分别表示等式约束和不等式约束的个数。

从设计计算方面来说，函数 $f(x)$，$h(x)$ 和 $g(x)$ 可以是显式函数，也可以是隐式函数。如果函数是从设计基本理论或公式、科学定理的关系导出的代数方程，或者是根据实验数据、经验数据或图表数据，采用曲线拟合方法得出的曲线方程，都称为显式模型；如果函数 $f(x)$，$h(x)$ 及 $g(x)$ 没有明显的代数方程，而是需要通过计算机内部程序计算（如用有限元分析程序）或者用一段子程序（如通过人工神经网络计算函数值）或用一个仿真程序（如动态响应计算等）来计算函数值，这类模型统称为隐式模型。在实际工作中，根据需要这两类模型都是可以采用的。

8.2.5　优化计算方法

优化计算方法是指为寻求目标函数达到最优值所采用的数值计算迭代规则。数值计算

迭代规则不是分析方法,而是具有一定逻辑结构并按一定迭代格式计算的一种方法,即从一个初始点出发,根据目标函数和约束函数在该点的某些信息,确定本次迭代计算的一个方向和适当的步长因子,从而到达一个新点。从这个点开始,通过相应的迭代规则选择下一步的方向和步长因子,进行一系列这样的迭代计算。实现优化的基本思想是所谓的"爬山法",可以将寻求函数极大点的过程比喻为向"山"的顶峰攀登的过程,始终保持向"高"的方向前进,直至达到"山顶"。自计算机及其计算技术发展以来,优化算法都通过计算机编程来实现的,这类计算机软件称为优化计算方法程序,而把许多根据不同数值计算迭代规则所编制的优化算法程序组合在一起,并赋予统一的输入要求和输出格式的大型软件系统称为优化计算方法程序包或库。如今,多种常用计算机语言下均有成熟的优化计算方法程序库可供设计师调用。

⚓ 8.3 船舶设计系统 NAPA 及其应用

8.3.1 NAPA 简介

近年来,随着高效精确的三维建模技术在船舶设计中的不断推广,对于三维建模软件的需求也与日俱增。

目前在船舶初步设计领域,NAPA(naval architecture package)软件是业内公认的首选平台。NAPA 主要用于船舶总体性能计算,也可用于船舶结构及有限元建模、强度分析及船体结构的设计。

1. NAPA 软件的主要特点

NAPA 软件主要用于船舶初步设计和基本设计,特别擅长处理船舶设计早期阶段所必需的众多设计变量和大量设计更改和多方案对比。NAPA 软件也可以用来进行各种船舶性能计算并生成完工文件。利用 NAPA 软件生成的三维船型,可以在船舶设计全过程中使用。

作为一款成熟、先进的专业软件,NAPA 具有以下特点:①普遍适用于各种类型船舶设计;②灵活多样的输入输出格式;③具有直观友好的三维图形用户界面;④既可以用于船舶初步设计,也可以生成完工文件;⑤对于电脑软、硬件环境的广泛适用性;开放式的平台系统,具有强大的二次开发手段,并提供众多与其他软件的接口;⑥为全球权威海事管理机构和船级社认可和采用。诸如 ABS,BV,DNV,GL,HRS,LR,RINA 等均使用 NAPA 软件;⑦具有完备的客户技术支持体系,并定期举办专门培训;每年提供两次版本升级。

2. NAPA 软件的主要功能

1)船型设计

NAPA 软件具有强大而灵活的船体几何处理功能,包括线型生成及船体三维建模,既可以设计各种常规船型,也可以用来设计各种新船型,如双体船、穿浪船、小水线面双体船等。

NAPA 生成船体线型的途径多样,主要包括:直接设计、母型转化、参数化设计等。同时,也可以通过 NAPA 内置的多种数据接口,与其他软件进行模型

船体建模

互调。

NAPA 软件内置多种辅助工具,以帮助设计师更快地修整和光顺船型。通过三维图形界面实现实时交互式控制。

利用 NAPA 的几何模块,既可以进行初步船型设计,也可以进行光顺并达到结构加工所需的精度,在所生成的船型的基础上,可以进一步进行船体三维建模,进行分舱、总布置及各种相应计算,其全过程均为 3D 可视化,直观、准确。

2) 性能计算

NAPA 软件具有完备的计算功能模块群,可以快速准确地完成各种船舶性能计算,并输出相应的文档报告,包括:船舶静水力计算、舱容计算;装载状态计算;稳性衡准;破舱稳性计算;下水计算;耐波性计算;操纵性计算;谷物稳性计算;阻力与推进计算;重量及成本计算;海洋工程结构稳性计算;集装箱加载及计算。

NAPA 的基本计算模块,如静水力计算、破舱稳性计算等,无须任何近似假设,可通用于所设计的各种船型,并具有可靠的精度。

3) 结构设计

NAPA 的结构设计模块 NAPA Steel 的主要功能是为船舶结构设计的早期阶段提供一个快速、直观、有效的三维建模工具,以处理大量的结构设计信息,也便于反复改进。

利用 NAPA Steel 可以完成并输出针对全船、某一制造分段或者任意选择的子结构的材料清册、重量重心、型材长度、焊缝长度、油漆面积、分段重量及剖面模数等。直观的 3D 显示和绘图可用于空间布置和管理,结构查、纠错以及制作竞、投标等。

NAPA Steel 与其他绘图软件和生产设计软件有各种数据接口,如 Tribon,3D DXF 等,可以用来进行图样绘制和模型转换。比如利用新的 NAPA Steel 与 Tribon 的接口,可以实现结构模型由 NAPA Steel 向 Tribon 的转换。这样做的一个好处,就是使结构详细设计从一开始就建立在三维模型的基础上,从而大大提高设计效率。NAPA Steel 还可以通过多种数据格式向通用有限元分析软件传递模型。

4) NAPA 宏程序

NAPA 的宏程序语言是一个强有力的工具,可以用来解决各种特定的问题,或者用来完成一些标准的、系列性的功能。从某种意义上说,充分利用 NAPA 宏程序,可以真正达到对于 NAPA 软件的创造性使用。所有的 NAPA 命令,均可以用于编写宏程序,除此而外,还有许多专门的函数,用于完成各种船舶性能计算。NAPA 的宏程序可以直接读取 NAPA 数据库中的任何数据,因此给使用者以极大的发挥空间,可以在标准 NAPA 系统的基础上进行二次开发,实现新的功能。

5) 接口

NAPA 系统内置大约 40 种接口,可以与众多的设计软件、图文处理软件、数值计算软件等进行模型和数据传递。这样的接口主要包括以下类型:标准数据接口,如 IGES、DXF、VDAFS、IDF、STEP;与 CAD/CAM 软件的接口,如 TRIBON、NUPAS—CADMATIC、FORAN、AUTOCAD 等;与通用有限元分析软件的接口,除通过标准接口如 DXF、IGES 之外,还可以根据不同的软件灵活设定输出格式;针对各种 CFD 软件的网格生成和预处理;各种图形格式,如 DXF、PostScript、HP-GL、PCL-5 等;基于网络传输的格式,如 HTML、SVG、XML 等。

8.3.2 船体曲面生成

所设计船体曲面是否优良软件基本上都还只是应用者的辅助工具,能否做出优秀的船舶设计,除了选择一款优秀的设计软件外,更在于船舶设计者的设计水平和对设计软件的掌握程度。目前比较常用的船舶设计方法是母型改造法,即在优秀母型船的基础上推陈出新,螺旋前进,逐步近似完成新船的设计。合适的母型船一般是类型相同尺度相近的船舶根据设计船舶的要求、前述章节的知识,在分析新船的主要技术性能和经济指标的基础上进行方案构思和主尺度选择,然后进行型线和总布置设计等工作。目前这些工作还不能全由软件来完成,需要发挥设计者的主观能动性。

若采用母型改造法来进行船舶设计,计算机辅助设计工作可以由母型船的建模开始,然后经过各种变换修改设计出新船型。打开 NAPA 软件,进入到初始界面,如图 8 - 2 所示。

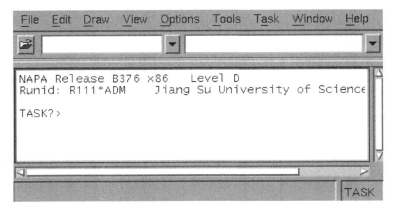

图 8 - 2 NAPA 初始界面

在系统主界面中选择 File→New Project…,如图 8 - 3 所示,

Project Name 可以输入项目名称,今后就以这个名称出现在项目列表中,注意要以字母开头,不要使用数字开头,不然会导致今后无法复制该数据库,对维护不利。

Initial Version 为初始定义的版本,在一个 NAPA 数据库中可以有许多个版本,默认初始值是 A,以后每次打开该数据库,就会以 A 为默认打开的版本,以后如果需要改动默认值,可以在 ADM 子任务中修改。同样不要使用数字开头,并且版本名字最好不要超过 3 个字母,否则会导致以后无法删除该版本。一个工程还可以有多个版本,每个版本都有一套独立的数据,不同版本之间更易于共享数据,这主要是为母型改造和设计过程中各方案的逐步近似服务的。

Descriptive Text 为一段注释性的文字,此项必须要填,为今后或者他人检查文件提供一定的参考信息。

Status of Project 有 3 个选项,其中 Public 表示该项目可以被所有的其他 NAPA 用户打开,修改,调用。Private 表示该项目只能被创建它的用户和系统管理员打开并修改。Controlled 据 NAPA 的人建议一般不要选择,因为其和具体的网络条件有关,所以有时会导

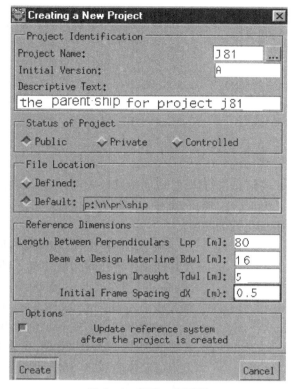

图 8-3　新建工程界面

致一些奇怪的问题。

　　File Location 表示数据库文件的存放位置,一般选择 Default,这样就会存放到 NAPA 目录的 pr 子目录下,当然可以选择 Defined,将文件存放到其他的目录中,但建议不要放到自己的硬盘和其他只有自己才能访问的网络目录中,这样会导致别人无法调用你的数据库文件,有时会在项目列表中产生一些垃圾,造成系统管理员无法正常地管理。如果有外来的 NAPA 数据库,可以将其放在 pr 目录下,在主任务菜单下键入。

　　在新建了一个 NAPA 项目后,可以在 REFERENCE SYSTEM 中看到该船的相关信息并对相关信息进行修改。在主任务菜单下键入 REF:

```
TASK? > ref
REF? > list
TDWL    4. 7       design draught       initial
AP      0          aft perpendicular    initial    (HULL/TDWL- > - 2.5)
FP      80         fore perpendicular   initial    (HULL/TDWL- > 80)
LREF    80         reference length     initial    (FP- AP- > 80)
XREF    40         reference point      initial    ((FP+ AP)/2- > 40)
XMID    40         largest frame        initial
XMIN    - 3. 855   aft end              initial    (HULL- > - 2.5)
XMAX    83. 955    fore end             initial    (HULL- > 82.324)
LOA     87. 81     length over all      initial    (XMAX- XMIN- > 87.81)
```

BREF	16	reference breadth	initial	(HULL/TDWL- > 16)
BMAX	16	maximum breadth	initial	(HULL- > 16)
TMAX	5	maximum draught	given	
HMD	6.43	height of main deck	given	
HSD	0	subdivision draught	undefined	
HMAX	23.5	total height	initial	
SHEL	0.01	shell thickness	initial	
KEEL	0.01	keel	initial	
RHO	1.025	seawater density	initial	

如果需要可以对 ref 的信息进行修改,以肋位修改为例,只需要输入 Ref>FRAMES xfr0 dx1　fr1　dx2　fr2　dx3　…即可,其中,xfr0:为♯0 的 x 坐标,dxi 为从 fr1 到 fr2 的肋骨间距,fri 为肋骨间距变化处的肋位。

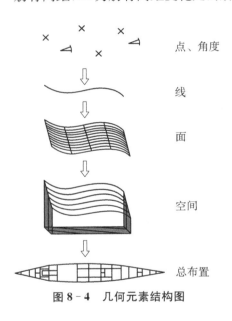

点、角度

线

面

空间

总布置

图 8-4　几何元素结构图

利用几何模型模块对船体进行定义、修改、绘制以及其他操作。几何元素共有 5 种类型:点(point)和角度(angle)、线(curve)、面(surface)、空间(room)和总布置(arrangement),如图 8-4 所示。

根据母型船型线和型值表数值,从各点逐渐建立各站横剖线,然后建立以水线为主的构造线,在此基础上生成船体曲面。一般船体曲面根据有无平行中体先分成 3 个或者 2 个部分,通常命名为 hulla(船体后部),hullm(船体中部,若无平行中体则无此项),hullf(船体前部),然后合并成一个完整的全体曲面 hull。由于型值表数值较多,为方便起见,可以使用 NAPA 的宏命令功能,在 text edit 里面输入所有从点到曲面的生成宏命令,如图 8-5 所示,生成船尾部分的宏命令文件。运行各宏命令文件,生成各船体部分,并将各船体部分合并从而形成初步的整个船体。GEOMETRY WINDOWS 是常用的 NAPA 工具,主要用来查看定义的情况,看是否是想要的图形。在这里可以打开已经被系统接受的几何体,主要是线、面和空间,可以从各个角度查看几何体是否符合定义,是否存在问题。几何体的命名软件有推荐的命名规则,使用符合这些推荐规则的命名,对后续软件计算和检查有很多好处,比如平边线(flat of side):FSA、FSM、FAF,平底线(flat of bottom):FBA、FBM、FBF,折角线(kuckles):KNA1、KNM1、KNF1 等。

在船体曲面编辑器(hull surface edit)中打开船体,进一步修改光顺后就完成了整个船体曲面的工作,如图 8-6 所示。至此,参考用母型船的船体曲面建成,若已有母船的模型,可以省略以上过程。

在母型船的基础上,通过船型变换新建一个版本,对母型船体进行各类变换可以生成设计船所需的船体。NAPA 软件有多种船体变换(TRA 功能)的方式,包括主尺度仿射变换、排水量变换,仿射和排水量结合变换,平移变换,分段线形变换,横剖面面积变换等,如

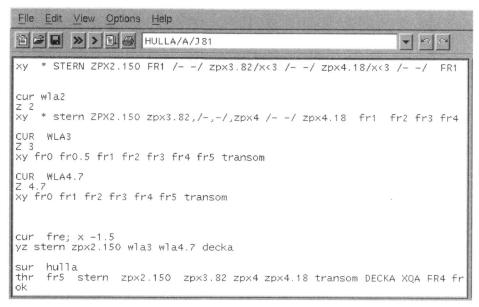

```
File   Edit   View   Options   Help

HULLA/A/J81

xy   * STERN ZPX2.150 FR1 /- -/ zpx3.82/x<3 /- -/ zpx4.18/x<3 /- -/    FR1

cur wla2
z 2
xy   * stern ZPX2.150 zpx3.82,/-,-/,zpx4 /- -/ zpx4.18  fr1  fr2 fr3 fr4

CUR  WLA3
Z 3
xy fr0 fr0.5 fr1 fr2 fr3 fr4 fr5 transom

CUR  WLA4.7
Z 4.7
xy fr0 fr1 fr2 fr3 fr4 fr5 transom


cur  fre; x -1.5
yz stern zpx2.150 wla3 wla4.7 decka

sur  hulla
thr  fr5  stern  zpx2.150  zpx3.82 zpx4 zpx4.18 transom DECKA XQA FR4 fr
ok
```

图 8-5　生成船尾部分的宏命令

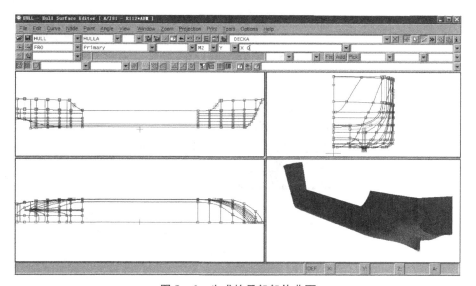

图 8-6　生成的母船船体曲面

图 8-7 所示。为使用仿射和排水量结合变换功能的过程,建立的设计船船体曲面文件为 B 版本,可以对排水量、浮心纵坐标,和型宽进行变换,其变换过程的示意图如图 8-8 所示。

　　船体经过变换后,已经接近设计船体的设计指标,在船体曲面编辑器进一步修改光顺后就完成了设计船的船体曲面,此时便可以进行船舶静水力计算工作,查看一下船体基本的性能,打开 task〉hydrostatics〉hydrostatics,进入 hydrostatics 界面的 arguments,在 arguments 下,可以按设计者输出的需要设定吃水 T,纵倾 TR 等相关信息,单击 list,便可以输出静水力计

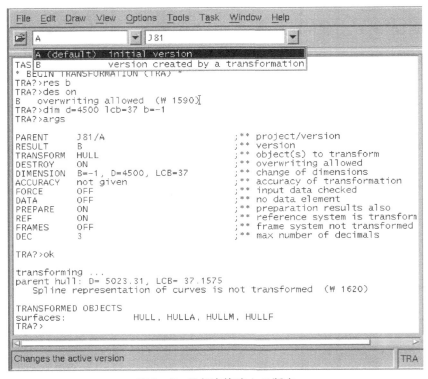

图 8-7 母船变换建立 B 版本

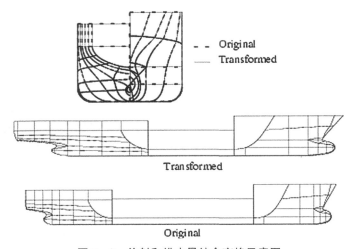

图 8-8 仿射和排水量结合变换示意图

算结果,如图 8-9 所示。船体曲面的设计方法还有系列船型法和参数设计法等,都可以根据设计特点在 NAPA 软件中应用相关的功能来实现,需要设计者根据对 NAPA 软件的掌握程度具体应用。

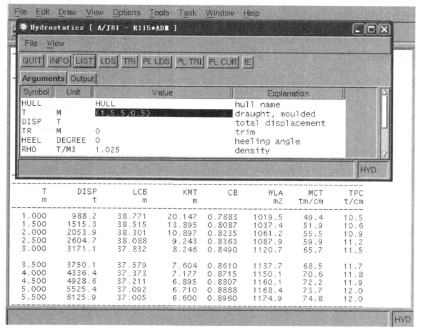

图 8-9　静水力计算

8.3.3　船舶舱室划分

　　船体型线设计完成后,根据总布置设计来划分船舶舱室(room),进而完成整个船舶设计模型。比较直观的方法是使用用户图形界面,在 Tool>Geometry Editor 下进入舱室定义模块,在 file>new 下,设计者可以定义舱室的名字、用途,以及是否添加到总布置中。如果所定义的舱室是和已定义好的某个舱室对称,则在 room type 中选择 reflect,否则选择 elementary,如图 8-10 所示。

　　舱室大小定义的关键是确定舱室在 x,y,z 方向上的限制,在该界面的左侧可以看到 limit 图标,点击 limit,则在下方出现一个定义舱室的界面,在此处输入舱室各方向上的界限,应用定义后就完成该舱室创建并可将其加入总布置中。舱室的界限可以是确定数值的坐标,也可以是舱壁甲板等具体的曲面。一般对于特殊形状的舱壁和甲板需要定义具体的曲面,其他普通舱壁可以简单地用坐标数值所在的平面来确定。舱室的定义也可以用宏命令统一编写,在 Text Edit 中运行宏命令完成所有定义。

　　多个独立的舱室组合形成舱室布置(compartment arrangement)。可以在 SM(船舶模型)模块下的 table 中定义组合。在 table 中的每个舱室都被赋予一种用途,该舱室用途控制着舱室的多个特征,如货物密度(RHO)、钢结构折减系数(RED)、渗透率(PERM)等等,图 8-11 为一个具体的舱室布置。

　　在舱室用途定义模块(PDEF)中定义用途(purpose)。NAPA 的舱室用途模板为 PAR * STD(在 NAPA DB7 中,类别为 com. parameter),用户可以在 DB1 中另存为 PAR * PRO 然后根据实际添加自定义。软件在选择使用用途(如,淡水定义标示为 FW)时先搜索

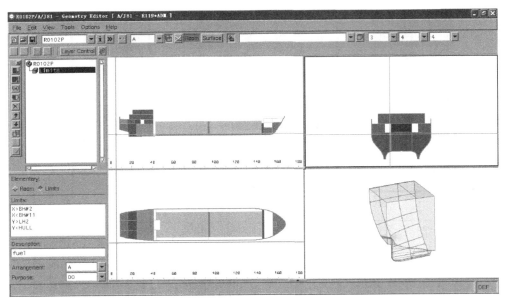

图 8-10 舱室定义界面

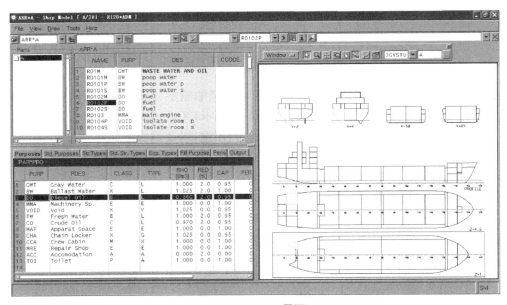

图 8-11 SM 界面

PAR * PRO,若在 PAR * PRO 中没有发现所指定的用途(如 FW),然后再到 PAR * STD 中搜索相应的用途(如 FW)。可以在 PAR * STD 和 PAR * PRO 中存在相同的标志,但与标志相对应的其他参数可以不同,如在 STD 中 HFO 密度为 0.86,PRO 中 HFO 密度可以定义为 0.88,表 8-1 为舱室用途定义时一些参数的具体说明。

表 8－1　舱室用途参数说明

序号	标志	描　述
1	PURP	用途的标示名字,如柴油标志取为 DO
2	PDES	标志的详细描述,如 Disel Oil
3	CLASS	级的概念反映了船舶操作中的角色,目前系统很少用它,主要用于 LD 中的载荷分组,以及关联衡准。最重要的应用就是用在自由液面的分类,如 B 用作 Bunker,C 用作 Cargo,X 用作 Ballast water
4	TYPE	定义载荷的物理状态用来控制自由液面修正和重心。L＝liquid,B＝bulk,H＝homogeneous,LH＝homogeneous with free surface,S＝solid,GR＝grain cargo C＝containers,PMC＝partially movable cargo
5	RHO	密度,t/m³,Density of the content
6	RED	钢结构折减百分比,Steel reduction。如 2.0→2%
7	PERM	渗透率,用于破损稳性,permeability
8	CAP	最大容积,如 0.95→95%
9	HS	固体载荷的高度,Height of solid load
10	LFCODE	逻辑填充代码,Logical fill code。在 TAB * FILLCODES 中定义。代码用命令 FILL PURP 激活在绘制布置图时使用

　　如果设计者使用的是 Geometry Editor 定义舱室,则 NAPA 会自动将 Geometry Editor 里面定义好的舱室加到 SM 中。打开 SM 界面,我们可以在 arr * a 表格中任意的添加或减少舱室,完成整个船舶模型的编辑工作。

　　在 Tool〉Setup Edit 界面下可以定义总布置图的布局,如图 8－12 所示为一个详细的总布置布局。如果需要可以输出到常用的 AUTOCAD 软件中,加入一些具体的舱室信息,就可以完成平时常用的总布置图纸。

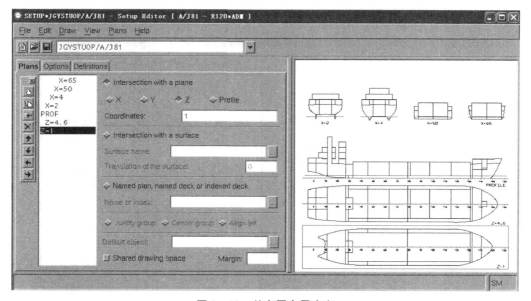

图 8－12　总布置布局定义

8.3.4 船舶装载

在装载(loading conditions，LD)模块下对船舶进行装载分析，该模块可以完成重量重心计算、浮态计算、GZ 曲线和 GM 计算、自由液面修正、重量、浮力、剪切力和弯矩的纵向分布、扭矩、合成应力(弯矩和扭矩乘一定的系数)、船舶挠度计算等功能。液舱自由液面的修正有多种方法进行。空船重量在 LD 下的 LIG 中定义。如图 8-13 所示，装载模块还和稳性衡准等模块相互联系，完整稳性、破损稳性等多种稳性衡准需要用到装载的具体信息。针对不同的状态，可以定义不同的空船重量分布。NAPA 有 6 种定义空船重量的方式：

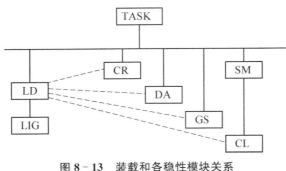

图 8-13 装载和各稳性模块关系

(1) 总重量和重量重心，不定义重量分布；

(2) 总空船重量和重量重心，无量纲重量分布；

(3) 总空船重量和量纲重量分布；

(4) 总空船重量和局部重量元素定义的重量分布；

(5) 总空船重量和重量重心，无量纲重量分布，给出局部重量元素来调整重量分布曲线以保持给定的重量和重量重心不变；

(6) 从 WG 模块的重量计算结果得到重量分布。

装载定义根据装载物分成两类，分别用 LOAD 和 MASS 命令来完成，主要分成液体类装载物和固体类装载物，如图 8-14 所示。定义各类装载并分别赋值后，查看装载结果，调整吃水，直到满足设计要求。

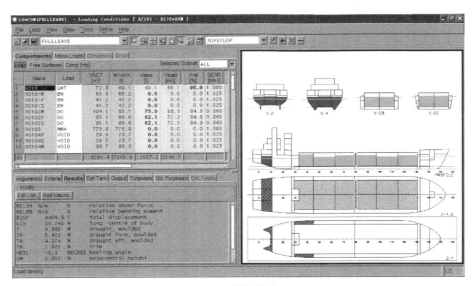

图 8-14 装载模块界面

设计船舶的基本计算模型建立完毕，后面可以使用各类稳性横准模块计算各种船舶稳性，例如稳性校核计算中常用的动静稳性曲线，如图 8-15 所示，并针对不满足规范要求之处修改设计，直至整个设计工作完成。

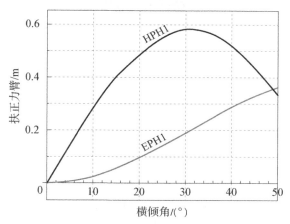

图 8-15　动静稳性曲线

复习思考题

1. 何谓可行方案和最佳方案？
2. 主尺度优化有哪些常用方法？
3. 什么叫船舶设计的数学模型，数学模型主要有哪两种形式？
4. 船舶设计软件 NAPA 有哪些建模方法？
5. 简述软件 NAPA 利用模型改造船体建模的基本步骤。

参考文献

［1］中国船舶工业总公司.船舶设计实用手册(总体分册)［M］.北京:国防工业出版社,
1998.

［2］朱珉虎.内河船舶设计手册［M］.北京:中国标准出版社,1996.

［3］中华人民共和国海事局.船舶与海上设施法定检验规则(国内航行海船法定检验技术
规则,2020)［M］.北京:人民交通出版社,2020.

［4］中华人民共和国海事局.船舶与海上设施法定检验规则(内河船舶法定检验技术规则,
2019)［M］.北京:人民交通出版社,2019.

［5］中华人民共和国交通运输部.船舶液货舱容积测量与计算 JT/T 7 - 1994［M］.北京:人
民交通出版社,2008.

［6］中国船级社.国内航行海船建造规范(2018)［M］.北京:人民交通出版社,2021.

［7］中国船级社.钢质内河船舶建造规范(2016)［M］.北京:人民交通出版社,2016.

［8］中国船级社.海上高速船入级与建造规范(2015)［M］.北京:人民交通出版社,2015.

［9］中国船级社.绿色生态船规范(2020)［M］.北京:人民交通出版社,2020.

［10］中国船级社.公务船技术规则(2020)［M］.北京:人民交通出版社,2020.

［11］中国船级社.邮轮规范(2017)［M］.北京:人民交通出版社,2017.

［12］NAPA Oy. NAPA Manual［G］. NAPA Oy,2007.

［13］IACS,Common Structure Rules For Bulk Carriers,2004.

［14］IACS,Common Structure Rules for Double Hull Oil Tankers,2004.

［15］顾敏童.船舶设计原理［M］.上海:上海交通大学出版社,2001.

［16］林焰.船舶设计原理［M］.大连:大连理工大学出版社,2011.

［17］刘寅东.船舶设计原理［M］.北京:国防工业出版社,2010.

［18］谢云平,陈悦,张瑞瑞,等.船舶设计原理［M］.北京:国防工业出版社,2015.

［19］盛振邦.船舶原理［M］.上海:上海交通大学出版社,2001.

［20］杨星.船舶结构与设备［M］.武汉:武汉理工大学出版社,2007.

［21］盛振邦,杨尚荣,陈雪深.船舶静力学(修订本)［M］.上海:上海交通大学出版社,1992.

［22］邵世明,赵连思,朱念昌.船舶阻力［M］.北京:国防工业出版社,1995.

［23］王国强,盛振邦.船舶推进［M］.上海:上海交通大学出版社,1995.

［24］纪卓尚.油船总体设计［M］.大连:大连理工大学出版社,1994.

［25］王世连,李树范.船舶设计数学模型［M］.大连:大连理工大学出版社,1995.

［26］秦士元,程天柱.水运系统分析和船型研究［M］.上海:上海交通大学出版社,1997.

［27］周超骏.计算机辅助船体线型设计［M］.上海:上海交通大学出版社,1992.

［28］赵连恩,谢永和.高性能船舶原理与设计［M］.北京:国防工业出版社,2009.

［29］杜忠仁.运输船舶金属船体重量的估算方法［J］.上海造船,1996(1):48－52.

［30］俞铭华等.运输船舶金属船体重量的神经估算［J］.中国造船,1997(3):93－99.

［31］裘泳铭,吴善勤,顾敏童.正交设计法在运输船舶主尺度优选中的应用［J］.上海交通大学学报,1993,27(6):75－82.

［32］陈宾康,赵成壁.船舶液货舱容积精密计算方法［J］.武汉水运工程学院学报,1994(1):26－32.

［33］吴善勤,裘泳铭,姚震球.船舶设计方案优选和排序的评判方法研究［J］.上海交通大学学报,1995(2):14－19.

［34］孙利,金强.豪华邮轮总体设计分析［J］.船海工程,2019(6):10－14.

［35］李美兰.豪华邮轮建造特点初步分析［J］.造船技术,2014(2):10－14.

［36］李华.基于关键参数分析的全球邮轮船型特征研究［J］.海洋开发与管理,2017(2):10－16.

［37］EPSTEIN J. Cruise ship preliminary design, the influence design features on profitability［D］. University of New Orleans,2014.

［38］BAHJA F. Evaluating the relative importance of influencing factors on cruise vacations, a conjoint analysis［D］. University of South Florida,2017.

［39］孙家鹏.豪华邮轮规范现状及发展趋势概述［J］.船舶与海洋工程,2016(5):67－72.

［40］李遵伟.10 000GT 级极区邮轮总体设计研究［J］.中国水运,2016(12):8－10.

［41］查理.邮轮舱室视觉设计风格特征研究［J］.设计艺术研究,2021(1):145－150.

［42］叶笛.大型邮轮居住类舱室配置设计［J］.船舶工程,2019(2):152－155.

［43］王驰明.豪华邮轮空间划分设计原则［J］.船舶标准化工程师,2014(6):31－35.

［44］高靖鹏.Vista 豪华邮轮外观造型设计［J］.设计艺术研究,2017(3):49.

［45］陈波.豪华邮轮设计流型趋势［J］.中国船检,2011(3):13－18.

［46］吴卫国,潘长学.大型豪华邮轮设计研发关键技术探析［J］.船舶工程,2020(1):18－21.

［47］翁雨波.豪华邮轮设计理念五大趋势［J］.中国船检,2019(43):56－58.

［48］尹逊滨.9 200 TEU 集装箱船的总体设计［J］.船舶与海洋工程,2015(4):5－9.

［49］王彩莲,刘巍.新一代9 400 箱级集装箱船设计研究［J］.中国造船,2014(4):82－86.

［50］段金铭,张雷,陈莉.3 400 TEU 集装箱船船型开发设计［J］.广州航海学院学报,2018(1):16－19.

［51］吴刚.1 100 TEU 支线集装箱船船型研究开发［J］.船舶与海洋工程,2014(1):14－17.

［52］秦琦.集装箱船船型创新设计［J］.中国船检,2011(2):43－45.

［53］官良请.17600DWT 散货船空船重量分析［J］.机电技术,2004(2):99－103.

［54］晋文菊,樊红元,顾剑刚.空船重量重心估算方法的分析［J］.江苏船舶,2019(2):5－7.

［55］杨佑宗.船舶型线设计与研究［J］.上海造船,2001(2):18－23.

［56］ 吴伟亮.大型全集装箱船主参数选择［J］.船舶工程,1992(1):11-14.

［57］ 占金锋,程红蓉,张黎,等.35 000 吨散货船船体型线优化及设计研究［J］.船舶工程, 2011(5):10-14.

［58］ 熊文海,马筱菲,李毓江.船舶耐波性衡准及其评价方法浅析［J］.船海工程,2017(4): 42-45.

［59］ 胡可一.垂直船首在波浪中快速性综合分析研究［J］.船舶与海洋工程,2013(1):1-5.

［60］ 熊小青.中型豪华游船直立艏型线设计和优化研究［J］.中国造船,2019(3):88-97

［61］ 黄亚楠.集装箱船球首型线几何要素优化探讨［J］.船舶,2004(5):4-7.

［62］ 张志军.NAPA 概述及 NAPA 船体模型的建立［J］.船舶设计通讯,2003(1):36-41.

［63］ 刘可峰,谢云平.基于 NAPA 的 30 m 交通艇建模［J］.江苏船舶,2007(5):5-7.

［64］ 谢云平,张伟,刘可峰.基于 NAPA 的圆舭艇快速型线建模方法研究［J］.江苏科技大 学学报,2009(2):104-107.

［65］ 陈悦,谢云平.NAPA 软件在油船总体设计中的应用［J］.江苏船舶,2008(3):9-11.

［66］ 胡晓芳,孙晓.浅谈用 NAPA 建立并光顺型线［J］.中国水运,2014(4):351-353.

［67］ 王驰明,章新智,郭昂,等.豪华邮轮空间设计原则［J］.船舶标准化工程师,2014(6): 31-35.